Hanoch Levin

Die im Dunkeln gehen
Theaterstücke

hrsg. von Matthias Naumann

Drama Panorama 6

Drama Panorama 6

Hanoch Levin

Die im Dunkeln gehen

Theaterstücke

hrsg. von Matthias Naumann

Neofelis

Inhalt

Matthias Naumann

„Mitten in der Suppe!“[1]

Theater zwischen Grausamkeit und Groteske

Hanoch Levin (1943–1999) ist aus dem israelischen Theater nicht wegzudenken: Spricht man mit israelischen Theatermacher*innen oder Theatergänger*innen, werden ihn alle kennen, mehr oder weniger von seinem Werk gesehen oder gelesen haben. Seine Stücke werden bis heute gespielt, es kommt regelmäßig zu einer Neuinszenierung des einen oder anderen Textes, was in der kleinen israelischen Theaterszene nicht selbstverständlich ist, wo viele Theatertexte nur ein einziges Mal inszeniert werden, oder zumindest nach der Uraufführung lange Zeit nicht mehr. Als ich 2000/2001 an der Universität Tel Aviv Theater studierte, hatte zuvor in der Theaterwissenschaft in Frankfurt am Main israelisches Theater keine Rolle gespielt; in der Frankfurter Judaistik kam es vor, aber erstaunlicherweise wurde Hanoch Levin nie erwähnt. Auch sonst hatte ich von ihm im Gegensatz zu anderen wichtigen israelischen Theatermacher*innen der 1980er und 1990er Jahre, wie Joshua Sobol, Motti Lerner oder Smadar Yaaron, zuvor im deutschsprachigen Theater nichts gehört. Levins letzte Stücke zu sehen – im Falle von *Requiem* (אשכבה, 1999) noch in seiner eigenen Inszenierung bzw. in der von Ilan Ronen im Falle von *Die Weiner* (הבכיינים, 2000) –, war also für mich ein, zwei Jahre nach Levins Tod eine beeindruckende Entdeckung, die mit der Erkenntnis einherging, dass sich ohne Levin das israelische Theater nach 1967 nicht denken lässt. Warum das so ist, versucht die folgende Einleitung kurz zu skizzieren.[2] Insbesondere aber führen die hier erstmals auf Deutsch veröffentlichten Theatertexte Levins hoffentlich zu Entdeckungen bei Theatermacher*innen und Leser*innen, denn Levins Texte entfalten auch

1 Hanoch Levin: Die Kofferpacker, in diesem Band, S. 155.

2 Für eine ausführliche Untersuchung von Levins Werk vgl. Matthias Naumann: *Dramaturgie der Drohung. Das Theater des israelischen Dramatikers und Regisseurs Hanoch Levin*. Marburg: Tectum 2006.

als literarische Werke, nicht nur auf der Bühne, eine große Kraft – auch wenn sie natürlich auch auf die Bühne gehören.
Hanoch Levins erste Arbeiten für das Theater waren drei revuehafte Satiren, die in den Jahren direkt nach dem Sechstagekrieg 1967 scharf und kritisch auf die Siegeseuphorie in Israel reagierten, über die die menschlichen Verluste durch den Krieg und seine politischen Folgen vergessen zu werden drohten. Satire und Kabarett waren in den Jahrzehnten zuvor im israelischen Theater zwar präsent gewesen, aber erst Levin nutzte diese Theaterform, um eine heftige gesellschaftliche Auseinandersetzung zu eröffnen, die ihn sogleich bekannt und umstritten machte. Seine drei Satiren – *Du und ich und der nächste Krieg* (את ואני והמלחמה הבאה, 1968), *Ketchup* (קטשופ, 1969) und *Königin des Badezimmers* (מלכת אמבטיה, 1970) – spalteten das Publikum: Es gab teils heftige Proteste gegen die Aufführungen – vor allem gegen die *Königin des Badezimmers*, was die damalige Premierministerin Golda Meir adressierte –, da die Satiren als Infragestellung des Militärs und der Politik, insbesondere aber der als Notwendigkeit wahrgenommenen Verteidigung gegen die existenzielle Bedrohung durch die arabischen Nachbarstaaten und nicht zuletzt als eine Verhöhnung der Gefallenen und ihrer Hinterbliebenen aufgefasst wurden. Während Levins Kritik deutlich auf die Siegeseuphorie und gegen die Besetzung der vor dem Sechstagekrieg unter jordanischer Herrschaft stehenden Westbank zielte – die Szene „Wofür haben wir gekämpft?" in *Du und ich und der nächste Krieg* fordert explizit, „jeder Fußbreit, den wir eroberten, muss zurückgegeben werden"[3] –, geht es ihm allerdings überhaupt nicht um eine Verhöhnung der Gefallenen oder ihrer Hinterbliebenen. Vielmehr versucht er bereits hier, wie auch in späteren Stücken, den Wert jedes einzelnen Lebens in den Mittelpunkt zu rücken und den Tod von ideologischer Vereinnahmung zu befreien. Allerdings geschieht das in Szenen, die oft drastisch und sehr direkt sind, wie dies auch seine späteren Stücke auszeichnet. Einige der Lieder aus diesen Satiren sind von israelischen Musiker*innen immer wieder aufgenommen worden, und zwei von ihnen – das titelgebende Lied *Du und ich und der nächste Krieg* sowie *Teurer Vater mein …* aus *Königin des Badezimmers* – wurden von dem Regisseur Omri Nitzan in der Uraufführung von *Mord* (רצח, 1997) als Zwischenlieder eingefügt, weswegen sie hier auch in deutscher Übersetzung erscheinen.[4]

3 Hanoch Levin: את ואני והמלחמה הבאה [Du und ich und der nächste Krieg]. In: Ders.: מה איכפת לציפור. מערכונים ופזמונים 1 [*Was kümmert's den Vogel. Satiren und Lieder 1*]. Tel Aviv: Ha-Kibbutz Ha-Me'uchad 2000, S. 11–30, hier S. 28. Alle Übersetzungen aus dem Hebräischen, sofern nicht anders angegeben, M. N.

4 Hanoch Levin: Mord, in diesem Band, S. 243 u. 255.

Das Lied *Teurer Vater mein…* folgt in *Königin des Badezimmers* auf eine Szene, in der Levin die Aqeda[5], die ‚Opferung Isaaks', neu schreibt, die in der religiösen und literarischen jüdischen Tradition immer wieder zu Interpretationen und Bearbeitungen aufgefordert hat. Bei Levin verhält es sich allerdings so, dass Isaak sich beim Aufstieg auf den Berg Moria bereits dessen bewusst ist, dass er geopfert werden soll, und sich darein fügt, immer wieder nachdrücklich Abraham dazu auffordernd, zu tun, was er tun müsse, also Isaak zu schlachten, was Abraham als Provokation empfindet, er wird zornig, denn er führe doch Gottes Befehl aus und eigentlich treffe es ihn doch am härtesten, weil er Isaak opfern müsse.[6] Im Kontext des Krieges scheint satirisch zugespitzt eine Umkehrung auf, nach der die ältere Generation vom Tod der jüngeren im Krieg profitiere, auch wenn ihr Handeln notwendig, gar unvermeidlich sei, oder sie diese Notwendigkeit vielleicht auch nur behaupte. Das Motiv von der Auseinandersetzung der Generationen, nicht zuletzt hinsichtlich dessen, wer vom Krieg profitiere, der bei Levin nie als Notwendigkeit erscheint, taucht in seinem Werk immer wieder auf – so in *Schitz* (שיץ, 1975), wenn am Ende Fefechtz Schitz seinen ökonomischen Gewinn auf den Tod seines Schwiegersohns im Krieg und auf immer weitere Tote baut, während sich der Schwiegersohn zuvor aktiv um Fefechtz' vorzeitiges Ableben bemüht hatte. Zugleich zeigt sich an dieser satirischen Fassung der ‚Opferung Isaaks' bereits, wie Levin für sein Schreiben über die jüdische Tradition als Referenzpunkte verfügt, die von der Verwendung rabbinischer Begriffe, über religiöse und literarische Anspielungen bis hin zur Motivverwendung – wie nicht zuletzt in *Hiobs Leiden* (יסורי איוב, 1981) – reichen. Levins Eltern waren 1935 aus Łódź ins Britische Mandatsgebiet Palästina eingewandert und er wuchs im südlichen, ärmeren Tel Aviver Stadtteil Neve Sha'anan in einem der religiösen Tradition verbundenen Elternhaus auf, so dass ihm die religiöse Überlieferung geläufig war, auch wenn er sich von ihr löste. Und auch wenn die Figuren in seinen zahlreichen Komödien, die ab den 1970er Jahren entstehen, oft in einem großteils säkularisierten Alltag in einem eher armen Stadtviertel einer israelischen Großstadt leben, so webt sich hier doch religiöser Alltag durch Hochzeiten und Beerdigungen, durch Chassidim beim Morgengebet – wie in *Die Kofferpacker* (אורזי מזוודות, 1983) –, durch den Gang zur Synagoge, Zitate oder Anspielungen immer wieder in die Stücke ein. Zugleich ist diese Tradition deutlich eine aschkenasische, also von den europäisch-jüdischen Einwander*innen stammend, was sich u.a.

5 Gen 22,1–19.

6 Für eine ausführliche Lektüre und Kontextualisierung von Levins Aqeda-Fassung vgl. Matthias Naumann: Yishaqs rettende Stimme. Zu Hanoch Levins satirischer Fassung der 'Aqeda. In: *Frankfurter Judaistische Beiträge* 32 (2005), S. 73–114.

durch jiddische Ausdrücke zeigt, während sefardische oder misrachische Traditionen vor allem der jüdischen Einwander*innen aus arabischen Ländern in Levins Theatertexten kaum eine Rolle spielen.

Ab den 1970er Jahren wird Levin mit Komödien bekannt, die ganz alltägliche Figuren, ihre Hoffnungen, Sehnsüchte, Ängste und Enttäuschungen verhandeln und sich dabei mit grundlegenden Strukturen zwischenmenschlicher Beziehungen der Macht, von Demütigung, Verführung und Projektion auseinandersetzen. Zu den ersten dieser Komödien gehört neben *Hefetz* (חפץ, 1972) das von Oded Kotler am Städtischen Theater Haifa zur Uraufführung gebracht wurde, mit *Ya'akobi und Leidental* (יעקובי ולידנטל, 1972) das erste Stück, bei dem Levin auch selbst Regie führte. In den folgenden Jahrzehnten bis zu seinem Tod inszenierte Levin die allermeisten seiner neuen Stücke, die zur Uraufführung kamen, selbst; doch inszenierte er keine Texte anderer Autor*innen. Zugleich schrieb er in diesen Jahrzehnten zahlreiche weitere Stücke, die nicht zur Aufführung kamen, doch wurden einige von ihnen nach seinem Tod in Israel uraufgeführt. Insgesamt umfasst sein Werk 62 Theatertexte, von denen 33 zu seinen Lebzeiten zur Aufführung kamen, davon 22 in seiner Regie. Daneben schrieb er aber auch Lyrik und kurze Prosa. Für das israelische Theater wurden nicht nur seine Texte, sondern auch viele seiner Regiearbeiten sehr wichtig, so etwa seine Inszenierungen von *Hiobs Leiden*, *Das Kind träumt* (הילד חולם, 1993) oder seine letzte Inszenierung *Requiem*.

Ya'akobi und Leidental, die Geschichte zweier Freunde, von denen der eine dem anderen von heute auf morgen die Freundschaft kündigt, damit der andere lernt, „wo er ist – und wo ich bin"[7], wurde eines von Levins erfolgreichsten Stücken und immer wieder gespielt. An ihm wie auch den folgenden Komödien, u. a. *Schitz* und *Die Kofferpacker*, zeigen sich sehr deutlich zentrale Merkmale, die Levins Theater, seine Figuren, Sprache und Erzählweise ausmachen, dann auch in den späteren, oft mythologisch grundierten Stücken der Gewalt der 1980er Jahre, wie *Hiobs Leiden*, und den Stücken des Abschieds und der Reise in den 1990er Jahren, wie *Das Kind träumt* und *Die im Dunkeln gehen* (ההולכים בחושך, 1998).[8] So zeichnet sich die Rede der Figuren immer wieder dadurch aus, dass sie ihr eigenes Handeln reflektieren und kommentieren, oft sehr klarsichtig, und doch hilft die kommentierende Erkenntnis meist nichts für bzw. gegen das von Wünschen, Begehren, Hoffnungen und Ängsten geleitete Handeln, das sich aller Einsicht zum Trotz anders verhält, z. B. nie die Hoffnung oder vergebliche Sehnsucht aufgibt, einem als unerfüllbar erkannten Begehren weiter folgt. So entstehen Verfremdungseffekte zwischen

7 Hanoch Levin: יעקובי ולידנטל [Ya'akobi und Leidental]. In: Ders.: 1 מחזות [*Stücke I*]. Tel Aviv: Ha-Kibbutz Ha-Me'uchad 2000, S. 173–228, hier S. 177.

8 Vgl. zu dieser Einteilung Naumann: *Dramaturgie der Drohung*, S. 45–57.

der Figur als Kommentator und der Figur als Handlungsträger, die beide im Sprechen des*der Schauspieler*in gleichzeitig anwesend sind. Darin spricht sich immer die Möglichkeit eines anderen Verhaltens mit aus – etwa zu Hause zu bleiben, nicht mit einem Koffer durch die Nacht zu gehen –, als nehme die Figur, während sie auf sich, ihr Begehren und Handeln blickt, eine Handlung und damit eine Rolle, wie sie vor sich und anderen erscheinen wird oder gerne würde, erst an. Die Stücke haben damit, bei allen dramatischen Konventionen, denen sie folgen, immer auch ein metatheatrales Element. Dabei schließt die Geste des Nachdenkens die Möglichkeit nicht nachzudenken mit ein, sie wird als ein nicht Nicht-Nachdenken ausgespielt, und macht darin zugleich aber immer auch fraglich, inwiefern für das Handeln der Figur dieses Nachdenken einen Unterschied macht. In der Rezeption allerdings erzeugen diese Verfremdungen Komik, so dass noch die grausamsten und traurigsten Stücke Levins von Momenten der Komik durchzogen sind. Die gleichzeitige Illusioniertheit und Illusionslosigkeit der Figuren gibt diesen eine Nähe und Einfachheit, so dass durch die komischen Momente auch die grausamen und traurigen verstärkt wirken. Dazu kommen oft sehr knappe, zugespitzte, gestische Dialoge, die in ihrer Pointiertheit die Wirkungseffekte verstärken, oft lakonisch, direkt sind und mit dieser gestischen und poetischen Sprache eine Welt schaffen, die mit der realen zu tun hat, aber nie versucht, in einem direkt abbildenden Sinne ‚realistisch' zu sein.
Insbesondere ergeben sich aber Momente der Komik in Levins Stücken – vor allem den Komödien, aber nicht nur – aus einem oft grotesken und deftigen Spiel mit sexuellem Begehren und einer direkten Derbheit, wenn es um schlüpfrige, erotische und fäkale Bezüge geht, um Essen und Ausscheiden. Dies zusammengenommen mit der beschriebenen Selbstkommentierung der Figuren spricht von Menschen, die sehr lebendig in ihrer Körperlichkeit sind, von der sie zugleich abhängen, sich nicht aus ihr lösen und rein rational denken oder handeln könnten oder wollten. Sie bleiben widersprüchlich und zerrissen. Das körperlich oder kreatürlich Menschliche führt oft in grotesker Zeichnung dazu, dass Levin seine Figuren je weder überhöht noch herabsetzt; sie zu beurteilen bleibt den Zuschauer*innen überlassen. Dabei verbindet sich die Verwendung dieser klassischen Elemente der Komödie, des Sexuellen, Deftigen, auch von Böswilligkeiten, mit einem die gegenwärtige Gesellschaft in ihren Gewalt- und Begehrensverhältnissen scharf und sozialkritisch analysierenden Blick, so dass das Zeigen der Verhaltensformen nie moralisierend ist, die Figuren ausgestellt, aber nicht bloßgestellt werden. Bei allem, was geschieht, und all ihren Unzulänglichkeiten entsteht bei Levin immer eine Art Nähe, Zärtlichkeit und Verständnis gegenüber seinen Protagonist*innen, es wird mit ihnen gelacht und geseufzt und nicht über sie.

Während die Komödien als Stadtviertelstücke einen lokalhistorischen israelischen Bezugspunkt haben, wie auch die Satiren nach dem Sechstagekrieg oder Levins weitere relativ direkt politische Stücke – nämlich die Satire *Der Patriot* (הפטריוט, 1982) infolge des Libanonkriegs 1982 und das späte Stück *Mord* –, wandte er sich ab den späten 1970er Jahren Stoffgestaltungen zu, die von einem solchen historischen Kontext auf den ersten Blick ganz losgelöst sind – wie in *Hinrichtung* (הוצאה להורג, 1979) – oder auf mythologische Erzählungen aus der Bibel – wie *Hiobs Leiden* – oder babylonische und griechische Mythologie zurückgreifen und diese auch neu mischen – wie in *Die große Hure von Babylon* (הזונה הגדולה מבבל, 1982), *Die verlorenen Frauen von Troja* (הנשים האבודות מטרויה, 1984) oder *Alle wollen leben* (כולם רוצים לחיות, 1985). Diese Stücke prägt, dass sie – teilweise extreme – Gewalterfahrungen verhandeln und dies immer wieder, wie teils auch schon die Komödien, auf der Grundlage von Strukturen der Drohung, so dass eine Dramaturgie der Drohung entsteht. Die Drohung spielt dabei mit den Hoffnungen einer bedrohten Figur, bietet den Tausch, dass für ein bestimmtes Verhalten das Angedrohte nicht passieren werde, gibt also ein Versprechen – das aber eigentlich nie eingelöst wird. Nach einem so entstandenen Moment des Aufschubs schlägt die Drohung zu, was in der Wirkung aufgrund der genährten Hoffnung umso grausamer, da nicht zwangsläufig, sondern willkürlicher erscheint.

Die Gewalt als beherrschendes Element menschlichen Lebens und zugleich das Anliegen, sie in ihrer Willkür darzustellen, prägen Levins Schreiben, häufig bestimmt Gewalt das Handeln und manchmal auch die Erwartungen seiner Figuren. So ruft etwa Hiob eine Drohung selbst in den Raum, die aus einer außerhalb des Stücks liegenden, im Assoziationsraum der Zuschauer*innen gegenwärtigen historischen Erfahrung rührt.

> *Die Ausführenden leeren den Saal und ziehen Hiob seine Kleider aus, außer seiner Unterwäsche.*
>
> Hiob Ihr habt die Goldzähne vergessen!
> Ich habe auch Goldzähne im Mund!
> *Reißt seinen Mund auf.*
>
> Chef der Ausführenden Sei nicht albern.
> Versuch nicht, aus uns Ungeheuer zu machen. Wir sind alle nur Menschen,
> wir kehren alle nach Hause zurück zur Frau, den Hausschuhen und einem Teller heißer Suppe.
> *Die Ausführenden gehen ab.*[9]

9 Hanoch Levin: Hiobs Leiden, in diesem Band, S. 99.

Hiob kommentiert seine Nacktheit, als der Chef der Ausführenden nach diesem Moment des Aufschubs zurückkehrt und die einmal in den Raum gerufene Drohung verwirklicht, ihm die Goldzähne ausreißt.

Diese oft schonungslose Auseinandersetzung mit der Erfahrung von Gewalt, wie etwa in *Hiobs Leiden*, dürfte nicht zuletzt der historischen Gewalterfahrung der Shoah geschuldet sein, wie sie hier aufgerufen wird, aber auch der Erfahrung der wiederkehrenden Kriege mit den arabischen Nachbarstaaten bzw. den Palästinenser*innen, die aufgrund der andauernden Bedrohungslage und der damit verbundenen alltäglichen Präsenz des Militärischen die Gewalt auch in den Alltag einsickern ließen. Doch schreibt Levin nie direkt über die Shoah, sondern sie taucht in Assoziationsräumen auf, wie in der zitierten Szene aus *Hiobs Leiden* oder wenn in *Die im Dunkeln gehen* Gottes Antwort auf die Frage, warum er das Böse geschaffen habe, vom Lärm eines vorbeifahrenden Zuges übertönt wird. Dabei bedingt das historisch Geschehene – bzw. das Wissen darum –, was in der Fiktion als möglich und glaubhaft rezipiert werden kann, wie etwa das Verhalten des Chefs der Ausführenden, da es ein historisch Bekanntes aufruft und so bei aller Grausamkeit in *Hiobs Leiden*, die mythisch gekleidet ist, an historische Wirklichkeit erinnert.[10] Dieser historische Erfahrungshintergrund trägt sicherlich auch zu der kompromisslosen Konsequenz in den Abfolgen von Drohung und Grausamkeit, z. B. eben in *Hiobs Leiden*, bei, die in ihrer Hoffnungslosigkeit schwer erträglich sein können. Dies umso mehr, als sie nicht einfach einer biblischen Geschichte entstammen und sich damit rein als Mythos distanzieren ließen, sondern ein historischer, sozialer Erfahrungshintergrund der Willkür von und Lust an Gewalt hindurch scheint, den aus allerdings historisch ganz anderer Perspektive auch die deutsche Gesellschaft kennt, auch wenn er hier keine Transponierung dieser Art ins Theater gefunden hat.

Ähnlich verhält es sich mit *Das Kind träumt*, dessen Erzählung der Geschichte einer Flucht auf der historischen Begebenheit der Irrfahrt der *St. Louis* 1939 beruht und das durch verschiedene Assoziationen im Kontext der Shoah lesbar ist, aber als Text zugleich so wenig konkret bleibt,

10 Vgl. weitergehend dazu und zur Präsenz der Shoah in israelischen Theaterarbeiten, die diese nicht explizit zum Thema machen: Matthias Naumann: Krieg in der Gegenwart und Erinnerung an die Schoah. Verflechtungen und Fragmentierungen im israelischen Theater. In: *Jahrbuch des Simon-Dubnow-Instituts* XIV (2015), S. 167–193; sowie zur Shoah im israelischen Theater weiterhin grundlegend: Ben-Ami Feingold: השואה בדרמה העברית. סוגיות, צורות, מגמות (2010–1946) [*Die Shoah im hebräischen Drama. Themen, Formen, Entwicklungslinien (1946–2010)*]. Tel Aviv: Ha-Kibbutz Ha-Me'uchad 2012.

dass das Stück auch offen und lesbar für viele andere historische Fluchterfahrungen ist und damit auch bezogen auf heute eine hohe Aktualität besitzt. Levins Inszenierung der Uraufführung bzw. Roni Torens Bühnenbild derselben verortete das Stück hingegen stärker als der Text im Kontext der Shoah, da z. B. das Bühnenbild des vierten Teils „Der Messias“ von einem Schienenstrang, der im Nichts endet, dominiert wurde.[11]

Levin hebt die grundlegende Gewalt in der Gesellschaft ins Allgemeingültige, was seinen Stücken eine bleibende Aktualität verleiht, nicht nur im Hinblick auf gesellschaftliche Ausbeutungsverhältnisse in alltäglichen sozialen und ökonomischen Verhältnissen oder angesichts von Kriegen, sondern seine szenischen Analysen ließen sich heute auch auf das von Gewalt geprägte Verhältnis zur Natur im Kapitalismus lesen, auf diesen Krieg gegen die Natur beziehen. In *Schitz* deutet sich das schon an, wenn es um das massenweise Töten von Rindern und Schweinen für den Fleischverkauf geht, während zugleich das Fleisch der Menschen, ihre Körper als sexuelle und Kriegs-Objekte, der Ökonomie unterworfen wird. Doch gibt es keine expliziten Ausführungen bei Levin zum Naturverhältnis, im Zentrum seiner Stücke stehen die Beziehungsweisen der Menschen zueinander und wie sie das Soziale bilden.

Auch die Kriege mit den arabischen Staaten und der Konflikt mit den Palästinenser*innen, die in vielen israelischen Stücken über die Jahrzehnte hinweg sehr direkt und konkret verhandelt wurden, finden bei Levin ihren Niederschlag in einer Untersuchung dessen, wie die Gewalt ihre Auswirkungen auf die Gesellschaft und einzelne Beteiligte zeitigt, aber ohne konkrete Verortung. Vielmehr führt das Weglassen historischer Zusammenhänge dazu, die Interessen der Figuren, die Lust an Gewalt, aber auch die Toten von Ideologisierung zu befreien, sie blanker in Handeln und Leiden auszustellen. Gewaltsamem Handeln werden damit auch außerhalb der Handlung liegende Begründungen genommen bzw. diese infrage gestellt, das Handeln erscheint willkürlicher, vielmehr aus Machtlust der Beteiligten resultierend, oder aus Gier, als aus gemeinschaftlichen sozialen Zielen oder Idealen. Nur an Details sind historische Bezüge festzumachen, wovon zwei hier kurz erläutert seien: In *Schitz* bricht der Krieg plötzlich an einem Feiertag nachmittags aus – gemeint ist der Jom-Kippur-Krieg 1973, der mit einem Angriff Ägyptens und Syriens am Nachmittag des höchsten jüdischen Feiertags, an dem

11 Vgl. für eine Kontextualisierung von *Das Kind träumt* im israelischen Geschichtstheater über die Shoah Freddie Rokem: *Geschichte aufführen. Darstellungen der Vergangenheit im Gegenwartstheater*, aus d. Engl. v. Matthias Naumann. Berlin: Neofelis 2012, S. 114–139; sowie für eine detaillierte Analyse der Uraufführung Naumann: *Dramaturgie der Drohung*, S. 133–167.

eigentlich alles Leben ruht, begann. Kommentiert wird das im Stück von der Mutter Tzescha mit den Worten: „Aber wer beginnt denn Kriege zwischen zwei und vier Uhr nachmittags? Also, der Weltkrieg hat früh am Morgen begonnen, das nenne ich europäische Kultur."[12] In *Mord* wiederum interveniert im ersten Teil ein unerwartet auftretender Bote, sozusagen *ex machina*, – bzw. in der Uraufführung ein Fernseher – und verkündet: „Die Zeit des Mordens ist vorüber!"[13] und nun sei Frieden. Dies kommt so unvermittelt, so scheint es aus der Perspektive der in die Gewalt Verstrickten, wie die Oslo-Abkommen zwischen Israel und der PLO zu Beginn der 1990er Jahre, wie losgelöst von dem, was gerade noch passiert ist, ein Versuch, dies zu beenden, der daran scheitert, dass die Gewalt eben doch weitergeht, jemand wie der arabische Vater im Stück bei einer sich bietenden Gelegenheit noch Rache nimmt. Das Theaterstück zeigt so, was die Friedenshoffnung von Oslo leider nicht beenden konnte: die fortlaufenden Kreisläufe und Wechselbewegungen der Gewalt, bis gegen Ende des Stücks der Bote wieder den Krieg verkündet, ebenso unvermittelt und als hätte dieser aufgehört. Levins Blick ist somit ein sehr illusionsloser auf die Gesellschaft und die Gewaltverhältnisse, mit und in denen diese lebt, während in seinen Stücken zugleich Hoffnung, allerdings meist vergebliche Hoffnung, immer wieder eine zentrale Rolle spielt.

Ein letzter Aspekt sei noch erwähnt, der sich durch Levins Theater zieht und wiederum die Übersetzung einer historischen jüdischen Erfahrung ist, des Exils, aber auch Bildwerdung des Verhältnisses zwischen Israel und der Diaspora aus einer israelischen Perspektive. Ein prägendes Bild ist der Koffer, mit dem seine Figuren unterwegs sind, bei Leidental angefangen, der abends spazieren geht, da er nicht schlafen kann, und zwar mit einem Koffer, „um als beschäftigter Mensch zu erscheinen, der an irgendeinen Ort eilt"[14], bis hin zu *Die Kofferpacker* und *Die im Dunkeln gehen*. Der Koffer wird hier zum Versprechen, einen anderen Ort erreichen zu können, und damit vielleicht auch ein anderes Leben, jemand anderes zu werden. Das erscheint zunächst als eine sehnsüchtige oder auch angstbeladene Erfahrung in der Diaspora, das Leben auf gepackten Koffern, um nach Israel einzuwandern. Doch bei Levin wird das umgedreht, immer wieder sehnen sich Figuren danach, das kleine Land zu verlassen, ins sicherere, angenehmere, kultiviertere Europa zu fahren, dann sehr gerne in die Schweiz als Klischee friedlichen,

12 Hanoch Levin: Schitz, in diesem Band, S. 76.

13 Levin: Mord, S. 238.

14 Levin: יעקובי ולידנטל [Ya'akobi und Leidental], S. 184.

ereignislosen Lebens, oder auch nach Amerika. Die Satire *Der Patriot* endet mit einem Lied, das das Unterwegssein mit einem Koffer als historische Erfahrung der jüdischen Diaspora wie eine wesentliche, unveränderliche Eigenschaft ausstellt:

„Geh du", sagte Gott zu Abraham,
Und wir gehen und gehen.
Heute sind wir hier, morgen sind wir dort,
Und dazwischen ruhen wir, manchmal, ein wenig aus.

Oh, Juden, Juden mit Koffern,
Das alte, bekannte Bild:
Ein kleines Bündel, eine Träne im Auge,
Und ein Baby im Arm,
Und dieses endlose Stehen an der Wegkreuzung.[15]

In einer Satire gegen den Libanonkrieg und die Besatzung von Westbank und Gaza greift dieses Lied die Politik der Likud-Regierung Menachem Begins auch als Gefährdung des ursprünglichen zionistischen Ziels eines sicheren eigenen Staates an, da diese weiterhin ein Bedrohtsein und damit ein Unterwegssein mit dem Koffer provozieren könne. Die Problematik des Bedrohtseins der jüdischen Bevölkerung, die großteils wegen antisemitischen Verfolgungen aus Europa und den arabischen Staaten nach Israel immigriert war, auch in Israel aufgrund der Auseinandersetzungen mit den arabischen Staaten und den Palästinenser*innen, und heute auch durch den Iran, begleitet die Geschichte des Zionismus und des Staates Israel von den ersten Einwanderungen bis heute. Hellsichtig erkannte Levin die Gefahr, die trotz militärischer Stärke aus dem nicht endenden Konflikt für die Gesellschaft selbst und für die ganz privaten Wünsche an das eigene Leben rührt, und verhandelte sie in seinen Stücken.

Eine wirkliche Entdeckung Hanoch Levins im deutschsprachigen Theater steht bis heute aus. Ich habe keine klare Antwort darauf, warum das so ist, gerade angesichts seiner starken Rezeption z. B. in Frankreich, aber auch in anderen Ländern, wie etwa in Polen. Sein Erfolg in Frankreich verdankt sich sicher nicht zuletzt seiner Übersetzerin Laurence Sendrowicz, die, teils in Zusammenarbeit mit Jacqueline Carnaud, schon in den 1990er Jahren noch zu Levins Lebzeiten begonnen hat, zahlreiche seiner

15 Hanoch Levin: הפטריוט [*Der Patriot*]. In: Ders.: מערכונים ופזמונים 1 [*Satiren und Lieder I*], S. 103–136, hier S. 136.

Stücke ins Französische zu übersetzen, die in mehreren Büchern erschienen und viel gespielt worden sind. Sie berichtete mir, dass Levin gar nicht so sehr an einer Übersetzung seiner Stücke interessiert gewesen sei, ja auch dachte, dass sie teils doch eigentlich nicht übersetzbar seien, es zugleich aber auch in Frankreich vieler Jahre und Versuche bedurfte, Levin dort so zu etablieren, wie er es heute ist. Andererseits standen lange Zeit im Fokus eines deutschen Theaterinteresses an Israel, sofern es dieses gab, Theaterarbeiten, die dramatisch konventioneller und direkter von gesellschaftlichen Verhältnissen erzählen, und häufig Arbeiten, die sich mit dem israelisch-palästinensischen Konflikt auseinandersetzen, oder auch Stücke über die Shoah. Levins Theatertexte scheinen mir in ihrer besonderen künstlerischen Formgebung für gesellschaftliche Erfahrungen, die diese von historischen Konkreta löst, in diesem Kontext einerseits schwerer und andererseits einfacher verständlich – sie sind nicht so direkt israelisch, weil sie viel allgemeingültiger sind und auch ganz losgelöst von einem spezifisch israelischen kulturellen Wissen verstanden werden können, und zugleich an manchen Stellen auch sehr israelisch, weil sie das spezifische kulturelle Wissen tiefer in den Text einlassen und häufig nur assoziativ und in Anspielungen aufrufen. Damit bedienen sie vielleicht nicht so schnell, was sich von einem israelischen Theatertext in Deutschland erhofft werden mag, aber als Theatertexte eröffnen sie umso mehr Räume für die Fantasie der Rezipient*innen, und mir scheint, dass Levins Theatertexte gerade deswegen unbedingt auch auf deutschsprachige Bühnen gehören. Nicht zuletzt sind sie beeindruckende, tragische und lustige Literatur, die gelesen werden sollte.

Mich hat Levins Theater in den letzten zwanzig Jahren mal mehr, mal weniger begleitet. Nachdem ich theaterwissenschaftlich über sein Werk gearbeitet hatte, versuchte ich erstmals Ende der 2000er Jahre, in Deutschland einen Theaterverlag für Hanoch Levin zu interessieren, leider erfolglos.[16] Nach weiteren Versuchen bei Dramaturg*innen und

16 Als 2018 die deutschsprachige Erstaufführung von *Das Kind träumt* am Theater Augsburg lief, begann sich der Suhrkamp Theaterverlag dann doch für Levins Werk zu interessieren, gestützt auf die Abstracts der wichtigsten Stücke aus *Dramaturgie der Drohung*. Allerdings beauftragte der Suhrkamp Theaterverlag mit der Übersetzung von mehreren von Levins Stücken im Folgenden keine*n Übersetzer*in aus dem Hebräischen, sondern entschied sich dafür, diese Aufträge an den Übersetzer aus dem Französischen Frank Weigand zu vergeben, der im Tandem zunächst mit Doron Hamburger dessen Übersetzung aus dem Hebräischen ins Englische weiter ins Deutsche übersetzte. Weigand selbst spricht kein Hebräisch, wie er mir in einem persönlichen Gespräch sagte, als er nicht beim Treffen von Levin-Übersetzer*innen aus aller Welt im Jerusalemer Literaturhaus Mishkenot Sha'ananim im Juli 2019 teilnehmen konnte, da die gesamte Veranstaltung auf

Regisseur*innen war ein erster Erfolg, dass Wojtek Klemm 2015 am Schauspiel Stuttgart die deutschsprachige Erstaufführung von *Mord* inszenierte, in der er die im Text angelegte Wiederholungsstruktur durch zusatzliche Schleifen in die Inszenierung übersetzte. Noch im selben Jahr, und unabhängig voneinander geplant, brachte Dedi Baron ebenfalls *Mord* am Düsseldorfer Schauspielhaus in einer bildstarken Inszenierung heraus. Infolge von *Mord* zeigte sich der Litag Theaterverlag bereit, auch weitere Stücke Levins nach und nach ins Programm zu nehmen. 2018 folgte die deutschsprachige Erstaufführung von Levins wohl wichtigstem Stück, *Das Kind träumt*, durch Antje Thoms am Theater Augsburg in einer eindrucksvollen Inszenierung, die das Gegenwärtige und Offene des Texts sehr gut verstand. Zu verdanken war diese Inszenierung dem Leitenden Dramaturgen Lutz Keßler, der rasch von dem Stück überzeugt war. Basierend auf *Hiobs Leiden* schuf die Schweizer Komponistin Michèle Rusconi 2019 die Komposition *Les souffrances de Job*, in der Teile des Originals sowie der französischen Übersetzung gesungen wurden; für die Aufführung im Gare du Nord in Basel lieferte die deutsche Übersetzung die Übertitel, aber aufgeführt wurde *Hiobs Leiden* im deutschsprachigen Theater noch nicht. Die anderen drei in diesem Band veröffentlichten Stücke wurden für die Publikation übersetzt und bisher noch nicht im deutschsprachigen Theater aufgeführt.

Die Auswahl der sechs Stücke für diese Anthologie unternimmt einerseits den notwendig unvollständigen Versuch, ein relativ umfassendes Bild von Levins Werk zu geben bzw. verschiedene Aspekte seiner vielfältigen Theatertexte zu zeigen. Andererseits ging es darum, Theatertexte auszuwählen, die von ihrer literarischen Qualität her sowie aufgrund ihrer andauernden Gültigkeit und Aktualität für das gegenwärtige deutschsprachige Theater interessant erscheinen, damit sie eine Chance haben,

Hebräisch stattfinden sollte, der gemeinsamen Sprache der Übersetzer*innen eines israelischen Autors. Zu den Nachteilen einer solchen Vorgehensweise, bei der der Übersetzer in die Zielsprache die Ausgangssprache nicht beherrscht, gehört auch, dass ein möglicher Austausch mit dem*der Übersetzer*in im Fall einer Aufführung wegfällt, wie ich feststellen musste, als ich Georg Darvas' Inszenierung von *Popoch*, der Übersetzung von Weigand / Hamburger des Levin-Stücks מלאכת החיים (dt. „Die Arbeit des Lebens", 1989), am Neuen Theater Basel 2018/19 dramaturgisch begleitete. Danach hat Weigand noch in wechselnden Kombinationen weitere Stücke Levins übersetzt, u. a. *Krum* (קרום, 1975), das 2020 am Thalia Theater Hamburg in der Regie von Kornél Mundruczó herauskam. Es ist schade, dass sich der Suhrkamp Theaterverlag so mehrmals in den vergangenen Jahren dagegen entschieden hat, ein*e Übersetzer*in aus dem Hebräischen, der*die diese ‚kleine' Sprache jahrelang erlernt hat, mit der Übersetzung Levins zu beauftragen.

gespielt zu werden. So schieden viele der Komödien aus, da diese gerade in der Darstellung von Geschlechterverhältnissen heute doch teils recht zeitgebunden an die 1970er bis 1990er Jahre erscheinen; vielmehr boten sich die zeitloseren Texte an.

Ein Beispiel der Komödien gibt in diesem Band allerdings *Schitz*, uraufgeführt 1975 am Städtischen Theater Haifa in Levins Regie, auch wenn dieses „musikalische Stück", so der Untertitel, viel politischer ist als viele der anderen Komödien. Es verhandelt ökonomische Ausbeutung von nahestehenden Menschen, von Arbeiter*innen und Tieren bis hin zum ökonomischen Gewinn am Krieg auf eine ins Groteske, oft Derbe und Abstoßende, manchmal aber auch ins Anrührende überzeichnende Weise. Ein alles strukturierender Materialismus prägt den Umgang der Familie Schitz miteinander und mit der Welt, in der sie leben; im Zentrum des Handelns steht immer, was eine oder einer für sich rausholen kann. Dies zeigt sich vor allem auch als Kampf zwischen den Generationen, der Eltern Schitz, Vater Fefechtz und Mutter Tzescha, gegen Tochter Schprachtzi und Tscharches Peltz, den Schprachtzi zu Beginn des Stücks auf einer Party kennenlernt und der sie, nachdem er ihrem Vater ausreichend viel dafür abgehandelt hat, heiratet. Mit der Zeit werden alle Mittel gegeneinander eingesetzt, denn Tscharches Peltz will mit dem Geld des alten Fefechtz sein Geschäft ausbauen. Als alles Begehren verbindendes Element zieht sich durch das Stück das Fleisch, sei es als Geschäftsgegenstand in Form von Schlachtvieh, als Essen oder als menschliche Körper, die dargeboten werden, konsumiert werden und dem Verfall preisgegeben sind. Noch besser als im Frieden werden die Geschäfte im Krieg laufen, hofft Tscharches, denn der Krieg sei hier ja nur eine weitere Jahreszeit – „Winter, Frühling, Sommer, Krieg"[17]. Die Figuren reflektieren dabei ihre Handlungen und Positionen immer wieder in Liedern, die Momente der Verfremdung in das Stück einbringen, während ihre bewusste Haltung zum Ausleben ihrer Begierden, ihre Kommentierung des eigenen Handelns sowie die direkte, gestische Sprache gegeneinander und ihre Brüche Komik erzeugen.

Hiobs Leiden wiederum, dessen Uraufführung Hanoch Levin 1981 am Cameri-Theater in Tel Aviv inszenierte, kann als das wichtigste der mythologischen Stücke gelten. Das Stück geht zwar von dem biblischen Buch Hiob aus, doch unterscheidet sich seine Handlung deutlich von der biblischen Erzählung, insbesondere, als es sich in einer Welt ohne Gott abzuspielen scheint. Die Rahmenhandlung des biblischen Buchs, die Wette zwischen Gott und Satan über Hiobs Glaubensfestigkeit, taucht

17 Levin: Schitz, S. 57.

hier nicht auf, und Ort des Geschehens ist auch nicht das sagenhafte Land Utz, sondern das spätrömische Reich. Das Stück verwebt, wie viele der mythologischen Stücke Levins, Grausamkeit und die Hoffnungen von Menschen, dass es so schlimm doch nicht werden würde oder etwas Gutes doch noch zu erwarten sei, und zeigt damit eine von Gewalt durchwirkte Welt. Zu Beginn hält der reiche Hiob ein Festmahl, dessen Reste sogar noch die Bettler nähren, bzw. den bettlerigsten Bettler nährt die Kotze derer, die zu viel gegessen und sich beim Festmahl übergeben haben – dies, Ausdruck einer krassen sozialen Ungleichheit, dient als Gottesbeweis. Hiob philosophiert darüber, was ein satter Mensch sei und dass es einen Gott gebe. In das Mahl hinein erscheinen Boten, die vom Verlust der Güter und dann vom Tod der Kinder berichten, woraufhin die Gäste Hiob verlassen. Sein Körper wird als letztes, das ihm blieb, von der Krätze befallen, so dass in wenigen Schritten sich seine Welt auf das Jucken verengt hat. Hiobs drei Freunde erscheinen und versuchen, ihn von der Existenz Gottes zu überzeugen, die er in seiner Zurückgeworfenheit auf den leidenden Körper nicht mehr wahrnimmt. Dies alles ist parabelhaft, in sehr bildhafter, gestischer Sprache erzählt und entbehrt bei aller Tragik wiederum nicht der Komik. Und während sich Hiob erneut mit der Existenz Gottes auseinandersetzt, spitzt sich die Drohung, die über ihm hängt – auch wenn niemand weiß, ob es einen Gott gibt, der sie verhängt haben könnte, oder alles einfach nur Unglück ist –, in sich steigernder Grausamkeit zu. Denn ein römischer Offizier erscheint und verkündet im Namen des römischen Kaisers dessen Erhebung zum einzigen Gott, und Hiob muss sich entscheiden.

Die Kofferpacker, 1983 von Michael Alfreds ebenfalls am Cameri-Theater in Tel Aviv zur Uraufführung gebracht, spielt am gängigen Ort der Levin'schen Komödien, einem namenlosen, etwas abgehängten Viertel einer israelischen Stadt. Die „Komödie mit acht Beerdigungen", so der Untertitel, ist ein Gewimmel kurzer Szenen aus dem Leben mehrerer Familien, denen die Realität die Träume zerbricht. Ihr Leben ist bestimmt von den Fixpunkten Beerdigung und Hochzeit oder feste Beziehung, wobei letztere zumeist ein unerreichbares Wunschbild bleiben, das die jüngere Generation selbst oder die Eltern für diese hegen. Die acht Beerdigungen geben dem Stück seine Struktur und machen selbst eine Entwicklung durch, besonders hinsichtlich der Trauerreden. Dabei werden vor allem die Männer beerdigt, aus unterschiedlichen Generationen, während die Frauen zurückbleiben und einen Bridge-Club gründen. Vor allem die Jungen wollen weggehen, wie etwa Elchanan, der davon spricht, seiner Freundin, die er angeblich in der Schweiz hat, zu folgen. Doch gelingt es ihm nicht, das Stadtviertel zu verlassen; nur

Nina gelingt es, während Sigi, der als selbstverständlich schwule Figur mit seinem Freund ins Ausland ging, enttäuscht zurückkehrt. Schon zu Beginn des Stücks kommt Amatzia aus Amerika in das Haus seiner alten Eltern zurück, bald werde seine Verlobte ihm folgen. Als bei seiner Beerdigung eine amerikanische Touristin auftaucht, sorgt das folglich für Verwirrungen. *Die Kofferpacker* verhandelt auf eine sehr leichte und lustige, manchmal aber auch tieftraurige Art das einfache Leben seiner Protagonist*innen und deren oft aus Klischees und Stereotypen gebildete Lebenswünsche und -realitäten.

Das Kind träumt ist sicherlich Levins bekanntestes, und für viele sein bedeutendstes, Stück. Entstanden 1991, wurde das Stück 1993 von Levin am Habima Nationaltheater in Tel Aviv uraufgeführt, eine Inszenierung, die einen tiefen Eindruck in der israelischen Theaterwelt hinterließ. Das Stück gliedert sich in vier Teile – „Der Vater", „Die Mutter", „Das Kind", „Der Messias" – und schildert eine Geschichte von Drohungen, Gewalt, Hoffnungen und Flucht, die schließlich im Land der toten Kinder endet. Im ersten Teil brechen Soldaten unvermittelt in die heil(ig)e Welt von Vater, Mutter und Kind ein, töten den Vater und schicken Mutter und Kind mit anderen auf die Flucht vor dem Tod. Ein Grund für die Gewalt wird nicht gegeben, sie erfährt somit keine Rationalisierung, außer dass die Ausführenden, allen voran der Kommandant und die Zur Liebe Geborene Frau offensichtlich Lust und Freude aus ihrer Macht und der Ausübung von Drohungen und Gewalt ziehen. Mutter und Kind machen sich auf die Flucht, mit einem Schiff zu einer Insel, deren Herrscher sie trotz Visa abweisen wird, so dass die Mutter ihr Kind schließlich ins Land der toten Kinder bringen muss, die wiederum sehnsüchtig auf das letzte tote Kind warten, denn dann werde der Messias kommen und die Erlösung bringen. Als er auftaucht, läuft es jedoch anders als erhofft. Die Unvermitteltheit der Gewalt und die Probleme der Flüchtenden, ein Schiff zu finden, das sie mitnimmt zu einer Insel, die sie nicht aufnehmen wird, arbeitet mit Assoziationen an die nationalsozialistische Judenverfolgung, ohne sich historisch eindeutig dort zu verorten. Zwar steht im Hintergrund dieser Szenen die historische Geschichte von der Irrfahrt der *St. Louis* 1939, aber Levin erzählt so losgelöst von den konkreten historischen Ereignissen, dass sich diese Fluchtgeschichte in vielen politischen Kontexten verstehen lässt und an Aktualität so leider nicht verliert. Seine besondere Kraft erhält das Stück aber, wie auch andere Theatertexte Levins, durch die starke, poetische und gestische Sprache, die ihm eine ganz eigene, dichte und eindrückliche Atmosphäre verleiht.

Mord, dessen Uraufführung 1997 von Omri Nitzan am Cameri-Theater in Tel Aviv inszeniert wurde, nimmt eine besondere Stellung in Levins

Schreiben ein, insofern sich hier Elemente aus den Stadtviertel-Komödien und den grausam-mythologischen Stücken vermischen, allerdings indem Momente zur Abstrahierung aus dem Historisch-Konkreten ins Mythologische auf den gegenwärtigen israelisch-palästinensischen Konflikt angewendet werden, der so präsent ist wie in keinem anderen Stück Levins, abgesehen von seinen Satiren nach dem Sechstagekrieg 1967 und im Zuge des Libanonkriegs 1982. *Mord* zielte zu einer Zeit, als der 1993 mit den Oslo-Abkommen begonnene hoffnungsvolle Friedensprozess durch zahlreiche Terroranschläge der Hamas sowie durch die Ermordung Jitzchak Rabins durch einen rechtsextremen jüdischen Israeli bereits stark bedroht war, darauf, das Hin und Her der Gewalt in seiner Grundlosigkeit auszustellen. Dementsprechend zeigt das Stück zwar Gewalthandeln, kontextualisiert es aber nicht historisch konkret oder ideologisch, womit es auch keinerlei Form der Rationalisierung oder möglichen Rechtfertigung erhält. Das Stück gliedert sich in drei Teile, drei Morde: Im ersten Teil treten drei israelische Soldaten einen jungen Araber in dessen Haus bei einer Durchsuchung zu Tode. Sein Vater kommt zu spät und kann nichts mehr tun. Ein überirdischer Bote verkündet, die Zeit des Mordens sei vorüber, es herrsche nun Frieden; ganz losgelöst scheint dies von den Geschehnissen vor Ort. Das Stück fokussiert hier wie in den folgenden Teilen in der Klarheit und oft Lakonie seiner Sprache auf die Ungeheuerlichkeit der Taten, mit deren Unbegreifbarkeit die Figuren auch im Tun selbst einen Umgang suchen, während die Opfer das Geschehen nicht begreifen. Es folgt die Rache des arabischen Vaters an einem frisch vermählten jüdischen Brautpaar, das sich von seiner Hochzeitsfeier am Strand etwas entfernt hat, um allein zu sein. Der Vater hält den Bräutigam für einen der Soldaten, obwohl der seine Unschuld beteuert; das Stück liefert keinen Anhalt, ob der Vater richtig liegt oder sich irrt. In jedem Fall tötet er den Bräutigam, vergewaltigt die Braut und tötet auch sie. Der dritte Teil wiederum führt zurück in das aus den Komödien bekannte beliebige Viertel einer israelischen Stadt, ein weiterer Mord, der sicher nicht der letzte gewesen sein wird, wie das Stück nahelegt.

Die im Dunkeln gehen, dessen Uraufführung 1998 von Hanoch Levin als eine seiner letzten Theaterarbeiten am Habima Nationaltheater in Tel Aviv inszeniert wurde, baut einen ganz eigenen poetischen, nächtlichen, suchenden Kosmos. Viele Figuren und Gedanken begegnen sich in dieser „nächtlichen Vision", so der Untertitel, in der Dunkelheit. Ihre Begegnungen und Bewegungen und die daraus entstehenden Erzählmöglichkeiten versucht ein Erzähler zu ordnen, der jedoch in der Mitte des Stücks, als die Toten und Gott auftauchen, damit in Schwierigkeiten gerät. Im Dunkeln geht der Gehende, er begegnet erst dem Wartenden und dann dem Entwischenden. Ein Stück gehen sie gemeinsam, begegnen drei anderen Männern, die ihnen parallel erscheinen, auch ihre Sehnsüchte und Geheimnisse und alltäglichen Gedanken haben, und gegen morgen trennen sie sich wieder an ihren jeweiligen Häusern, bis der Gehende bei sich zu Hause allein ankommt. Dem Bewegungsstrang dieser drei ist eine Folge von Begegnungen verschiedener Gedanken eingeflochten, die als Figuren auftreten und versuchen, miteinander Beziehungen zu knüpfen, die aber auch wieder auseinander gehen. Es entsteht so eine absurde, surrealistische Atmosphäre, die eigentlich nichts mehr zu erzählen scheint, sondern nur Möglichkeiten von Erzählungen und Begegnungen aufruft. Die mögliche Theaterhandlung ist auf das Minimum des Gehens auf der Bühne und des Sprechens der Figuren reduziert. *Die im Dunkeln gehen* ist das wohl ungewöhnlichste Stück Levins und zugleich vielleicht auch sein poetischstes.

Zum Abschluss möchte ich zuallererst Freddie Rokem danken, durch den ich an der Universität Tel Aviv zuerst mit Levins Werk in Kontakt kam, woraus ein über die Jahre sich vertiefender Austausch und eine Freundschaft entstand. Mit vielen anderen israelischen Theaterwissenschaftler*innen und -macher*innen habe ich seitdem über Levin gesprochen, in diesem Zusammenhang aber gebührt Dank vor allem Gad Kaynar-Kissinger, Thomas Lewy, Shai Marcus und natürlich Moshe Perlstein, sowie für die Hilfe bei der Bildrecherche Boris Yentin, Pesi Girsch, Yoram Amir und Rami Semo. Eine besondere Einsicht in Levins Schreiben gaben die Diskussionen in der Übersetzer*innen-Werkstatt des Jerusalemer Literaturhauses Mishkenot Sha'ananim 2019, die mein Nachdenken über das Übersetzen von Theatertexten, über Theatralität und Literatur, auch weiter beeinflusst haben, wofür ich allen Beteiligten dankbar bin. Zudem gilt mein besonderer Dank Laurence Sendrowicz, Levins Übersetzerin ins Französische, für unsere Gespräche und ihre wertvollen Hinweise, da sie noch zu seinen Lebzeiten begonnen hat, Levins Stücke zu übersetzen. Hinsichtlich der Entstehung dieses Buchs gilt mein Dank einerseits den Förderern – dem Deutschen Übersetzerfonds, der Kulturabteilung der israelischen Botschaft in Berlin und der Stiftung Irène Bollag-Herzheimer –, vor allem aber Shimrit Ron, der Direktorin des Hanoch Levin Institute of Israeli Drama, die das Vorhaben von Anfang vorbehaltlos und mit allen Kräften unterstützt hat. Henning Bochert danke ich für sein die Bühne mithörendes Lektorat der Stücke, Johannes Wenzel und Claudine Oppel für ihre kritischen Anmerkungen zur Einleitung sowie Susanne Lomer für den schönen Satz auch dieses Buchs.

Ilan Dar, Lia Dolitsky, Chana Rot und Yossi Yadin (v.l.) in Hanoch Levin: שיץ / *Schitz*.
UA: 12.01.1975, Städtisches Theater Haifa, Israel, Regie: Hanoch Levin.

Hanoch Levin

Schitz

Musikalisches Theaterstück

Aus dem Hebräischen von Matthias Naumann

Figuren

Fefechtz Schitz
Tzescha, seine Frau
Schprachtzi, seine Tochter
Tscharches Peltz

Erster Akt

Bild 1

Zimmer bei den Schitz. Abend. Fefechtz, Tzescha, Schprachtzi. Sie essen.

TZESCHA Schwere Zeiten,
Schprachtzi, meine Tochter,
schließ den Hintern im Haus ein –
am besten im Safe –
hungrige Männer ziehen mit einem Beil durch die Straßen,
sie machen aus deinem
Popo Filet,
und dir bleibt nichts
anzubieten,
wenn endlich dein Mann kommt.

(*Zum Fleisch.*) Fünfzig Lire[1] das Kilo. Grauenhaft. Menschenfleisch ist billiger als Schweinefleisch.
(*Zu Schprachtzi.*) Auf, heirate endlich.
Heirate endlich, auf.
Warum heiratest du nicht?!
Du bist bereits verdorrt,
bald wirst du zu Staub zerfallen;
und ich, warum habe ich geheiratet? Für mich?
Brauche ich das?
Ich habe geheiratet, um eine Tochter zu verheiraten!
Heirate endlich! Auf! Heirate endlich! Heirate endlich, auf!

SCHPRACHTZI Mensch, stirb schon, stirb!

TZESCHA Heirate und ich werde sterben.

SCHPRACHTZI Stirb und ich werde heiraten. Erst sterben. Ich werde frei sein, mein Gesicht wird wieder weich werden, das Blitzen kehrt in meine Augen zurück, und dann wird mich ein Mann erblicken über ein Doppelgrab gebeugt und reicht mir seine Hand.

TZESCHA Aber siehst du nicht, dass dein Vater und deine Mutter bereits im Sterben liegen?!

1 Anm. d. Übers.: Von 1948–1980 hieß die israelische Währung „israelische Lira" bzw. „israelisches Pfund", erst 1980 wurde der Schekel als Währung eingeführt.

Lied des Wartens auf einen Mann

SCHPRACHTZI Käme doch endlich irgendein Mann, Gott, käme er doch,
Sähe ich doch endlich eines Mannes Schatten fallen auf
mein Kleid,
denn das Herz ist schon müd und kühl das Blut,
das Fleisch, einstmals fest, wird immer schlaffer,
und das Lächeln auch Jahr für Jahr blasser,
nicht mehr lange hin, ja dann kommt die Stund,
da kauf ich mir 'nen kleinen Hund.

FEFECHTZ Ich verstehe nicht, was meiner Tochter Schprachtzi fehlt, dass sie keiner haben will? Sie ist doch wirklich ein Schnäppchen. Alles ist Fleisch, reines Fleisch, ganz ohne Knochen. Und von welcher Seite du dich auch näherst – es wird was geboten. Es wird was geboten. Wenn du Schenkel magst – da sind Schenkel. Du magst Brustfleisch – nimm Brustfleisch. Zunge – da, eine Zunge. Nieren wolltest du – Nieren stehen vor dir. Und alles weich und frisch und zergeht dir zwischen den Fingern. Du legst den Kopf ab – und der Kopf liegt bequem. Du kitzelst – es lacht. Du streichelst – es stöhnt. Du redest über Politik – es hört zu und bereitet dir währenddessen einen Salat, und du betrachtest in Ruhe die Hinterbacken und wirst ganz heiß. Ich verstehe es nicht, ich gebe hier doch, was das Fleisch betrifft, zwei Frauen in einer!

SCHPRACHTZI Käme doch endlich irgendein Mann, Gott, käme er doch,
Sähe ich doch endlich eines Mannes Schatten fallen auf
mein Kleid,
Und hätt er Akten, und wär er nicht schön,
wär ein wenig müd, und das Haar schon licht,
wär mittel verliebt, leidenschaftlich nicht,
doch schlief beschämt an meiner Brust er ein,
und endlich wär etwas ganz mein.

Freitagabend. Und anstatt Waise zu sein, bin ich Single. Ich werde zur Party meiner guten Freundin Tzfarwadila gehen, ich werde essen und werde tanzen, und vielleicht werde ich auf der Brust eines Mannes den Abdruck meines Nippels hinterlassen.

Sie geht.

Fefechtz Fernsehen!

Fefechtz und Tzescha gehen ab.

Bild 2

Wohnzimmer von Tzfarwadila. Nacht. Party. Tanzmusik. Schprachtzi sitzt allein.

Schprachtzi Zwanzig Wurst-Sandwichs habe ich aus Appetit gegessen, zehn wegen des Wartens und der Anspannung und weitere fünf aus Enttäuschung, und jetzt bin ich voller Energie. Alle tanzen und ich warte. (*Fängt an zu weinen.*) Nein, das darf ich nicht. Ich muss bezaubernd sein, bezaubernd. (*Gibt sich Mühe, bezaubernd zu erscheinen.*) Diesmal muss ich! Ich muss! Mm! Mm! Nein! Die Anstrengung macht mich hässlich! Das darf ich nicht! Ich muss entspannt sein, entspannt.
Aber die Minuten vergehen
und ich werde von Minute zu Minute nicht jünger!
Ach, noch eine Minute ist vergangen!!
Nein, nein, Gelassenheit,
ein wenig Gelassenheit.
Zeit, halt bitte an. Gewähre mir Aufschub, um mich aufzuraffen, die Frisur zu richten, das Gesicht zu trocknen. Reiß mich nicht fort. Bitte nicht! Sie hält nicht an. Von dem Augenblick, da du in sie hineingetreten bist, treibst du weiter, treibst weiter, bis zu dem Tag, an dem du stirbst. Zu Hilfe! Holt mich aus der Zeit heraus! Jetzt bin ich noch hässlicher geworden. Wie sehe ich aus?! Fünfunddreißig Sandwichs schreien aus meinem Fleisch. Genug, diesmal muss ich! Ich muss! (*Gibt sich Mühe, bezaubernd zu erscheinen.*) Mm! Mm!

Tscharches tritt auf, sieht sie an.

Tscharches Auch ich leide manchmal an Verstopfung.

Schprachtzi stürzt sich in seine Arme und reißt ihn mit sich zum Tanzen. Plötzlich hört sie auf, hebt eine Hand, so dass der kleine Finger in die Luft ragt.

Ich liebe den grausamen Kontrast zwischen deinem Körper und deinem kleinen Finger.

Schprachtzi nähert den kleinen Finger ihrer einen Hand dem kleinen Finger ihrer anderen Hand, so dass sie sich beinahe berühren.

Ich liebe den zerrissenen Abstand zwischen deinen zwei Fingern, auf dessen beiden Seiten die dynamische Selbstbeherrschung der Finger steht, sich gegenseitig nicht zu berühren.

Schprachtzi zeigt mit dem Daumen auf ihren Hintern.

Ich liebe die energische Explosivität, mit der sich dein Finger auf die absolut feste Wand deines Hinterns richtet.

Schprachtzi stellt einen Fuß auf einen Stuhl, greift mit einer Hand von hinten zwischen Hintern und Knie durch und berührt ihre Brüste, die von oben herabhängen.

Ich liebe die taktisch in die Irre führende Verdrehung der Bahn, auf der sich deine Hand voran bewegt und schließlich eine zupackende Berührung mit den vordersten Linien der vorrückenden Einheiten deiner Brüste entsteht.

Schprachtzi steht bewegungslos da.

Das ist der Höhepunkt, das ist das Größte im Bereich des Leistbaren, und ich meine die atemberaubende Bewegungslosigkeit deines Körpers, der aus seiner gewaltigen Masse jede mögliche Bewegung zermalmt.

SCHPRACHTZI Ich bin Schprachtzi.

TSCHARCHES Ich bin Tscharches.

SCHPRACHTZI Tscharches!

TSCHARCHES Schprechtzi!

SCHPRACHTZI Schprachtzi.

TSCHARCHES Schprachtzi.

SCHPRACHTZI Gefalle ich dir?

TSCHARCHES Ja.

SCHPRACHTZI War ja klar, dass du „ja" sagst. Und woher weiß ich, dass du die Wahrheit sagst? Und auch wenn es die Wahrheit ist, woher weiß ich, ob es nicht vielleicht eine temporäre Wahrheit ist?! Woher weiß ich, dass es überhaupt ernst gemeint ist?! Woher weiß ich, dass es auf ewig ist?! Vielleicht wirst du in einer halben Stunde anders denken?! Und wenn nicht in einer halben Stunde, vielleicht in einer Woche, einem Monat, zehn Jahren?! Sag mir, wirst du in zehn Jahren anders denken?! Ja?! Denn ich ertrage keine Dinge, die nicht auf ewig sind, ich habe dieses mal so und mal so satt, ich will für jetzt und immer, für immer: Bist du mein oder bist du nicht mein?! Ah?!

TSCHARCHES Dein. Gezeichnet: Tscharches.

SCHPRACHTZI Klar, gezeichnet! Aber woher weiß ich, dass deine Unterschrift – die ich nur aus deinem Mund höre und nicht auf dem Papier – woher weiß ich, dass sie auf ewig ist?! Woher weiß ich, woher weiß ich, woher weiß ich, dass sie auf ewig ist?!

Lied des Offiziers der Armee

TSCHARCHES In der Armee war ich Offizier,
führte die Kompanie ins Gefecht,
hinein ins Feuer rannten wir,
ich schrie, runter mit euch zu Boden.

Manche liegen im Boden bis heut.
Und ich bin schon nicht mehr, der ich war,
Im Leben sucht Wärme dieser Mann
Und eine Frau, die sticken kann.

SCHPRACHTZI Das bin ich, das bin ich, das bin ich.

TSCHARCHES Wann stellst du mich deinem Vater vor, dem zwei Lkws gehören und eine 50-prozentige Beteiligung an einem Schufeldozer, und erzählst ihm von unserer Verlobung?

SCHPRACHTZI Morgen, morgen werde ich dich meinem Vater vorstellen, dem zwei Lkws gehören und eine 50-prozentige Beteiligung an einem Schufeldozer, und wir werden ihm von unserer Verlobung erzählen. (*Sie küssen sich.*) Was hat Schprachtzi gegessen?

TSCHARCHES Lakerda.[2]

SCHPRACHTZI Von wann?

TSCHARCHES Gestern.

2 Anm. d. Übers.: Eingelegter, gesalzener Bonito-Fisch, eine typische Mezze im östlichen Mittelmeerraum. Zum einfacheren Verständnis ggf. durch Rollmops oder Matjes zu ersetzen.

SCHPRACHTZI Ja, das ist tatsächlich die Lakerda, die ich gestern in einem kleinen milchigen Restaurant[3] mit meiner guten Freundin Schoschkes gegessen habe. Habe ich mich mit Lakerda zufriedengegeben?

Sie küssen sich.

TSCHARCHES Zum Nachtisch hattest du Halva.

SCHPRACHTZI Die Halva ist von heute.

TSCHARCHES Da ist auch welche von gestern.

SCHPRACHTZI Jeden Tag esse ich Halva, jeden Tag, jeden Tag! Erzähl mir vom heutigen Mittagessen!

Sie küssen sich.

TSCHARCHES Fett vom Steak auf dem Zahnfleisch.

SCHPRACHTZI Von welcher Uhrzeit?

TSCHARCHES Vierzehn Null Fünf.

SCHPRACHTZI Er nimmt's genau und steckt die Zunge gerne in den Dreck.

TSCHARCHES Ich hasse es, wenn nicht genug Öl am Salat ist.

SCHPRACHTZI Ich liebe die Tatsache, dass wir beide die gleichen Dinge hassen. Und jetzt werde ich dir von einer meiner Schwächen erzählen: Pommes Frites. Wenn ich Pommes sehe, werde ich ganz schwach.
Oh, Pommes Frites, Pommes Frites,
weich, frittiert, leicht angebrannt,
gebräunt wie ein tapferer Mann in der Wüstensonne,
eine mythische Figur aus einem levantinischen Traum.

Liebeslied an die Pommes Frites

Ja, Pommes würd ich heiraten,
Hart, heiß, leicht angebrannt,
Packe sie in eine Tüte,
Und gehe an den Strand.

Sitze auf'nem kleinen Felsen,
Kaue langsam, stopfe sie
beim Sonnenuntergang hinein
mit kleinen, netten Rülpsern.

3 Anm. d. Übers.: Gemeint ist damit ein koscheres Restaurant, das kein Fleisch serviert, also nur eine milchige Küche anbietet.

Tscharches Die Sonne kriecht der Nacht schon aus dem Arsch.

Schprachtzi Wir sehen uns morgen. (*Geht ab.*)

Tscharches Was tun, ich bin kein großer Feinschmecker, ich bin ein kleiner Feinschmecker. Auch meine Wünsche sind klein und meine Leidenschaften sind klein. Schprachtzi, zwei Lkws, ein halber Schufeldozer. Na und? Wenn deine Leidenschaften klein sind, sind auch deine Enttäuschungen klein. Und die Übelkeit ist klein. Da, jetzt ist mir ein bisschen übel, na und? Kotze ich? Aber wieso denn. Wenn ich jetzt kotze, was bleibt mir dann für später?

Bild 3

Zimmer bei den Schitz. Abend. Fefechtz, Tscharches.

Tscharches Herr Schitz, Ihre Tochter und ich passen zusammen. Sie werden überrascht sein, wie sehr. Ich liebe Lakerda und sie liebt … was?

Fefechtz Überspringen Sie es. Was meine Tochter liebt,
ist tief in meine Falten eingraviert.

Tscharches Ebenfalls Lakerda. Und Wurst, und Steak, und saure Gurken, und dass das Steak weich ist, weich und nicht hart, und dass die Decke warm ist, und wie wir gelacht haben – ein Lachen geistiger Vereinigung –, als wir herausfanden, dass wir beide – ja, wir beide – es gar nicht mögen, wenn der Toilettensitz kalt ist, wenn man sich im Winter drauf setzt, und deshalb haben wir beschlossen, wir werden ihn polstern lassen. So weit zu allem, was die Weltanschauung betrifft.

Fefechtz Kurz gesagt, Hochzeit.

Tscharches Die Zeremonie, der Saal, das Essen, die Band, die Kleidung und die Blumen – von der Seite der Braut.

Fefechtz Und was von der Seite des Bräutigams?

Tscharches Von der Seite des Bräutigams – der Bräutigam.

Fefechtz Das ist nicht viel.

Tscharches Vielleicht, aber ohne geht es nicht.

Fefechtz Sie entschuldigen, dass ich mich einmische, aber ich bin der Vater, und der Vater fragt, von was das junge Paar zu essen gedenkt.

Tscharches Das hängt davon ab, wie viel der Vater geben wird.

Fefechtz Der Vater ist arm. Er hat nichts.

Tscharches Der Vater hat zwei Lkws und einen halben Schufeldozer, und das ist nur, was an der Oberfläche sichtbar ist.

Fefechtz Die Lkws machen Verluste. (*Tscharches lacht.*) Verluste.

Tscharches Und der Schufeldozer.

Fefechtz Gerüchte. Der Vater dementiert sie.

Tscharches Und demnach gibt der Vater eine Dreizimmerwohnung in der Stadt, oder, alternativ, eine Dreizimmerwohnung außerhalb der Stadt plus ein Auto, plus zweihundertfünfzigtausend in bar, egal, ob in der Stadt oder außerhalb der Stadt.

Fefechtz Dem Vater bleibt nichts übrig, als bedauernd zu lächeln.

Tscharches Der Vater wird lächeln, wenn er mit seiner Tochter auf dem Schoß sitzen bleibt.

Fefechtz Der Vater wird den Bräutigam ins Geschäft holen und ihm ein angemessenes Gehalt geben.

Tscharches Wenn der Vater möchte, dass die Tochter den Enkel mit Brot und Zwiebeln großzieht, veranlasst das den Bräutigam, die ganze Transaktion noch mal zu überdenken.

Fefechtz Der Vater wird ein angemessenes Gehalt geben plus eine Zweizimmerwohnung bis zum ersten Kind.

Tscharches Das erste ist schon unterwegs.

Fefechtz Der Vater gibt drei Zimmer unter der Bedingung, dass man unter die Chuppa tritt, bevor ein Bauch zu sehen ist.

Tscharches Die Wohnung wird in der Stadt sein.

Fefechtz Zehn Minuten von der Stadt entfernt – das ist wie in der Stadt.

Tscharches Zehn Minuten von der Stadt entfernt bringt uns zum Auto-Paragrafen.

Fefechtz Dem Vater bleibt nichts übrig, als voll Kummer Richtung Totenreich zu lachen.

Tscharches Was schneller geschehen wird, als der Vater denkt.

Fefechtz Soll es geschehen. Der Vater hat nichts.

Tscharches Wenn der Vater seinen Enkel mehr als einmal in zwei Jahren sehen will, wird sich der Vater bemühen und ein Auto geben.

Fefechtz Der Vater wird schon zum Enkel kommen.

Tscharches Man wird ihm nicht aufmachen. Der Enkel wird zum Vater kommen.

FEFECHTZ Der Vater wird einen Pick-up spendieren.

TSCHARCHES Der Bräutigam bringt keine Vögel, der Bräutigam bringt Enkelkinder.

FEFECHTZ Der Vater wird ihn gegen ein Privatauto austauschen, wenn er den Enkel gesehen haben wird.

TSCHARCHES Der Vater wird keinen Enkel sehen, bis er nicht ein Auto gegeben haben wird.

FEFECHTZ Der Bräutigam hat gesagt, der Enkel sei bereits unterwegs.

TSCHARCHES Dann hat er das gesagt.

FEFECHTZ Der Vater lässt sich nicht zum Narren halten.

TSCHARCHES Der Bräutigam wird ein Auto bekommen und dem Vater Respekt erweisen.

FEFECHTZ Der Vater wird darüber nachdenken.

TSCHARCHES Der Vater wird jetzt entscheiden, denn es ist ein Kind unterwegs.

FEFECHTZ Der Vater will ein für alle Mal wissen, ob es ein Kind gibt oder nicht!

TSCHARCHES Der Bräutigam wird nur in Gegenwart eines Autos reden.

FEFECHTZ Der Vater wird es geben.

TSCHARCHES Vier Türen.

FEFECHTZ Warum vier?

TSCHARCHES Der Bräutigam hat es satt, um alles zu feilschen! Der Bräutigam kommt sich vor wie auf dem Viehmarkt! Auch der Bräutigam hat seine Ehre, der Bräutigam ist ein sensibles Wesen, es kostet ihn gesundheitlich genug, sich in die Tochter des Vaters zu verlieben, was braucht er das alles, aber er war Offizier in der Armee und er weiß, was es heißt, seine Pflicht zu erfüllen, und deshalb nimmt er alle Anstrengungen auf sich, aber es gibt eine Grenze! Vier Türen, zum letzten Mal!

FEFECHTZ Der Vater wird es geben. Ist ein Kind unterwegs?

TSCHARCHES Und zweihundertfünfzigtausend in bar.

FEFECHTZ Wieso? Der Vater holt den Bräutigam ins Geschäft.

TSCHARCHES Der Bräutigam hat eigene Ideen.

FEFECHTZ Der Vater freut sich über Ideen, aber der Vater hat nichts.

TSCHARCHES Er hat nichts, aber wird es geben.

FEFECHTZ Der Vater schwört, er hat nichts, er hat überhaupt nichts in bar!

TSCHARCHES Der Vater wird es geben, zum zweiten Mal.

FEFECHTZ Der Vater ist auf der Flucht vor dem Finanzamt, auf der Flucht vor Gläubigern, er geht nur nachts auf die Straße, der Vater ist am Ende!

TSCHARCHES Der Vater wird es geben, zum dritten und letzten Mal.

FEFECHTZ Der Vater wird es geben, der Vater wird es geben, der Vater wird es geben! Warum muss der Vater überhaupt etwas geben?! Und wer wird dem Vater etwas geben?! Der Vater ist Waise, dem Vater gibt niemand etwas! Genug, der Vater hat es satt, der Vater will einen Vater. Etwas bekommen, ein Mal etwas bekommen statt zu geben!

TSCHARCHES Der Bräutigam hat sich über das Kennenlernen gefreut, und jetzt ist er in Eile, eine junge wohlhabende Touristin aus Los Angeles erwartet ihn im Hilton. Viel Glück euch.

Er steht auf. Tzescha kommt herein.

TZESCHA Leg ihm was drauf, dem Gauner. Alleine geht er nicht von hier weg, das hab ich mir geschworen, und Schprachtzi wird nie wieder mit Erdnüssen zu Bett gehen. (*Geht ab.*)

FEFECHTZ Der unglückliche Vater wird hunderttausend geben.

TSCHARCHES Der arme Bräutigam wird nicht weniger als zweihundert akzeptieren.

FEFECHTZ Hundertfünfzig.

TSCHARCHES Ins Hilton. Viel Glück euch!

Er steht auf. Tzescha kommt herein.

TZESCHA Leg ihm was drauf. Der Gauner denkt, dass er das Geld nimmt, aber Schprachtzi nimmt das Geld mit dem Gauner zusammen. (*Geht ab.*)

FEFECHTZ Einhundertfünfundsiebzig, und der Vater ist blank.

TSCHARCHES (*Setzt sich*) Zweihundert, nur weil der Bräutigam den Vater mag.

Fefechtz schüttelt den Kopf.

Dennoch zweihundert.

Fefechtz schüttelt schwach den Kopf.

Zweihundert.

Fefechtz zuckt mit den Schultern.

Viel Glück euch. (*Steht auf.*)

Fefechtz — Also gut, zweihundert.

Tscharches setzt sich.

Ohne Auto.

Tscharches steht auf.

Mit Auto.

Tscharches — Mit Auto! Mit Wohnung! Mit Möbeln! Mit Geld! Geld! Alles! Alles!!!

Fefechtz — Alles! Nimm alles!!!
Du hast keine hässliche Tochter zu verheiraten,
und eine Frau mit Bärtchen, die zur Großmutter wird.
Wenn dir ein bösartiger Tumor in der Achselhöhle wächst,
wirst auch du alles geben, damit man ihn entfernt.
Nimm. Nimm alles.

Wirft ein paar Münzen aus seiner Tasche hin.

Du wolltest alles, nicht?
Die Hose erhältst du in Kürze.

Tscharches — Warum sind Sie wütend? Partei A will eine Hochzeit, Partei B will ein Einkommen. Die beiden Parteien haben sich getroffen und zu einer Übereinkunft gefunden, das ist alles. Darf Partei B dich Papa nennen?

Fefechtz — Und was die Lastwagen und den Schufeldozer angeht – Hände weg! Denn bevor du es schaffst, deine Hand darauf zu legen, hau ich sie dir ab. Überhaupt, ich werde dich zerquetschen. Du bist zwar ein räuberischer Gauner, aber ich werde aus dir einen Perserteppich machen. Du darfst mich Papa nennen.

Tzescha und Schprachtzi kommen herein. Alle umarmen sich.

Bild 4

Zimmer bei den Schitz. Abend. Alle.

Tscharches — Papa ist groß,
Papa mit zwei vollen,
klingelnden Taschen,
zwei Quellen in einer ausgedorrten Welt.
Ay, Taschen, Taschen,
die wahren Eier eines Mannes,
in euch liegt die Kraft verborgen,
welche die Welt fruchtbar macht;
ihr, Schatzkammern der Samenzellen

des Geschäfts, von Kauf, Verkauf, Zuhälterei,
Öltanks, welche die Räder von Industrie und
Handel in Bewegung setzen,
Füllhörner der Börse, von Religion und Kultur;
ihr kündet von Aufbau und Zerstörung, von Geburt
und Tod,
nicht einzeln und nicht im Dutzend,
sondern weltweit en gros:
ihr seid die berauschende, stimulierende Droge,
die so viele Schenkel spreizt
auf so vielen weichen Betten in der Nacht.

Kniet nieder und küsst leidenschaftlich Fefechtz' Taschen.

FEFECHTZ Ja. Die Zeit, die mir die Taschen füllte,
leerte mir währenddessen die Eier.

Lied der Taschen und der Eier

Als ich zwanzig Jahr alt war,
Waren meine Eier
Von Träumen und Kraft so voll,
Doch die Taschen, die Taschen,
Als ich zwanzig Jahr alt war,
Hingen leer sie im Wind.

Als ich sechzig Jahr alt wurd,
Sind schon meine Taschen
Vor Geklingel schwer und voll,
Doch die Eier, die Eier,
Als ich sechzig Jahr alt wurd,
Hängen leer sie im Wind.

SCHPRACHTZI UND TZESCHA
Aber euer Geld zerrann auf unserem Fleisch
Und der Samen verging zwischen unseren Beinen,
Wenn wir euch eines Tages in die Kiste legen,
Kalt und leer,
Keine Taschen, keine Eier,
Gehört das letzte Lachen uns.

TSCHARCHES Wenn du zwanzig Jahr alt bist
Und leer sind deine Taschen,
Wirst im Bett alleine stinken,
Und aus den zwei Eiern,

Wenn du zwanzig Jahr alt bist,
Machst du nicht mal Omelett.

Solang du zwanzig Jahr alt bist,
Füll dir deine Taschen,
Leg die Eier dir auf Eis,
Wenn du sechzig Jahr alt wirst,
Mit den Eierschalen
Fickst du sogar den Mond.

SCHPRACHTZI UND TZESCHA
Aber euer Geld wird auf unserem Fleisch zerrinnen
Und der Samen zwischen unseren Beinen vergehn,
Wenn wir euch eines Tages in die Kiste legen,
Kalt und leer,
Keine Taschen, keine Eier,
Gehört das letzte Lachen uns.

TSCHARCHES (*zu Schprachtzi*) Es ist zehn. Wir sind spät dran.
Bald werden Tzfarwadila und ihr Verlobter Schmargitzkes kommen
und uns zum Nachtschwimmen abholen.
Bist du angezogen? Hast du dir hundert Lire von deinem Vater geben lassen?

SCHPRACHTZI Fünf Minuten.

TSCHARCHES Ich gehe so lange aufs Klo. (*Geht ab.*)

SCHPRACHTZI Ich gehe mit Tscharches zum Nachtschwimmen.
Ich brauche hundert Lire.

FEFECHTZ Besser, du gingst ins Bett. Das ist ein gesundes und preiswertes Vergnügen.

SCHPRACHTZI Ich habe jetzt keine Zeit,
seht ihr denn nicht:

Schüttelt ihre Schenkel.

Dieses Fleisch muss rennen, viel Saft und
Luft und Mondlicht aufsaugen
und Tausende von Liebkosungen.

TZESCHA Schprachtzi,
du wurdest von deinen Eltern mandatiert, einen Mann zu nehmen
und ihn dem Familienbesitz zu unterwerfen.

Stattdessen erhebst du dich mit deinen Schenkeln
gegen mich und gegen deinen Vater.

SCHPRACHTZI Ich sage euch bei dieser Gelegenheit:
Ich werde keine Äußerung mehr dulden, die nicht in meinem Sinne ist.
Wir sind fertig. Es gibt kein abendliches Zuhauserumsitzen
unter euren stressigen Blicken mehr.
Eine souveräne Frau werde ich sein,
werde eine andere Wohnung mit meiner Anwesenheit erfüllen.
In dieser Wohnung hier werde ich mein deutliches Fehlen zurücklassen,
das Fehlen meines Körpers, meiner Bewegungen, meines Lachens,
hängenbleiben werden in dieser Wohnung
alte Gerüche, alte Möbel,
bald auch der Geruch von Medikamenten,
das Knacken der Knochen, Seufzen,
stickige Luft, schweres Atmen, Röcheln, Ende.
Dieser Stuhl? – Bald gehört er mir.
Diese Kissen? – Bald gehören sie mir.
Dieses Fleisch? – War einst ein Teil von euch,
heute ist es auf sich gestellt.
Wenn ihr Todesqualen leiden werdet,
ist es nicht dieses Fleisch, das schmerzen wird.

FEFECHTZ Dieses Fleisch, das bin ich!

SCHPRACHTZI (*Klopft ihm auf den Hintern.*)
Du hast eine Kokospalme gepflanzt, Papa,
die Kokosnuss wird jemand anderes essen.

TZESCHA Schaut sie euch an – Schenkel! Kokosnuss!
Noch gestern hat sie alleine in der Küche Erdnüsse gefuttert!
Ich warne dich, Schprachtzi:
Ich habe dreißig Jahre Dreck mehr als du!
(*Klopft ihr auf den Hintern.*)
Papa hat noch seine eigene Kokosnuss!

SCHPRACHTZI Wo? Wo ist die Kokosnuss?
Nur die Hülle ist übriggeblieben.
Falten, Falten,
wohin du dich auch wendest, Zerfall.

FEFECHTZ Und so, jede Nacht,
mit einem weiteren Kratzer auf den Möbeln
geht der Mann, blutüberströmt, schlafen.

SCHPRACHTZI Hast du's verstanden? Er ist blutüberströmt, du auch.
Hundert Lire, damit ich euch alleine bluten lasse.

TZESCHA Denk gut nach, Schprachtzi;
Tscharches, wer ist Tscharches?
Noch vor einem Monat hätte uns sein Tod
so berührt wie der Tod eines Chinesen.
Ein Fremder, ein Mann wie viele,
geboren, um dir die Zeit zu füllen
zwischen Jugend und Witwenschaft.
Entscheide dich jetzt: Zu wem gehört Schprachtzi?

SCHPRACHTZI Zu wem gehört Schprachtzi?
Schprachtzi gehört zur Wurst, zum französischen Käse,
zur weichen Matratze und zur verfeinerten Küche.
Jene sind Schprachtzis kleine Meister
und Schprachtzi ist ihre treue Hündin.

Tscharches kommt herein.

TSCHARCHES Tzfarwadila und Schmargitzkes
warten unten im Auto auf uns.

SCHPRACHTZI Entschuldigt, Papa und Mama –
ein wässriges Vergnügen ruft mich.

Schprachtzi und Tscharches gehen ab.

Bild 5

Zimmer bei den Schitz. Nacht. Fefechtz und Tzescha im Bett.

FEFECHTZ Das wird kein leichter Kampf.
Der Gauner will das Geld,
und Schprachtzi braucht den Gauner.
Ich könnte den Gauner zusammentreten,
aber ich bin der Vater von Schprachtzi,
und Schprachtzi braucht den Gauner
und der Gauner will das Geld.

TZESCHA Arrangier dich mit dem Gauner,
mach mit ihm Geschäfte,
gib ihm mit der einen Hand
und nimm mit der anderen,
er wird Schprachtzi ein guter Ehemann sein,
und mich juckt es in den Fingern nach einem Enkel.

FEFECHTZ Tzescha, der Gauner will alles,
er wird uns nicht nur das Lächeln
von den Lippen reißen,
sondern vielmehr auch die Goldzähne aus dem Mund.
Ruf alle Kräfte der Bosheit zum Kampf,
und vergiss nicht, wessen Frau du bist, Tzescha.

TZESCHA Mit zwanzig schürte die Leidenschaft die Bosheit,
mit fünfzig ging Tzescha die Kohle aus.

FEFECHTZ Was soll das heißen, Tzescha ging die Kohle aus?
Legt seine Hand auf ihre Brust.

TZESCHA Nein. Wie Schprachtzi gesagt hat:
Nur die Hülle ist übriggeblieben.

Lied des ewigen Hungers

FEFECHTZ Schon als ich noch klein war, war ich ein Wolf niemals satt,
Ich aß jeden Tag eine Kuh, doch das Herz lechzte nach mehr,
Blumen, Meer und Himmel machten mich müde und matt,
Doch brach die Nacht herein, nahm eine Kuh ich ins Bett.

Und dann hab ich sie geküsst,
Und das Herz ist kalt und müd,
Voller Fleisch ist der Magen,
Und auch vor den Augen Fleisch.

FEFECHTZ UND TZESCHA
Die Jahre gingen vorbei,
Es blieb zu leben die Lust,
Nun liegen wir auf dem Balkon
Und essen da unseren Rest.

TZESCHA Schon als ich noch klein war, war ich 'ne Hündin am Fressen,
Verputzte tagaus, tagein Apfelkuchen und Honig,
Meine Träume, die vielen, hab ich in Sahne vergessen,
Doch brach die Nacht herein – nahm ich mir Teig mit ins Bett.

Und dann hab ich ihn geküsst,
Und das Herz ist öd und leer,
Crème erfüllt mir den Mund,
Und auch in den Armen Crème.

FEFECHTZ UND TZESCHA
Die Jahre gingen vorbei,
Es blieb zu leben die Lust,
Nun liegen wir auf dem Balkon
Und essen da unseren Rest.

FEFECHTZ (*Beugt sich vor, wendet sich der Vorderseite seiner Hose zu.*)
Wenn du dich aufrichtest, wird sich alles aufrichten,
die Kraft, der Eigensinn, die Begeisterung.
Heute brauche ich dich, nicht zum Vergnügen,
sondern vielmehr für die letzten Tropfen Energie,
um aufrecht auf den Beinen zu stehen.
Wenn du jetzt umkippst –
kippt alles. (*Pause. Zu Tzescha:*)
Du hast mich enttäuscht.
Solcher Verfall – das hätte ich nicht geglaubt.
Ich habe von anderen gelesen, sie gesehen –
aber von dir hätte ich das nicht geglaubt.
Mit zwanzig verkündete deine ganze Erscheinung:
Mir wird das nicht passieren.
Folglich habe ich Betrug geheiratet.
Hätte ich wirklich ein glückliches Leben gehabt,
hätte ich nicht fünfzig Jahre dem Essen geweiht.

Tzescha steht auf.

FEFECHTZ Wohin?

TZESCHA Etwas Luft schnappen.

FEFECHTZ Atme, atme, und vor allem:
Vergiss nicht, wessen Frau du bist, Tzescha!

TZESCHA (*zu sich*) Wessen bist du, Tzescha?
Kleine Tzescha, schwache Tzescha,
und deshalb liebt die kleine Tzescha es,
mit dem Wind zu treiben.

Sie geht ab.

Bild 6

Zimmer bei den Schitz. Nacht. Fefechtz im Bett.

FEFECHTZ Das Leben ist blöd. Was habe ich davon, wenn ich schlafe? Wenn sich der Schlaf wenigstens akkumulieren würde wie ein Investmentfonds, wüsste ich, dass ich in etwas investiere, und später hätte ich etwas in der Hand. Aber in der Realität stehst du morgens auf, wo ist der Schlaf? Er ist zwischen den Träumen zerronnen, du hast nichts gewonnen, bald wirst du wieder müde sein und wieder schlafen gehen, könnte ich doch nur den Schlaf im Safe einschließen. Dasselbe gilt für das Essen. Du isst, du investierst Energie, du hast einen Verschleiß von Kiefern und Zähnen, dann stehst du morgens auf, der Bauch wimmert, wo ist das Essen? Bis heute habe ich mindestens sechshundert Kühe gegessen, wo sind die Kühe? Ich könnte heute eine Herde haben. Und ich muss all diese Verschwendung mit schmerzendem Herzen mitansehen und jeden Tag von vorne anfangen. Und ich komme an den Punkt, an dem ich frage: Wozu lebe ich? Oder mit anderen Worten: Womit sterbe ich? Nichts bleibt vom Essen, nichts vom Schlaf, nicht mal eine Reserve des wenigen Rummachens mit einer Frau. Der Mensch, das ist kein Geheimnis, stirbt leer. (*Steht auf, zieht sich an.*)

Lied von den zwei Lastwagen

Ich habe zwei schöne Lkw,
Einer orange und der andere rosa,
Nachts transportieren Kühe sie,
Morgens – zur Arbeit Arbeiter.

Da machte der Fahrer 'nen Fehler,
Lud auf und transportierte statt einer Kuh
Zum Schlachthof einen Schwarzarbeiter,
Den schlachtete man dort im Nu.

Der Richter sprach mir Entschädigung zu,
Und des Arbeiters Familie bezahlte
Die Differenz, die ich verloren hatt',
Zwischen dem Arbeiter und dem Tier.

Damit dies nie wieder geschieht,
Erließ ich für mich ein Gesetz,
Nun singt jeder Arbeiter im Lkw
Lieder der Freude und Freiheit.

Ich habe zwei schöne Lkw,
Einer orange und der andere rosa,
Nachts transportieren Kühe sie,
Morgens – zur Arbeit Arbeiter.

Bild 7

Strand, Nacht. Schprachtzi, Tscharches.

TSCHARCHES Verzeih mir, aber jedes Mal, wenn ich dich sehe, erwacht in meinem Herzen etwas lauter der Wunsch …

SCHPRACHTZI Ich höre.

TSCHARCHES Nein, ich bin ein Dreckskerl.

SCHPRACHTZI Du bist kein Dreckskerl. Sprich.

TSCHARCHES Ich bin ein Dreckskerl, ich bin ein Dreckskerl. So ein kleiner Wunsch, dass dein Vater nicht mehr sei. Ich bin ein Dreckskerl.

SCHPRACHTZI Nein, du bist kein Dreckskerl.

TSCHARCHES Ich bin ein Dreckskerl, ich bin ein Dreckskerl.

SCHPRACHTZI Ich habe gesagt, dass du kein Dreckskerl bist.

TSCHARCHES Bist du sicher?

SCHPRACHTZI Ja.

TSCHARCHES Eigentlich hast du recht, warum bin ich ein Dreckskerl? Was habe ich getan? Ich würde mir wünschen, dass dein Vater nicht mehr sei, das ist alles. (*Knetet ihre Brüste.*) Nicht, dass er sterben soll, ich bin ja kein Dreckskerl, ich weiß, dass es dir wehtun könnte, wenn er stirbt. Nein, ich würde mir nur einfach wünschen, dass er nicht mehr sei, das heißt, dass es so einen Mann gegeben hat und eines Tages gibt es ihn nicht mehr, das ist alles.

SCHPRACHTZI Mir ist klar, dass der Dreckskerl hier mein Vater ist.

TSCHARCHES Stimmt das? Natürlich würde ich mir wünschen, dass auch deine Mutter nicht mehr sei, aber ich fürchte, dass ich mir schon zu viel wünsche und mein Wunsch schon einem Dreckskerl nahekommt. Deine Mutter feilscht auch nicht um jeden Groschen, den ein junger Familiengründer braucht, um sich ehrlich ein Stück Brot zu verdienen.

SCHPRACHTZI Von mir aus kann auch meine Mutter nicht mehr sein.
Nur wir beide.

TSCHARCHES Soll sie noch etwas länger sein.

SCHPRACHTZI Soll sie.

TSCHARCHES Aber dein Vater nicht, dein Vater soll nicht mehr sein.

SCHPRACHTZI Er soll nicht mehr sein.

TSCHARCHES In naher Zukunft, denn unser Leben vergeht.
Er ist schon kein junger Mann mehr, stimmt's?
Sein Blutdruck ist, wie ich gehört habe, etwas hoch.
Also noch etwas Stress hier, noch etwas Stress dort – und eines schönen Morgens steht der Mann einfach nicht auf.

Knetet weiter ihre Brüste.

SCHPRACHTZI Du solltest in einer Bäckerei arbeiten.

TSCHARCHES Ich sehe schon den Moment vor Augen, in dem ich das Zimmer betrete und Hemd und Hose deines Vaters sehe, ohne dass sich dein Vater in ihnen befindet.

Schprachtzi zieht Tscharches zu Boden. Sie schlafen miteinander.

Eine so heikle Angelegenheit wie das Nicht-Sein des Vaters gilt es, planvoll in die Wege zu leiten,
langsam und überlegt.
Zunächst isolieren.
Man muss die Mutter vom Vater trennen.

Schprachtzi stöhnt.

Selbstverständlich ist sie ihm treu,
dreißig Jahre zusammen,
da wird auch der Bucklige dem Buckel treu.
Sprich du mit ihr, schüttle den Staub ab,
fang ihr Herz mit irgendetwas,
eine alte Frau kauft man, wie einen Indianer,
mit buntem Glas und ein paar Lumpen.
Eröffne ihr neue Horizonte,
lass ein paar Worte fallen über eine Reise mit uns nach Los Angeles.

Schprachtzi stöhnt.

Und woran ich dich noch erinnern wollte:
Nimm von ihnen Geschirr für die neue Wohnung.
Nicht alles auf einmal. Immer wieder, ganz langsam.
Nimm überflüssige Küchenutensilien, den Klapptisch,
einen Sessel, dann geh zu kompletten Sets über.
Ihr Kühlschrank gefällt mir, sollen sie sich einen neuen kaufen.
Nein, den neuen werden wir nehmen.

Schprachtzi stöhnt.

Ich bereite dir Lust, was?
Und ich bin mir noch nicht einmal sicher,
was ich dafür bekomme.
Ich mag es nicht, Menschen zu sehen, die durch mich Spaß haben,
da zieht sich mir das Herz zusammen.
Sicher, sie liegt auf dem Rücken, stöhnt vor Lust
und lässt mich auf ihr Fleisch schwitzen,
kneten, kneten, hineinstecken, kneten, kneten, hineinstecken!

Schaut nach oben.

Gott, du, der von oben sieht,
wie mein Hintern auf und nieder geht,
wie die Bewegung einer Raupe unter dem Himmel –
versprich mir wenigstens, dass ich nicht umsonst arbeite,
nicht umsonst, Gott, nur nicht umsonst,
denn für diesen Erguss gibt es einen Preis,
und ich will die Lust und das Geld auch!

Kommt zum Ende.

Und auch den großen Teppich aus dem Wohnzimmer.

SCHPRACHTZI Mir wurde gesagt, dass man stöhnt – ich habe gestöhnt.
Das heißt nicht, dass ich Spaß hatte.
Generell: Du bist unkonzentriert, du bist zu schnell,
und es fehlen dir zwei, drei Zentimeter,
die dir warum auch immer an die Nase geklebt wurden.
Also nimm die Nase etwas herunter, Offizier,
und kümmere dich um das Großwerden des Kleinen.
Ich bin im Wasser.

Sie geht ab.

Tscharches Natürlich würde ich mir wünschen, dass auch sie nicht mehr sei, zumindest ein Teil von ihr. Wozu brauche ich sie ganz? Sie ist voller Reste. Der Kopf zum Beispiel. Was brauche ich ihren Kopf? Er isst die ganze Zeit, sieht mich an, prüfend, will etwas von mir. Kurz gesagt: ein Joch. Kein Bedarf. Er soll nicht sein. Und auch die Hände, nehmen, wühlen herum – eine Verschwendung. Und die Füße mit den krummen Nägeln und den Hühneraugen, und die Achselhöhlen und der Rücken und der dicke Hals – zwei Drittel dieser Frau sind Müll. Abschneiden und wegwerfen. Übrigbleiben soll der Arsch, als Basis, und darüber direkt die Brüste. Ein Busenarsch. Eine Frau aus drei Fleischkugeln, weich, praktisch, dekorativ und rollt auch von selbst an deine Seite. Ins Wasser, Träume dieser Art zerspritzen.

Bild 8

Zimmer bei den Schitz. Nacht. Tzescha. Schprachtzi kommt herein.

Schprachtzi Wir hatten eine wunderbare Zeit, wir haben Pläne geschmiedet, Reisen, wir reden über eine Reise nach Los Angeles. Mit dir natürlich. Mit der Zeit wird auch ein Enkel kommen. So dass es etwas geben wird, das man, absolut, ein neues Leben nennen kann für eine Frau, deren Horizont kurz davor ist, sich zu schließen. (*Pause.*) An der Universität von Los Angeles gibt es einen verwitweten Professor. Ein sportlicher und sonnengebräunter Mann. Er sucht eine Freundin fürs Leben, eine Witwe um die 50, die das Leben kennt und liebt.

Tzescha Mein Mann lebt noch.

Schprachtzi Ah. Er hat eine Villa in Los Angeles und ein Ferienhaus in San Diego. Und zwei Autos.

Tzescha Mein Mann lebt noch.

Schprachtzi Ah. Er hat zufällig ein Bild von dir gesehen, der Professor. Das ist genau, was er will. Genau das.

Tzescha Mein Mann lebt.

Schprachtzi Er spielt Golf. Und ist ein ausgezeichneter Tänzer. Seine Frau wird Bedienstete haben. Sie wird Klavier spielen. Und im Pool schwimmen! Und Toast essen! Und amerikanische Magazine kaufen! Amerikanische! Amerikanische!

TZESCHA Mein Mann lebt!!!

SCHPRACHTZI Die Frage ist: Wie lange noch? (*Geht ab.*)

Bild 9

Zimmer bei den Schitz. Nacht. Tzescha.

TZESCHA Ich bin Hausfrau, was man eine einfache Frau nennt,
ihrem Mann treu, ohne irgendwelche Sperenzchen,
auch wenn meine Tochter mich jetzt vielleicht mehr braucht,
aber so bin ich nun mal, dass bei mir zuerst der Ehemann kommt.

Und alles wäre gut und schön,
wäre da nicht der Umstand,
dass meine Tochter mir einen Professor anbietet,
mir, die man mit einem Doktortitel kaufen kann.

Als hätte der Professor mit der Beziehung zu meinem Mann nichts zu tun –
sofern man das zwischen uns eine Beziehung nennen kann –,
und meine Träume sahen doch etwas anders aus,
und Liebe – wer erinnert sich überhaupt noch an sie?

Doch alles wäre gut und schön,
wäre da nicht der Umstand,
dass meine Tochter mir einen Professor anbietet,
mir, die man mit einem Doktortitel kaufen kann.

Wie lange kann sich denn ein Mensch umsonst aufopfern,
wenn man vor ihm solche Angebote ausbreitet, solche Horizonte, Los Angeles, und überhaupt ...
Nein, ich bin eine einfache Frau, bei mir gibt es keine Sperenzchen,
mache mich mit meinem Mann auf den Weg und gehe auch ohne ihn weiter.

Denn alles wäre gut und schön,
wäre da nicht der Umstand,
dass meine Tochter mir einen Professor anbietet,
mir, die man mit einem Doktortitel kaufen kann.

Bild 10

Eingang zum Hochzeitssaal. Abend. Fefechtz, Tzescha.

FEFECHTZ Eine Viertelstunde bis zur Chuppa.
Was ist die Summe der Geschenke?

TZESCHA Zweiundvierzigtausend,
und außerdem vier Bügeleisen.

FEFECHTZ Wer hat mir ein Bügeleisen geschenkt?

TZESCHA Arme Gäste.

FEFECHTZ Ich habe keine Armen eingeladen.
Für Freude muss man bezahlen,
das Essen kostet Geld,
ich biete vier Gänge,
es gibt Obst, Kuchen,
ich habe Whisky auf die Tische gestellt,
die Band ist halbautomatisch,
insgesamt siebzigtausend Lire.
Ich will, dass die Ausgaben wieder reinkommen.

TZESCHA (*Erhält weitere Geschenke.*) Vierundvierzigtausend,
vierundvierzig zweihundert.

FEFECHTZ Eine Viertelstunde bis zur Chuppa.
Ziehen wir es eine weitere Viertelstunde hin,
es müssen noch Gäste kommen.

TZESCHA Sechsundvierzig vierhundert,
Achtundvierzigtausend.

FEFECHTZ Öffnen Sie die Brieftasche, holen Sie einen Scheck heraus,
Freude, meine Damen und Herren, das ist kein Vergnügen,
ich habe eine Tochter, die Liebe braucht,
und Liebe hat ihren Preis auf dem Markt.

TZESCHA Fünfzigtausend,
Zweiundfünfzigtausend.

FEFECHTZ Liebe Gäste, ein bisschen Einsatz!
Wenn Sie wirklich Hühnchen wollen
und nicht zwei Gänge Salzhering;
wenn Sie Musik hören wollen
und nicht den Lärm der Klimaanlage;
wenn Sie wie Schweine essen wollen,
wie Kamele trinken und wie Schmetterlinge tanzen;
dann noch ein bisschen Einsatz, liebe Gäste!

TZESCHA Sechsundfünfzig vierhundert,
Achtundfünfzigtausend,
Sechzigtausend.

FEFECHTZ Wir stehen an der Schwelle zur Siebzig!
Noch zehntausend, meine Damen und Herren,
um auf Siebzig zu runden!

TZESCHA Fünfundsechzigtausend.

FEFECHTZ Liebe Gäste, fünftausend Lire
zwischen Ihnen und der Freude, was ist das schon?

TZESCHA Fünfundsechzig zweihundert,
Sechsundsechzigtausend.

FEFECHTZ Öffnen Sie die Brieftasche, holen Sie einen Scheck heraus,
und der Betrag sollte dreistellig sein,
ich habe einen Bräutigam, der an den Dollar gebunden ist,
und meine Tochter an die Würstchen.

TZESCHA Sechsundsechzig fünfhundert,
Siebenundsechzigtausend.
Der Oberkellner sagt, dass sie nicht länger warten können.

FEFECHTZ Noch dreitausend Lire, um die Ausgaben zu decken,
und wir fangen an.
Lassen Sie nicht dreitausend Lire
zwischen Ihnen und der Fröhlichkeit stehen.
Es gibt Huhn, ich schwöre, es gibt Huhn!

TZESCHA Siebenundsechzig zweihundert.

FEFECHTZ Sehen Sie?
Wenn Sie wollen, können Sie! Ah!
Entschuldigt, aber ich sehe da in der Ecke
ein Paar, das sich in den Saal gestohlen hat und nichts
gegeben hat.

TZESCHA Das sind Bräutigam und Braut.

FEFECHTZ Entschuldigung. Und trotzdem!
Und wer ein Bügeleisen mitgebracht hat, es tut mir leid,
wir haben nichts zu bügeln.
Wir nehmen Bargeld. Bitte.

TZESCHA Siebenundsechzig vierhundert.

FEFECHTZ Er bringt Bücher an.
Das hier ist keine Bar Mitzwa,
wir sind erwachsene Menschen,
wir lesen Zeitung und zahlen Einkommenssteuer. Bitte.

Schlägt ein Buch auf.

Shakespeare?
Den ganzen Shakespeare im Tausch für Herzl!

TZESCHA Neunundsechzigtausend.

FEFECHTZ Nur noch tausend.
Es ist an der Zeit, die letzte Waffe zu ziehen.
Ich bitte den Bräutigam und die Braut herein!

Tscharches und Schprachtzi treten ein.

Da stehen sie vor Ihnen,
bald Mann und Frau,
später dazu noch ein Baby.
Auch sie wollen essen, nicht um zu genießen, nein,
um zu existieren.
Schauen Sie sie an.

Er betastet Schprachtzi.

Knochen. Skelett. An ihr kann man Anatomie studieren.
Und die Braut will doch Kinder gebären,
für sich selbst? Nein, meine Damen und Herren, für Sie.
Um die Grenzen zu verteidigen, kleine Soldaten, ja ja.
Lassen Sie meine Tochter das Vaterland verteidigen!

TZESCHA Neunundsechzig dreihundert.
Mein Mann ist Waise und ich bin Waise,
und auch unsere Tochter wird bald verwaist sein. Danke.
Neunundsechzig neunhundert.

FEFECHTZ Nur noch hundert Lire. Was sind hundert Lire, fragen Sie sich, für einen Mann wie mich, dass er ihretwegen gezwungen ist, vor Ihnen auf die Knie zu gehen?! (*Kniet nieder.*) Ich habe nichts, ich habe einfach nichts, gute Menschen, meine Menschheit, ich habe nichts. Wenn ich etwas hätte, würde ich so reden?

TZESCHA Siebzigtausend! Wir haben die Ausgaben gedeckt.

FEFECHTZ Noch hundert, damit es nicht passiert, dass ich in ein Geschäft investiert habe und nur mit dem eingebrachten Kapital wieder rausgegangen bin. Noch einhundert und es reicht, eh? Noch hundert, noch hundert, noch hundert …! (*Ein Schein wird ihm zugeworfen. Er hebt ihn auf.*) So also? Hinwerfen. Ich würde euch die Taschen leeren und euch nackt ausziehen. Ich würde euch das Geld aus der Brieftasche nehmen und auch die Brieftasche. Ich würde zwischen euren Zähnen suchen, in der Kehle, in den Eingeweiden, ich würde euch aufmachen, meine Damen und Herren, ich würde euch aufmachen wie Sardinenbüchsen und zermahlen und jedes Gramm untersuchen und nehmen und nehmen und nehmen … (*Zu Tzescha.*) Hundert Lire Gewinn. Nach der Hochzeit gehen wir in ein kleines Restaurant und essen was.

Bild 11

Hochzeitssaal. Abend. Tscharches und Schprachtzi unter der Chuppa. Neben ihnen Fefechtz und Tzescha.

FEFECHTZ Den Ring!

TSCHARCHES Den Scheck!

FEFECHTZ Was für einen Scheck?

TSCHARCHES Du hast mir den Scheck nicht gegeben!

FEFECHTZ Sprich mir nach: „Hiermit bist du …“

TSCHARCHES „Hiermit bist du …“ Den Scheck!

FEFECHTZ „mir angetraut …“

TSCHARCHES Den Scheck!

FEFECHTZ Du behinderst den Rabbi.

TSCHARCHES „mir angetraut …“

FEFECHTZ „nach dem Gesetz Moses …“

TSCHARCHES Bis Moses! Von Moses mache ich keinen Schritt weiter ohne Scheck!

SCHPRACHTZI Oh, wie sehr wünschte ich mir, ich hätte die Chuppa schon hinter mir, hätte alles hinter mir, um bereits auf mein ganzes Leben zurückzublicken. (*Weint.*) Werde ich jemals vor Glück weinen?

TZESCHA Gib ihm den Scheck!

Tscharches wendet sich zum Gehen.

SCHPRACHTZI Ehemann! Ehemann!

FEFECHTZ Nimm, nimm den Scheck!

TSCHARCHES (*Kommt zurück. Beäugt den Scheck.*) Wir hatten zweihunderttausend vereinbart.

FEFECHTZ Der Rest kommt am Ersten des Monats.

TSCHARCHES Ich werde dir deine Tochter kaputt machen, damit du sie nicht mehr auf den Markt bringen kannst!

Er tritt Schprachtzi.

SCHPRACHTZI Ah! Tscharches!

TSCHARCHES Ein kleiner Scheck trennte uns. Lebt wohl. (*Geht ab.*)

SCHPRACHTZI Ah, der Scheck.
Das alles war doch zu perfekt,
ein solcher Traum wär besser nicht geträumt.

TZESCHA Gib ihm den Scheck!

Tscharches kommt herein.

TSCHARCHES Und auch deine Frau. (*Tritt Tzescha. Als er sich anschickt, sich Fefechtz zu nähern, holt Fefechtz den zweiten Scheck heraus und gibt ihn ihm.*)

FEFECHTZ „nach dem Gesetz Moses und Israels …“

TSCHARCHES (*Steckt die beiden Schecks in die Tasche.*)
Was mir zeigt, dass ich leicht hätte
hunderttausend mehr fordern können.
Wie sich herausstellt, schwimmt der Bastard im Geld.
Meine verstorbene Mutter hat es mir bereits gesagt:
„Du bist sanft, zu sanft für sie.“
Ach, wie sehr wünschte ich,
dass alles mein wird, was ich nur will,
und noch ein kleines Stückchen mehr.
„… und Israels“!

Er steckt wild den Ring an Schprachtzis Finger.

SCHPRACHTZI Ah!

Sie hebt ihren Finger, schaut ihn an.

Endlich. Die Ehe, die Zugehörigkeit.
Wie bei allen. Wie bei allen.
Meine Eltern zerplatzen jetzt in mir wie zwei Blasen
von giftigen Gasen,
bald werden sie sich in Dunst auflösen.
Jetzt neues Fleisch kauen.
Werde ich schlucken? Werde ich kotzen?
Wir werden sehen. Doch für den Moment – meins.

Sie umarmt Tscharches.

Bild 12

Hochzeitssaal. Abend. Alle.

TZESCHA Fotos!

Sie stellen sich in Position, um sich fotografieren zu lassen. Fefechtz will sich dazustellen. Zu Fefechtz:

Nein, du hast uns bis zum Lächeln begleitet,
Von hier ab – nein!

FEFECHTZ Was heißt „nein"?!
Ich bin der Vater.

TZESCHA Er ist der Vater – ein abgenutzter Anspruch.
Helft mir, aufgeweckte Kinder.

SCHPRACHTZI Papa, warum willst du auf einmal fotografiert werden?
Papa, bist du ein Mensch, an den man sich erinnern sollte?
Warum willst du dich auf die Bilder zwängen?
Warum willst du Unsinn verewigen?

FEFECHTZ Ich möchte zwischen zwei Seiten eines Albums einen Beweis hinterlassen, dass auch ich auf dieser Welt gewesen bin und ein wenig gelacht habe.

TZESCHA Du bist nicht gewesen, du hast nicht gelacht. Wir werden alles abstreiten. Ich habe dich ein wenig geträumt, wie einen schlimmen Traum, und jetzt stehe ich auf und schüttle die Reste des Schmutzes aus meinem Kopf und gehe sauber und rein mir ein neues Leben aufbauen mit der Unterstützung meiner Tochter und meines Schwiegersohnes. Wusstest du, dass über eine sehr interessante Bekanntschaft zwischen mir und einem amerikanischen Professor der Universität von Los Angeles gesprochen wird? Ein Amerikaner! Er wird mich nach Los Angeles mitnehmen, Los Angeles, wo alles so wunderbar ist, und sei es auch nur, weil alles amerikanisch ist, und man muss sich nicht voller Neid Postkarten aus Amerika anschauen, nein, man ist selbst in der Postkarte, taucht in einen Pool ein, oder fliegt mit dem Flugzeug nach New York, oder isst Toast! New York! Toast! Fotograf!

FEFECHTZ (*zu Tscharches*) Liebst du mich nicht,
gib mir mein Geld zurück.
Du gibst es nicht zurück?
Liebe mich.

Was? Du liebst mich nicht?
Du gibst mir auch das Geld nicht zurück?
Für zweihunderttausend Lire
kaufte ich mir einen Sohn, Liebe und Wärme!
Schprachtzi,ich habe euch eine Wohnung und ein Auto gegeben,
wo ist das überschäumende Herz?
Bis heute habt ihr mich
Jahrzehnte harter Arbeit gekostet,
ein ganzes Leben.
Die Bank, die einem gnadenlos die Haut abzieht,
zahlt irgendwelche Zinsen;
was zahlt mir das Fleisch von meinem Fleisch?
Tzescha, das Kleid, das du trägst,
wurde mit meinem Geld gekauft;
wirst du um mich weinen, wenn ich sterbe?
Wirst du um mich weinen?
Wirst du von meinem Geld Gebäck essen
und um mich weinen?
Wirst du dich mit der Seife baden, die ich dir in Paris gekauft habe,
und um mich weinen?
Werdet ihr um mich weinen, meine Liebsten?
Oder sagt schon, zum Teufel, was ist der Preis eures Weinens auf Beerdigungen?

TZESCHA Och, diese Augen, die immerzu auf mich gerichtet sind,
fordernd und anklagend ohne Unterlass,
diese Augen, von denen ich seit dreißig Jahren
umgeben bin wie in einem Spiegelkabinett,
wo sich jede Schmach, jedes Scheitern tausendfach in ihnen vervielfältigt –
diese Augen, die sich endlich schließen sollen! Es reicht!

Bild 13

Hochzeitssaal. Abend. Alle sind bereit fürs Foto. Ein Kriegssignal ist zu hören.

TSCHARCHES Krieg.

SCHPRACHTZI Krieg?

TZESCHA Wieso denn plötzlich Krieg? Das Dessert wurde noch gar nicht serviert!

TSCHARCHES Was soll die Aufregung?
Hin und wieder bricht ein Krieg aus, nicht?
Bei uns geht das doch zusammen mit den Jahreszeiten:
Winter, Frühling, Sommer, Krieg.

Nimmt Schprachtzi beiseite.

Die Schecks auf die Bank – leg das Geld an,
registriere die Wohnung im Grundbuch,
was noch? – Der große Teppich aus dem Wohnzimmer,
nimm ihn, lass nichts liegen.
Und mit dem Vater – mach weiter, du weißt …

Er küsst Schprachtzi und geht los.

SCHPRACHTZI Tscharches! …

TSCHARCHES Schprachtzi! …

Er geht ab.

TZESCHA Krieg. Man muss horten.
Schprachtzi, bevor Papa und die Gäste alles aufessen,
sammle die Brötchen ein, die Kuchen,
die Kartoffeln, das Fleisch, den Reis.

SCHPRACHTZI Mama, ich mache mir solche Sorgen.
Wenn Tscharches stirbt –
ruiniert mir das die Ehe.

TZESCHA Später, später!
Zuerst das Essen vor den Gästen retten!
Nimm auch den Cognac und den Whisky, denn in Zeiten der Not
ist es gut, wenn man noch etwas zu verkaufen hat.

Ballade vom Soldaten, der Frau und dem Essen

SCHPRACHTZI Der Mann steht auf und zieht in den Kampf,
Er lässt seine Frau im Hinterland,
Die Frau kauft zweihundert Eier,
Zwanzig Liter Öl, hundert Kilo Mehl,
Und vergisst auch nicht zwei Säcke Reis,
Und vergisst auch nicht zwei Säcke Reis.

Ein Tag, zwei Tage, der Kampf zieht sich hin,
Jede Nacht weint sie bis zum Morgen,
Dann kauft sie hundert Kilo Zucker,
Zweihundertzwanzig Dosen Kakao,
Und vergisst auch nicht dreißig Kisten Cola,
Und vergisst auch nicht dreißig Kisten Cola.

Der Kampf ist vorbei, der Ehemann tot,
Die Frau bleibt alleine zurück,
Isst allein in der Küche ihre Wurst,
Verdünnt mit einer Träne die Cola,
Und der Schweizer Käse riecht nach Kadaver,
Und der Schweizer Käse riecht nach Kadaver.

Bild 14

Feld. Morgen. Tscharches.

TSCHARCHES Nach dem großen Sieg hatte ich mitten in der Nacht eine Vision. In meiner Vision herrschen Ruhe und Frieden. Bis zum Horizont klarer Himmel über blühenden Feldern. Keine Grenzen, keine Stacheldrahtzäune. In meiner Vision arbeiten die Menschen auf dem Feld und in der Fabrik ohne Hass, ohne Angst, sie arbeiten zusammen, ohne Unterschiede von Nation, Religion, Rasse und Geschlecht, denn alle arbeiten für ein Ziel, alle arbeiten für mich. Ich werde für euch Fabriken errichten, werde euch Maschinen und Werkzeuge geben, und ihr werdet für mich arbeiten. Ihr werdet mit Freude arbeiten, ihr werdet mit einem Lied auf den Lippen arbeiten, weil ihr etwas habt, wofür ihr arbeitet, ihr habt ein Ziel, eine Vision, meine Vision.

Bild 15

Zimmer bei den Peltz. Morgen. Schprachtzi. Tscharches kommt herein.

TSCHARCHES Schprachtzi! (*Sie umarmen sich.*) Wir kaufen einen Schufeldozer. Die Armee gräbt, der Markt brummt. Dafür braucht es mehr Bares. Was uns wieder zu der Sache mit deinem Vater bringt. Er lebt? Nicht gut. Die Zeit drängt.

SCHPRACHTZI Sein Blutdruck ist unsere große Hoffnung.
Morgen werde ich Mama erneut für den Einsatz einspannen.

TSCHARCHES Lasst nicht nach. Bis zum Schlaganfall.

Er geht ab.

SCHPRACHTZI Die alte Generation verwelkt,
etwas Neues entsteht,
und ich, die Mittlerin, dazwischen,
sauge aus dem Alten, tröpfle es auf das Neue,
eine Lagerhalle vollgestopft mit Essen, Luft und Liebe,
und dem Ziel, alles an die nächste Generation weiterzugeben.

Bild 16

Zimmer bei den Schitz. Morgen. Schprachtzi. Tzescha.

SCHPRACHTZI Ich habe was zum Frühstück gegessen? Ein Ei, Tomate, Gurke, Zwiebel, Scheibenkäse, Frischkäse, Salzhering, Brötchen, Butter, Pommes Frites natürlich, Honig, Kuchen, Kaffee und Wassermelone mit Banane und Erdbeere. Und jetzt werde ich kotzen. Nein, ich kotze nicht infolge der Last des Essens, sondern wegen der Schwangerschaft. Schwangerschaft.

TZESCHA Das Bild ist bekannt. Du selbst bist in mir aus Tonnen von Kotze entstanden. Heute, wenn ich kotzen muss, ist es etwas besorgniserregender.

SCHPRACHTZI Und zu Recht, Mamalein, es gibt Kotzen und es gibt Kotzen.

Lied vom Kotzen

TZESCHA
Menschen kotzen, weil es ihnen nicht gut geht,
Plötzlich nachts ein Herzinfarkt oder ein Albtraum,
Enttäuschte Liebe oder schreckliche Einsamkeit,
Und Angstschweiß bedeckt ihre Gesichter;
Aber wenn ins Morgenlicht gebadet du kotzt,
Hast du keinen Grund zur Sorge, bei dir ist es alles in allem Glück.

SCHPRACHTZI
Junge Frauen empfinden Übelkeit,
Kotzen am Morgen mit schwangerer Gelassenheit,
Wiegen in ihren Händen den erfüllenden Dämon,
Kehren ins Bett zurück mit einem süßen Lächeln;
Aber wenn im Fernseherlicht abends du kotzt,
Hast du einen Grund zur Sorge, bei dir ist es eine bösartige Krankheit.

TZESCHA Angenehmes Kotzen und auf Wiedersehen.

SCHPRACHTZI Einen schönen Tag euch. Aus solchem Schmutz geht am Ende ein Kind hervor. Ein kleiner Schprachtzon. (*Geht ab.*)

TZESCHA Meine Tochter nahm Sperma auf und wurde befruchtet. In nicht allzu ferner Zukunft – eine Frage von Monaten – und schon wiege ich meinen Enkel auf dem Schoß, und er wärmt mir die Beine wie eine Wärmflasche. Ein kleiner Enkel, ein sympathischer menschlicher Gummi, ein Stück warmes und glattes Fleisch, das ich hochnehmen und absetzen und schütteln und hinlegen kann, wann immer ich will, und er wird so abhängig von mir sein, und wird meinetwegen weinen und wird meinetwegen lachen, und mich anbetteln, dass ich ihm Schokolade gebe – und wenn ich Lust dazu habe, werde ich ihm was geben, und wenn ich keine Lust habe, werde ich ihm nichts geben –, und dann werde ich ihn zwingen, sich bei mir zu bedanken und mich zu küssen und mich zu segnen und mich um Entschuldigung zu bitten. So sehe ich die ersten sechs Jahre mit meinem Enkelkind. Danach wird er anfangen zu stinken, wird seine eigenen Wünsche haben, der Schuft, und vielleicht werde ich bis dahin auch schon sterben oder sicher verdorren. Erbärmliches Leben.

Schprachtzi kommt herein.

Du lässt mich mit ihm spielen, richtig?

SCHPRACHTZI Mit der Kotze?

TZESCHA Dem Enkel.

SCHPRACHTZI Mit beiden, selbstverständlich,
den Enkel wirst du füttern,
die Kotze wirst du wegwischen,
ferner wirst du waschen, servieren,
kochen und nähen und so weiter und so fort,
all das, woran man eine geliebte Großmutter typischerweise erkennt.

TZESCHA Du sagst geliebte und vernachlässigst mich.

SCHPRACHTZI Und wer hat dir einen Professor vorgestellt?

TZESCHA Du hast ihn mir nicht vorgestellt. Du hast nur gesagt, dass du es tun wirst.

SCHPRACHTZI Stimmt, nächsten Frühling.

TZESCHA Vor einem Jahr hast du gesagt, nächsten Frühling.

SCHPRACHTZI Und ich werde ihn dir wirklich vorstellen, wie ich gesagt habe, nächsten Frühling.

TZESCHA Erlaube mir, dich auch an die Reise zu erinnern.

SCHPRACHTZI Ein Baby ist unterwegs.

Tzescha Mir brennt es ein wenig.
Versteh doch, für jeden Augenblick, der mir zu leben bleibt,
hast du noch zwei oder drei.

Schprachtzi Viel Zeit breitet sich vor mir aus, eh?
Eine große Schüssel Zeit.

Tzescha Reisen wir?

Schprachtzi Nein.

Tzescha Ihr habt es versprochen. Ich will reisen!
Ich will einmal Amerika sehen!
Ich habe solche Angst, dass man nach meinem Tod fragen wird:
„Und hat sie Amerika gesehen?"

Schprachtzi Und hat sie ihren Ehemann bereits begraben?

Bild 17

Toilette bei den Schitz. Nacht. Fefechtz sitzt und singt.

Lied von der Reise nach Argentinien

Fefechtz Weit, weit, weit, nach Südamerika,
Nach Argentinien, da werd ich Zuflucht finden,
Vor dem Schweiß, der Hitze und den Fliegen,
Nach Argentinien, da werd ich mich verstecken,
Werd das Gesicht und auch den Namen ändern,
Und ich werd ein anderer Mensch sein, ein anderer Mensch.

Tzescha und Schprachtzi hören von draußen zu.

Tzescha Papa singt im Scheißhaus Lieder der Sehnsucht!

Schprachtzi Ein Schwanengesang!
Der Mund geht auf und zu – doch das Herz ist bereits zerbrochen.

Fefechtz Weit, weit, weit, nach Südamerika,
Nach Argentinien, da geh ich ins Fleischgeschäft,
Der Gewinn ist gut und die Währung hart,
Nach Argentinien, da werd ich Kühe kaufen,
Und werd bis zum Ersticken sie mästen,
um sie letzten Endes zu schlachten, ja, sie zu schlachten.

Er schaut nach oben.

Ach, Himmel, Himmel. Unendlich weit, was? Von Sternen übersät, was? Bist du gekommen, um mir mit deinem dunklen Zauber den Seelenfrieden zu rauben? Mit der blassen Zauberei des Mondes? Nicht mit mir. Nicht mit Fefechtz. (*Zeigt dem Himmel seinen Hintern.*) Küsst mich, weiter Himmel, leuchtende Sterne. Küss mich, Mond. Küss mich, Universum. Ich erkenne euch nicht an, erkenne euch nicht an, ich erkenne die Wurst an. (*Holt eine Wurst aus der Tasche.*) Ich habe eine Geliebte und ihr Name ist Salami. Salami liebt Fefechtz. Sie liegt ruhig vor ihm, ergeben, zart, verlangt nichts, vor allem kein Geld. Ich stecke mir meine Salami in den Mund, kaue sie ganz langsam, vermische sie mit meinem Speichel und schlucke. Salami liebt Fefechtz.

Bild 18

Flur bei den Schitz. Nacht. Fefechtz kommt aus dem Klo und fühlt sich schlecht.

FEFECHTZ Luft! Wurst!
Tzescha! Wurst! Tzescha!
Luft! Tzescha! Wurst!

Tzescha, Schprachtzi und Tscharches kommen herein.

Lied vom Herzinfarkt

TZESCHA Einen Arzt! Einen Arzt!

SCHPRACHTZI UND TSCHARCHES Holt einen Bestatter!

FEFECHTZ Luft! Luft!

TZESCHA Er bekommt keine Luft!

SCHPRACHTZI UND TSCHARCHES Bringt ihm Stickstoff!

FEFECHTZ Oh, Doktor, Doktor,
Gib mir eine Chance,
Ich werde aufhören, wie ein Schwein zu leben,
Ich werde jeden Monat an Krankenhäuser spenden;
Oh, Doktor, Doktor, gib mir jetzt noch eine Chance,
Es ist schade um den Borschtsch im Winter, sterbe ich im Herbst.

TZESCHA Einen Arzt! Einen Arzt!

SCHPRACHTZI UND TSCHARCHES Holt einen Bestatter!

FEFECHTZ Luft! Luft!

TZESCHA Er bekommt keine Luft!

SCHPRACHTZI UND TSCHARCHES Bringt ihm Stickstoff!

FEFECHTZ Oh, Doktor, Doktor,
Gib mir eine Chance,
Mein Leben verging, ohne dass ich darauf vorbereitet war,
Ich war noch nie bei einem Konzert;
Oh Doktor, Doktor, gib noch einen Tag zum Atmen,
Dass ich nicht ins Grab hinuntersteige mit Steaks von vorgestern.

Er bleibt gelähmt.

TSCHARCHES Lebt er? Lebt er?

FEFECHTZ Ich spüre meine Beine nicht.
Ich spüre meine Hände nicht.
Ich spüre meinen Penis nicht.
Ich spüre meinen Hals nicht.

TSCHARCHES Nach meiner Rechnung bleibt der Kopf.
In Raten, was?
Eine Generation, die nicht weiß, was Tempo ist.

Bild 19

Zimmer bei den Schitz. Nacht. Fefechtz im Bett. Tzescha, Schprachtzi und Tscharches an seinem Kopfende.

SCHPRACHTZI Und jetzt, Mamalein, gehen ich und Tscharches in unsere neue Wohnung, um uns in Ruhe zu paaren, befreit von dieser Atmosphäre der Krankheit, und morgen früh wird Tscharches zu Erdarbeiten aufstehen, und ich – in ein Café.

TZESCHA Also treffen wir uns morgen im Café?

SCHPRACHTZI Du hast einen kranken Mann zuhause!

TZESCHA Nimm mich mit ins Café!
Ich möchte so gerne ins Café,
Morgen, Sonne, Kaffee, Illustrierte,
wer wurde krank, wer ist gestorben, wer hat geheiratet.

SCHPRACHTZI Frauen wie du sitzen schon nicht mehr im Café.
Frauen wie du gehen am Café vorbei
auf dem Weg zum Hausarzt,
blicken auf die dort Sitzenden und fühlen sich im Exil.
Nach einer Weile hören Frauen wie du
sogar auf, eine Straße entlangzugehen, in der es ein Café gibt.
Das Wartezimmer des Hausarztes
wird zu deinem Café.
Horche genau auf das Husten und Krächzen,
auf ihre Art sind das auch pikante Leben,
bestell dir Baldrian auf Eis
und eine Portion Wundsalbe gegen Ekzeme,
vertreib dir die Zeit mit Angenehmem.

TZESCHA Wo ist Los Angeles? Wo ist der Professor?

SCHPRACHTZI Professor, Professor, Professor – es gibt keinen Professor!

TZESCHA Es gibt keinen Professor?

SCHPRACHTZI Es gibt keinen!

TZESCHA Ich will den Professor!

SCHPRACHTZI Tscharches – nach Hause! Ich fürchte, der Embryo hört zu viel übers Verkuppeln. Besser, wir gehen mit ihm zum britischen Konsulat, damit er etwas Englisch hört.

TZESCHA Bleib wenigstens heute Nacht bei mir
für den Fall, dass Papa noch einen Schlaganfall bekommt.

SCHPRACHTZI Was ist mit dir, Mama? Bist du verrückt geworden?
Denk an den Embryo!

TZESCHA Denk an deine Mutter!

SCHPRACHTZI Allerdings ist es für mich angenehmer, nicht an meine Mutter zu denken,
und was für mich angenehmer ist – das mache ich.

TZESCHA Worum bitte ich schon?
Keine große Sache.
Ein symbolischer Verzicht.
Bleib eine Nacht hier. Eine Stunde.
Fünf symbolische Minuten!

SCHPRACHTZI Ich kann auf meine Annehmlichkeiten nicht verzichten, und sei es auch ein symbolischer Verzicht. Denn dafür hättest du mich von Kindheit an in diese Richtung erziehen müssen. Aber das hast du nicht. Und glaube nicht, dass ich nicht genug darunter leide. Denn eigentlich bin ich ja daran interessiert, auf meine Annehmlichkeiten zu verzichten, Gutes zu tun und zu helfen, aber ich kann einfach nicht. Meine Mutter hat mich als Kind zu sehr verwöhnt, hat mir gegeben, was ich wollte, hat mir Bananen in den Mund gestopft und mir den Hintern abgewischt, bis ich ein Aas geworden bin. Was hast du mir angetan, Mama?! Warum hast du mich nicht zum Verzicht erzogen?! He?! Jetzt werde ich es dir heimzahlen! Alte, bitte um Entschuldigung dafür, dass ich keine bin, die verzichtet! Auf die Knie dafür, dass ich ein böses Weib bin und nicht bleibe, um meiner einsamen Mutter zu helfen, meinen kranken Vater zu pflegen!

Lied der Jungen und der Alten

SCHPRACHTZI Ich bin ein junger Mensch,
In meiner Welt da hat der Tod noch keinen Platz,
Vor einem Altersheim packt mich der Appetit:
Und wenn ein Alter mich vom Fenster aus ansieht,
Streck ich den Arsch ihm hin, damit er weiß, was er verpasst.

TSCHARCHES UND SCHPRACHTZI
Denn jung sein
Heißt nicht, Blumen pflücken,
Jung sein
Heißt nicht, lieben,
Jung sein
Heißt, um sich herum
Nur Schrecken zu sehen und Leid
Und sich gut zu fühlen.

TSCHARCHES Ich bin ein junger Mensch,
Eine Geschichte aus dem Kino ist der Tod,
Auf Beerdigungen denke ich ans Ficken;
Doch helfe ich immer gerne, wenn sie bitten,
Den Sarg eines anderen zu tragen in die Grube.

TSCHARCHES UND SCHPRACHTZI
Denn jung sein
Heißt nicht, Blumen pflücken,
Jung sein

Heißt nicht, lieben,
Jung sein
Heißt, um sich herum
Nur Schrecken zu sehen und Leid
Und sich gut zu fühlen.

TZESCHA Ich bin ein alter Mensch,
Des Todes Hand tippt mir schon auf die Schulter,
Der schönste Sonnenuntergang ist bittrer Hohn;
Lacht mich ein Baby an mit strahlend hellem Ton,
Dann ist in seinen Augen das Urteil über mich gefällt.

Denn alt sein,
Heißt nicht, weise sein,
Alt sein,
Heißt nicht, auf der Parkbank ausruhen,
Alt sein,
Heißt, um sich herum
Nur Frühling zu sehen und Blüte
Und sich schlecht zu fühlen.

SCHPRACHTZI Auf Wiedersehen, Mama, auf Wiedersehen, Papa, wir kommen euch an einem Feiertag besuchen, um bei euch zu essen und die Wohnung dreckig zu machen.

TSCHARCHES Meine Frau hat auf Wiedersehen gesagt, ich werde dem nicht widersprechen.

Tscharches und Schprachtzi gehen ab.

TZESCHA Ein Professor wird von ihr schon nicht mehr kommen, auch sonst nichts.
Alle Erwartungen waren vergebens,
haben mich meine Gesundheit gekostet.
Zudem sank meine Würde tief herab
in den trüben Augen meines Schwiegersohns,
zudem habe ich den Professor selbst verloren,
und wer weiß welche weiteren Verluste,
von denen ich nicht einmal weiß.
Was nun?
Noch ein Paar Socken? Noch eine Badeseife?
Von der Hoffnung auf Nähsachen zur Hoffnung auf Konserven leben?
Der Enkel, oh ja, der Enkel.
Auch der wird mich die ersten zwei Jahre anpinkeln,
und danach fängt er an zu spucken.

Bild 20

Zimmer bei den Schitz. Nacht. Fefechtz im Bett. Tzescha an seinem Kopfende.

FEFECHTZ Wurst.

TZESCHA Die Ärzte erlauben es nicht.

FEFECHTZ Eine kleine Wurst, ein Würstchen.

TZESCHA Nein.

FEFECHTZ Ohne Gurke.

TZESCHA Und ohne Wurst.

FEFECHTZ Die Ärzte werden nichts davon erfahren.

TZESCHA Weißt du überhaupt, was ich heute schon hätte haben können?

FEFECHTZ Einen Professor von der Universität von Los Angeles.

TZESCHA Yes, Los Angeles.

FEFECHTZ Tzescha wird Fefechtz ein kleines Würstchen geben und die Ärzte werden nichts davon erfahren. Gute Tzescha, Tzescha wird es den Ärzten nicht petzen.

TZESCHA Warum sollte Tzescha gut sein, Tzescha verlor bei Fefechtz alle ihre Chancen.

FEFECHTZ Aber Tzescha ist gut, gut, Tzescha ist nicht verärgert, Tzescha versteht, dass man im Leben auch mal auf etwas verzichten muss.

TZESCHA Ich will nicht verzichten! Niemand verzichtet!

FEFECHTZ Aber Tzescha ist gut, gut. Tzescha ist nicht wie alle, Tzescha ist gut.

TZESCHA Ja, gut. Was hat mir das gebracht? Ich habe verloren. Ich war einfach ein Mädchen, das darauf gewartet hat, erwachsen zu werden. Nun, ich bin erwachsen geworden, und dann? Du bereitest dich auf das Leben vor wie auf einen großen Ball, badest dich, parfümierst dich, ziehst dein schönstes Kleid an und legst den schönsten Schmuck an, endlich öffnest du die Tür und fällst in die Gosse. Du hast es gut, du bist krank, du hast keine solchen Probleme.

FEFECHTZ Tzescha, Wurst. Wurst.

TZESCHA Wer liebt Tzescha?

FEFECHTZ Fefechtz.

TZESCHA Und wie liebt Fefechtz Tzescha?

FEFECHTZ Sehr. Sehr. Sehr. Wurst.

TZESCHA Wen liebt Fefechtz mehr, Tzescha oder Wurst?

FEFECHTZ Tzescha, Tzescha! Wurst!

TZESCHA Wenn Fefechtz Tzescha mehr liebt als Wurst, dann bleibt Tzescha und Wurst nicht.

Sie isst den Rest der Wurst.

Genug, es ist keine Wurst mehr da.

Pause.

Ich bin eine Frau und du bist ein Mann,
was ist mit mir und dir?
Fleisch berührte ein bisschen Fleisch,
und war dann wieder getrennt;
jeder für sich wurden wir geboren –
auch ins Grab gelangen wir nicht Hand in Hand.
Nein, ich will nicht, dass du mich zur Witwe machst!
Ich habe nichts außer dir, Klumpen gelähmtes Fleisch!
Ich will dich an meiner Seite! Immer immer an meiner Seite! Meins! Meins!

FEFECHTZ Das Einzige, was mich noch am Leben hält, ist die Sehnsucht, noch einmal ein Stück Wurst zu schmecken.

TZESCHA Das Einzige, was mich noch an deiner Seite hält, ist, dass ich so das Stück Wurst von dir fernhalten kann. (*Legt Fefechtz' kraftlose Hand zwischen ihre Beine.*)

Lied von der Oase in der Wüste

TZESCHA Einst war hier eine kleine Oase,
Die Oase lechzte nach Leben,
Und in der Mitte, der Mitte, zwischen den Beeten,
Loderten der Lust Blüten.

Komm Wasser, dringe ein,
Füll die Quelle,
Morgen früh steht zwischen
Meinen Beinen eine Lilie.

Längst verdorrte die kleine Oase,
Risse im Boden und totes Gras,
Und in der Mitte, der Mitte, im stinkenden Loch
Durchs Netz eine Spinne kroch.

Komm Wasser, dringe ein,
Füll die Quelle,
Morgen früh steht zwischen
Meinen Beinen eine Lilie.

Bild 21

Zimmer bei den Peltz. Morgen. Tscharches.

TSCHARCHES Von einem Pick-up und einem halben Traktor vor dem wunderbaren Krieg
zu fünfzehn schweren Maschinen, und das ist nur ein bescheidener Anfang,
an Erdarbeiten fehlt es nicht, die Armee muss sich eingraben,
ich reiche Rechnungen ein, und das Verteidigungsministerium gibt sie frei.

Ich grabe Gräben für die Soldaten, ordentlich Reihe nach Reihe,
die in der Stunde der Niederlage automatisch zum Friedhof werden,
auf diese Weise reiche ich für jede Grube zwei Rechnungen ein:
Zweitausend Lire für den Graben und für das Grab – zweitausendfünfhundert,
insgesamt viertausendfünfhundert Lire pro Grube,
plus siebenhundert Lire für Bepflanzung und Tarnung von vorne und hinten,
und weitere fünfhundert Lire für Kaddisch, El male rachamim und Jiskor,[4]
zusammen fünftausendsiebenhundert – zehntausend, gerundet,
ich strecke die Hand aus, und das Verteidigungsministerium führt es ab.

Nachdem hunderttausend Grab-Gräben aus Stahlbeton gegraben waren,
stellte sich heraus, dass die Armee in sie hinein scheißt,
aber darin Deckung zu suchen nicht bereit ist,

4 Anm. d. Übers.: Die drei Gebete werden für die Toten, bei der Beerdigung bzw. zum Gedenken an den Toten am Todestag und zu anderen Anlässen gesprochen.

deshalb wurden die Grabungsarbeiten eingestellt und die Rechnungen wie folgt eingereicht:
Zweitausend Lire für eine Grube als Grube – Grundpreis für den Bauunternehmer,
plus zweitausendfünfhundert als Grab, plus zweitausend als Schützengraben,
plus tausend Lire als Spuckbecken, Scheißbecken und Pissbecken,
plus zweitausend Lire für das Abdecken der Grube, weil sie unbrauchbar ist,
plus zweitausend Lire Spesen, Gefahrenzulage und persönlicher Einsatz,
insgesamt elftausendfünfhundert für das Nicht-Graben von gar nichts,
plus eintausendfünfhundert Ausgaben für Unterkunft und Verpflegung, Joghurt und pasteurisierte Milch,
plus zehntausend Lire Schadensersatz für die Nichteinhaltung eines Vertrages,
insgesamt dreiundzwanzigtausend pro Einheit – und das Verteidigungsministerium bezahlt.

Bild 22

Zimmer bei den Peltz. Morgen. Tscharches. Schprachtzi kommt herein.

TSCHARCHES Warst du bei deinen Eltern? Gibt es eine Beerdigung?

SCHPRACHTZI Die Lähmung hat auch das Gesicht erfasst.

TSCHARCHES Wie das, was ist das, jeder Schlaganfall endet mir hier mit einer partiellen Lähmung?! Noch ein Bein, und noch ein Zeh, und noch ein Muskel, und ich soll warten und warten?! Und das Herz selbst – wann wird es still sein? Der Mensch klammert sich an sein Leben wie ein Blutegel, ohne jegliche Begründung, ohne irgendeinen medizinischen Anhaltspunkt, ein Plagegeist aus der Familie der Säugetiere, eine Zecke des Kosmos, atmet und atmet und atmet, und ich muss Ende März Kredite zurückzahlen! Kredite Ende März, hast du gehört?! Hast du gehört, Schprachtzi, dicke Frau, Fleisch, um sich daran zu reiben, die sich meines Spermas bedient – meines Spermas! – in ihren Organen zum Zweck der Vermehrung?! Ich habe einen Obstgarten in deinen Bauch gepflanzt, dir geht es wunderbar, dir geht es ausgezeichnet, du bist Obstgärtnerin, wohingegen ich, ich, kann ich nicht in Ruhe ein Bauunternehmer für Erdarbeiten werden?! Kredite Ende März! Die Zeit ist knapp, knapp, ich ersticke, ich brauche Bares, ich habe Liquiditätsschwierigkeiten, ich bin ein Finanzeunuch, und deshalb muss der Fefechtz mal in die Gänge kommen, in die Gänge kommen, und wenn ich sage, in die Gänge kommen – meine ich, unter die Erde kommen!!

SCHPRACHTZI Nein, das ist nicht der Denker, den ich mir in meiner Fantasie erträumt habe,
das ist nicht der bedeutende Physiker, den ich mir erwartet habe.

TSCHARCHES Und du, werd nicht noch fetter, werd nicht noch schwerfälliger, denn wie kann ich mich mit dir im Kino sehen lassen, und ich bin doch noch ein wenig ein Mann, und ich war Offizier in der Armee, und alles.

SCHPRACHTZI Bei solchem Glück, wie sollte ich da nicht fett wie eine Sau werden? Aber was kümmert es mich? Ich pfeife darauf. Ich habe alles, was ich brauche, und auf die Berührung deiner schwitzigen Hände, wenn es dir nicht gefällt, verzichte ich gerne, und soll doch alles zum Teufel gehen, solange man mich ungestört auf dem Sofa liegen und meine knusprigen, kleinen Kekse knabbern lässt. Und ins Kino kannst du mit deinen Freunden gehen. Geh, geh furzen mit deinen Freunden aus der Armee, ein 27 Jahre alter Mann, ein Lebenslauf aus Fürzen.

TSCHARCHES Essen, essen, essen. Was für eine Schwerstarbeit, zu kauen, zu mahlen, die Kiefer zu reiben, zu schlucken, Hähnchen hineinzustopfen, Schweine, Wassermelonen, zu verdauen und auszuscheiden und abzuwischen, und der Hunger im Inneren ist nicht gestillt, und die Auslöschung der Seele saugt, saugt, saugt ... aber was kann man der Seele schon zuwerfen außer Hähnchen und Schweine und Wassermelonen? Seele, möchtest du ein Schnitzel?!

Lied von der Aussöhnung

Geschwollen die Beine,
Am Knöchel etwas behaart,
Und auch auf der Brust,
Das ist meine Frau, bitte sehr,
Unterm Strich eine gute Frau,

Eine verständige Frau, die kochen kann,
Die sich der Bedürfnisse des Haushalts annimmt,
Was kann ich weiter sagen?
Ich bin kein glücklicher Mensch,
Aber ganz allgemein, wer wurde schon für das Glück geboren?
Im Allgemeinen sitzt der Mensch am Tisch,
Jenseits seines Tellers weiß er nichts, über dessen Rand schaut er nicht hinaus,
Und vergisst, in seiner Jugend war er mal auf mehr als das hier aus.

SCHPRACHTZI Schwitzig die Hände,
Schütter das Haar, müde der Blick,
Und kurzatmig,
Das ist mein Mann, bitte sehr,
Unterm Strich ein loyaler Mann,
Treu wie ein Hund, auch wenn er in Gesellschaft von Männern
Versucht, den Eindruck eines Draufgängers zu machen,
Was gibt es noch zu sagen?
Ich erwarte mir nichts von der Zukunft,
Doch wer lebt für die Zukunft?
Im Allgemeinen sinkt der Mensch ins Bett,
Schließt seine Augen, um nichts zu sehen mehr,
Und vergisst, in seiner Jugend hoffte auf ganz anderes auch er.

TSCHARCHES Meine Frau, unsere Liebe wendet sich
der Rückseite des Lebens zu.
Hätte das Leben einen Körper und dieser Körper hätte
einen Arsch –
wären wir ganz tief in ihm drin.
Gemeinheit wird uns zusammenhalten,
Schweiß und Schlamm werden der Klebstoff sein,
und am Horizont unseres Lebens blitzt Verwesung.

Sie umarmen sich.

Morgen ist Feiertag, wir sind bei deinen Eltern eingeladen. Hilf mir.

Schprachtzi Ich habe bereits entschieden: Nichts soll zwischen dem Geld meines Vaters und dem Glück meines Sohnes stehen.

Tscharches Wenn das so ist, dann auf. Es ist an der Zeit. Schlagen wir den letzten Nagel ein.
Morgen Vormittag, so Gott will, klappen wir den Sarg zu.

Bild 23

Zimmer bei den Schitz. Mittags. Fefechtz, Tzescha. Schprachtzi und Tscharches kommen herein.

Schprachtzi Guten Tag, kranker Vater und erschöpfte Mutter, da sind wir.

Tscharches Hungrig.

Tzescha Was werdet ihr essen?

Tscharches Alles.

Tzescha (*zu Schprachtzi*) Ich nehme an, dass du mir nicht dabei helfen wirst, den Tisch zu decken?

Schprachtzi Nimm's an.

Tzescha und Schprachtzi gehen ab.

Tscharches Wie läuft's bei dir? Hast du Appetit?
Bei mir die Geschäfte, Gott sei Dank.
Und die Erde, Papa, auf die du dich zubewegst
wie in eine warme Winterdecke,
diese Erde bereitet mir große Freude.
Tscharches Peltz – Bauunternehmer für Erdarbeiten.
Natürlich, mit etwas mehr Kredit
hätte die Sache viel mehr Schwung, was?
Bald werden wir auch im Hochbau tätig,
ebenfalls für das Militär.
Ich habe eine Schwäche für das Militär,
ein weites Herz, eine offene Hand,
lässt einen Menschen seinen Lebensunterhalt verdienen
und ihn auch merken, dass er die Heimat aufbaut.
All dies, natürlich, mit etwas mehr Kredit.
Danach vielleicht in die Rüstung. Also Ausrüstung, Waffen,
und weiß der Teufel was noch.
Warum nicht? Darauf hätte ich richtig Lust. Amerika.
Mit etwas Kredit ... gibst du ihn?
Du schweigst. Nein, du wirst mich nicht verstehen.
Du bist immer ein Mann des kleinen Geldes gewesen,
jetzt wirst du beim Restgeld liegen.

Er legt sich neben Fefechtz.

Eigentlich, weißt du, hast du es gut. Was fehlt dir? Du wirst sterben, liegst im Bett, rührst keinen Finger, man bedient dich, man füttert dich. Du hast keine Hoffnungen mehr zu unterhalten, keine Bestrebungen mehr zu realisieren. Du brauchst keinen Kredit, du bist bereits bankrott. Lässt dich eben so im Bett verwöhnen und betrachtest die ganze Welt aus der Perspektive eines ruhigen Menschen. Da lässt sich nichts machen – das ist ein Naturgesetz: Junge Menschen müssen den Weg frei machen für Alte und Sterbende.

Er erstickt Fefechtz mit einem Kissen. Schprachtzi kommt herein.

SCHPRACHTZI Oje, ich bin zur Waise geworden,
jenseits der Schwelle bin ich zur Waise geworden.
Ich höre ihre Schritte.
Trotz allem schade. Papa.
Er hat mich auf den Arm genommen
und mich abgewischt, und alles. Was soll's.
Solche Gedanken sind schädlich für die Schwangerschaft,
ich werde noch dazu kommen, dass es mir leidtut, was?
Kleiner Embryo im Bauch – gib die Rechtfertigung
für diese grauenvolle Tat, so dass ich sie mit Freuden tue!

Tzescha kommt herein.

TZESCHA Ihr esst ...

TSCHARCHES Steak! Ich will Steak!

SCHPRACHTZI Mit Pommes.

Tzescha geht ab. Tscharches nimmt das Kissen weg, beugt sich über Fefechtz, geht zu Schprachtzi und drückt sie an die Brust. Tzescha tritt ein. Er drückt auch sie an seine Brust.

Bild 24

Zimmer bei den Schitz. Mittags. Alle. Ein Kriegssignal ist zu hören.

TSCHARCHES Wieder Krieg.

SCHPRACHTZI Krieg?

TZESCHA Krieg zum Mittagessen?

TSCHARCHES (*Nimmt Schprachtzi beiseite.*)
Lass die Erbschaft bei einem Anwalt regeln.
Die Hälfte steht dir nach dem Gesetz zu,
die andere Hälfte nehmen wir nach der Gerechtigkeit.
Fang gleich an, nach einem passenden Heim für sie zu suchen.
Und sie muss aufhören, jeden Tag Fleisch zu essen,
genug mit der Völlerei auf meine Kosten.

Er küsst sie. Geht los.

SCHPRACHTZI Tscharches! ...

TSCHARCHES Schprachtzi! ...

FEFECHTZ Wurst! Wurst!

TZESCHA Fefechtz! Fefechtz! Mein Fefechtz!

TSCHARCHES (*Bleibt stehen.*) Was ...?! Was ...?!

FEFECHTZ Wurst! Wurst!

TSCHARCHES Wurst ...!

Er nimmt das Kissen, wieder ist ein Kriegssignal zu hören, er legt das Kissen weg.

Gut, du hast dir noch ein paar Atemzüge hinzuverdient.
Bedank dich bei den Kriegen. Sie sind deine Atempausen.
Atme, atme.
Es gilt, das Geschäft auszubauen, wir sehen uns bald wieder.
Beim nächsten Mal, Papa, wird das Ende das Ende sein.
(*Zu Schprachtzi.*) Und auch dir einen schönen Urlaub an der frischen Luft
vom Gestank zerkauten Fleisches.

Er geht los.

SCHPRACHTZI Tscharches!

TSCHARCHES Schprachtzi!

Er geht ab.

TZESCHA Aber wer beginnt denn Kriege zwischen zwei und vier Uhr nachmittags? Also, der Weltkrieg hat früh am Morgen begonnen, das nenne ich europäische Kultur.

Bild 25

Auf der einen Seite ein Zimmer bei den Schitz. Abend. Fefechtz im Bett, sieht fern. Auf der anderen Seite das örtliche Büro der Armee. Schprachtzi und Tzescha.

TZESCHA Tscharches Peltz, 27 Jahre, Offizier,
hat vor zwei Tagen eine Postkarte von der Front geschickt.
Gibt es Neuigkeiten? Keine Neuigkeiten.

SCHPRACHTZI Glück, Glück, irr dich nicht in der Adresse,
geh nicht weg von hier, du gehörst nur mir,
und meinen Ehemann, den ich der Armee geliehen habe,
will ich jetzt zurück, der ganze Rest ist mir egal.

FEFECHTZ Ay, Ay, der Fernseher ist voll mit ausgebrannten Panzern, ausgebrannten ... nicht nur Fefechtz kann sich nicht bewegen, noch mehr Menschen können sich jetzt nicht bewegen ...

TZESCHA Tscharches Peltz, 27 Jahre, Offizier,
hat vor zwei Wochen eine Postkarte von der Front geschickt,
seit einem Jahr verheiratet, seine Frau ist schwanger,
einziger Versorger seines gelähmten Schwiegervaters,
Tscharches Peltz, 27 Jahre, Offizier.
Gibt es Neuigkeiten? Keine Neuigkeiten.

SCHPRACHTZI Tod, Tod, geh in eine andere Stadt,
geh in eine andere Straße, geh zu den Nachbarn,
ich will meinen Mann zurückkehren sehen,
auf zwei Beinen, mit zwei Armen und einem Gesicht.

FEFECHTZ Der Fernseher ist voll mit Menschen ohne Arme und ohne Beine, und mit verkohlten Verwundeten und blinden Augen ... Mehr Verwundete, mehr Narben, mehr Verstümmelte, mehr Unglückliche, ein riesiger Haufen Hackfleisch, vorwärts, mehr, mehr, mehr ...

TZESCHA Tscharches Peltz, 27 Jahre, Offizier,
hat vor einem Monat eine Postkarte von der Front geschickt,
mittelgroß, herrliches Lachen,

seine Augen strahlen Liebe und Güte aus,
seine Frau ist schwanger, seit einem Jahr verheiratet,
ein Haus voller Liebe und Wärme,
Tscharches Peltz, 27 Jahre, Offizier,
Tscharches Peltz, 27 Jahre, Offizier,
Tscharches Peltz, 27 Jahre, Offizier,
Gibt es Neuigkeiten? …

SCHPRACHTZI Tscharches!!! Tscharches, gerade jetzt, da ich dich plötzlich so sehr liebe!

Bild 26

Zimmer bei den Schitz. Gegen Abend. Schprachtzi, Tzescha, Fefechtz. Während des Liedes kommt Tscharches herein.

Lied vom Boten

TZESCHA Um sechs Uhr abends der Bote kommt,
Um sechs Uhr abends der Bote kommt,
Nicht vom Himmel, nicht auf einem Pferd im Galopp,
Er kommt im kleinen Auto mit einem Arzt,
Er klopft an die Tür und mit leiser Stimme er sagt …

SCHPRACHTZI Um sechs Uhr abends der Bote kommt,
Und findet mich für ihn bereit
Wie für die Chuppa eine Braut,
Und um sechs Uhr abends, um sechs Uhr abends, bevor die Sonne untergeht,
Vom einen Ende der Straße zum anderen Ende der Straße ein Schrei ertönt.

TSCHARCHES Und die unbedachten Worte, die ich zu dir sprach,
Werden auf einmal bedeutungsschwer,
Und plötzlich wirst du mich lieben,
Wie du mich nie geliebt,

Doch mein Gesicht und meine Worte
Und das letzte Lächeln mein,
Aus deinem Leben schweben sie bereits hinaus
Und gehen ins Reich der Erinnerung ein.

Tzescha Um sechs Uhr abends der Bote kommt,
Und um Viertel nach sechs der Bote geht,
Und geht mit der Botschaft in ein anderes Haus,
Und im anderen Haus wartet bereits eine Frau,
Er klopft an die Tür und mit leiser Stimme er sagt …

Schprachtzi Um Viertel nach sechs der Bote geht,
Und lässt mich da sitzen auf dem Bett
Wie nach der Chuppa eine müde Braut,
Und um sieben Uhr abends, um sieben Uhr abends, nachdem die Sonne untergeht,
Vom einen Ende der Straße zum anderen Ende der Straße leere Stille.

Tscharches Und die unbedachten Worte, die ich zu dir sprach,
Werden auf einmal bedeutungsschwer,
Und plötzlich wirst du mich lieben,
Wie du mich nie geliebt,

Doch mein Gesicht und meine Worte
Und das letzte Lächeln mein,
Aus deinem Leben schweben sie bereits hinaus
Und gehen ins Reich der Erinnerung ein.

Bild 27

Zimmer bei den Schitz. Abend. Schprachtzi.

Schprachtzi Tscharches, Tscharches, als du lebtest,
ein paar kleine Betrügereien,
hier und dort flinke Schwindeleien,
Schwächen, Dummheit, Belangloses,
ein wenig einander gemein angegrinst –
aber alles mit einer solchen Wärme.

Bis man einen Mann trifft, und zusammenzieht
und die Wohnung einrichtet und heiratet,
und bis man schwanger wird und Pläne spinnt,
zum Einkaufen nach Europa zu fahren …
Und jetzt, wieder, alles von vorn?!
Ich habe keine Kraft, ich kann nicht.

Inmitten eines anstrengenden Lebens,
kam der Staat zu meinem Haus, streckte eine grobe Hand aus
und nahm meinen Mann.
Schon unter der Chuppa hatte ich gesehen:
Ich bin nicht die einzige Braut meines Mannes.
Auf seiner anderen Seite, die Fingernägel in seinen Arm gekrallt,
stand da der Staat,
und als wir gingen – ging er mit uns,
er begleitete uns Tag und Nacht,
er ging mit uns ins Bett,
saß mit uns am Esstisch,
aus allen Richtungen kam er zu uns,
drang herein vom Himmel und aus der Erde,
durch das Radio, die Zeitung und das Kino,
schlich sich durch die Wasserleitungen herein,
durch Risse in den Wänden und die Ritzen der Fensterläden,
er verdunkelte uns die Sonne und die Sterne,
er drang in unsere Augen, unsere Ohren und unsere Nase ein,
er drang in die Poren unserer Haut ein;
er mit seinen schwitzigen und groben Händen,
mit seinen schmutzigen, blutverschmierten Nägeln,
umarmte meinen Mann in einer Umarmung des Todes
und nahm ihn mit sich in seine Grabstatt,
um ihn unter meinen Füßen zu zerbröseln
und mir mein Leben in Erinnerungen zu verwandeln,
blühende Träume, verschwommene Fantasie, Staub!

Inmitten eines anstrengenden Lebens,
kam der Staat zu meinem Haus, streckte eine grobe Hand aus
und nahm meinen Mann.
Jetzt will er zudem, dass ich für ihn den Tod begrüße:
Willkommen, Tod,
Willkommen, Grab, willkommen, Sarg,
Willkommen, Blut und verbranntes Fleisch und Wunden;
Seid willkommen!

Klagelied über den Tod des Tscharches

SCHPRACHTZI Tscharches, mein toter Ehemann,
Mann, der mir gehörte,
Ich habe schon keine Kraft mehr zu weinen,
Und dies sind meine letzten Tränen.

Denn die Trockenheit tilgt meine Tränen von deinem
Grab,
Und die Trockenheit zerbröselt dein totes Gesicht
Und vergilbt im Album die Familienfotos
Von so wenigen Momenten der Freude.

Bild 28

Zimmer bei den Schitz. Abend, Tzescha und Schprachtzi. Fefechtz liegt im Bett.

TZESCHA Fünfundsiebzig Lire das Kilo Steak. Am Ende werde ich mir noch selbst den Hintern braten, das ist billiger und ich weiß wenigstens, was ich esse.

Schwere Zeiten,
Schprachtzi, meine Tochter,
bis du dir einen Mann gefunden hast,
ist der Mann schon nicht mehr.
Ja, verlass dich nur auf das Wort von Männern …
Knete ihn gut
den Popo zum Filet,
dann hast du wieder etwas
anzubieten,
wenn endlich dein Mann kommt.

Der tote Tscharches kommt herein.

TZESCHA Wer bist du?

TSCHARCHES Tscharches.

TZESCHA Tscharches?! Tote kommen nicht während des Abendessens zu den Menschen. Tote haben Sprechzeiten im Traum. (*Tscharches rührt sich nicht.*) Was willst du?

TSCHARCHES Steak.

TZESCHA Steak?

TSCHARCHES Steak.

Tzescha — Fünfundsiebzig Lire das Kilo Fleisch, und du willst, dass wir auch die Toten füttern?!

Tscharches — Ich liege allein im Dunkeln. Ich sehne mich nach einem Steak.
Schprachtzi, erinnere dich an die Lakerda,
Schprachtzi, erinnere dich an die Pommes,
Erinnere dich an die Flasche Wein am Strand,
Erinnere dich an die Hochzeitstorte.

Schprachtzi — Geh fort, Tscharches,
und lass mich mit meiner Trauer um dich allein.

Tscharches — Schprachtzi, erinnere dich an die bösen Pläne,
Schprachtzi, erinnere dich an die Schecks,
Erinnere dich an heißes Atmen und Flüstern,
Erinnere dich an unser gemeines Lachen im Bett.

Schprachtzi — Geh fort, Tscharches,
und lass mich mit meiner Trauer um dich allein.

Fefechtz — Er kann bleiben.

Tzescha — Nein!

Fefechtz — Er kann bleiben. (*Steht auf.*)

Tzescha — Ein Wunder! Fefechtz! Ein Wunder!
Mein Mann lebt, ist gesund, heil,

Fefechtz schlägt Tzescha.

und schlägt seine Frau!
Ich habe einen Mann,
er wird mich nach Los Angeles mitnehmen! Ein Wunder!

Fefechtz — (*Geht zu Tscharches.*) Er kann unter dem Tisch bleiben,
zwischen unseren Schuhen.
Da kann er die Krümel aufsammeln.
Kann auf seinem verfaulten Bauch rumkriechen
und den Boden wischen.
Kann seine blutigen Wangen
an die Sohlen meiner Hausschuhe schmiegen.

Tscharches — Ich bin froh, wieder zu Hause zu sein, danke.

Er kriecht unter den Tisch.

Fefechtz Ich habe dich immer gemocht, Junge,
da, tot, auf dem Fußboden, bist du mir lieber denn je.
Und die Geschäfte, selbstverständlich müssen sie weitergehen.
Mit einem toten Schwiegersohn unter dem Tisch,
der einzigen Tochter in schwarz und in Tränen,
dem weißwerdenden Haar meiner Frau,
kann man sich ernsthaft an die Arbeit machen.

Bild 29

Zimmer bei den Schitz. Abend. Alle. Fefechtz steht neben dem Tisch.

Fefechtz Du hast mir eine Firma für Erdarbeiten hinterlassen –
weitermachen werde ich in der Erde, im Wasser und in der Luft,
verdoppeln werde ich das Kapital und die Zahl der Maschinen,
verdoppeln werde ich die Kriege, verdoppeln werde ich die Grenzen,
verdoppeln und verdreifachen werde ich die Zahl der schwarzarbeitenden Hände,
und vervielfachen werde ich die Toten wie Sand am Meer!
Und an alle, die irgendwelche Zweifel haben, bitte:
Die Antwort befindet sich unter dem Tisch!
(*Zu Tzescha.*) Essen!

Tzescha geht ab, Schprachtzi weint.

Und du, stopf dir den Mund mit Essen voll
und weine still,
wie eine leise Hintergrundmusik,
die den Appetit steigert.

Er setzt sich.

Ich habe Tote unter den Tischen,
viele Tote unter den Tischen,
und unter den Stühlen und Betten und Schränken,
das ganze Haus ist angefüllt mit Toten,
und im Lagerhaus habe ich Tote für den Winter
und Vorräte an Toten für nächstes Jahr,
und auf lange Sicht habe ich Tote, die noch am Leben sind,

und ich habe Tote, die noch nicht geboren wurden,
ich baue auf Tote, ich baue aus Toten,
ich esse Tote, und atme Tote,
Tote, Tote, Tote …

Tzescha kommt mit dem Essen herein.

TZESCHA Wenn ich nicht gewusst hätte, dass wir Geschichte leben,
hätte ich nicht durchgehalten.

Sie essen.

Ende

Yosef Karmon in Hanoch Levin: יסורי איוב / *Hiobs Leiden*. UA: 13.04.1981, Cameri-Theater, Tel Aviv, Israel, Regie: Hanoch Levin.

Hanoch Levin

Hiobs Leiden

Aus dem Hebräischen von Matthias Naumann

Figuren

Hiob
Gäste
Diener
Bettler
Boten
Ausführende
Freunde
Soldaten
Schausteller
Tote

Erstes Kapitel: Die Bettler

I

Gastmahl im Hause Hiobs. Ende des Fressens. Die Gäste liegen gemästet und erschöpft da. Auf den Tischen stapeln sich Reste.

Hiob Was ist ein satter Mensch?
Ein satter Mensch ist ein fertiger Mensch, ein verlorener.
Worauf bleibt ihm noch zu hoffen?
Alles ist voll, verstopft, besiegelt,
er liegt regungslos, atmet schwer,
spürt, dass das Leben ein Stein auf dem Herzen ist,
eine schrecklichere Verzweiflung lässt sich nicht beschreiben;
aus solcher Finsternis kann sich der Horizont nur aufhellen.

Aber was geschieht nach zwei Stunden?
Nach zwei Stunden ist die Verzweiflung Verzweiflung,
wenn auch weniger absolut, der Horizont hellt sich auf.
Zwar rührt der Mensch sich nicht, noch drückt der Bauch,
aber das Atmen fällt leichter schon.

Und nach vier Stunden?
Nach vier Stunden beginnt auch zum Bauch hin
Hoffnung zu kriechen. Kein Krähen
noch von Appetit, aber so ein Gedanke schleicht sich an,
und der Mensch, der vor einer Stunde wie eine Schildkröte auf dem Rücken lag,
leiderfüllte Rülpser gegen die Decke stoßend,
erwacht ein wenig, dreht sich auf den Bauch,
übergibt die Mühsal des Aufstoßens an sein Hinterteil;
wer hat gesagt, das Leben sei ein Stein?

Und nach sechs Stunden?
Nach sechs Stunden hat sich der Stein in einen Vogel verwandelt;
denn das Leben ist leicht, ist bunt, breitet seine Flügel aus,
im Bauch ein zartes Zwitschern, und wieder springt der Mensch frisch und wach umher,
schwebt mit wässrigem Mund zum Tisch.

Ein neuer Mensch wird alle sechs Stunden geboren!

Weiblicher Gast Da mach ich plus. In sechs Stunden werde ich mindestens zweimal geboren.

II

DIENER Herr, die Bettler bitten darum, an den Tisch zu dürfen.

HIOB Gesegnet seist du Gott, der allem Nahrung gibt. Sie sollen hereinkommen.

Die Bettler treten ein, stürzen sich auf den Tisch, essen die Knochen.

EIN BETTLER Knochen. Nur abgenagte Knochen.
Man denkt, das sei das Ende der Mahlzeit? Irrtum!
Keinen Knochen haben sie aufgebrochen und ausgesaugt,
als sei in ihm weiter nichts verborgen.

Nicht wie ihr saugen wir,
ihr, die ihr euch am Fleisch gemästet habt
und euch von dem Knochen mit einem hastigen Lecken trenntet;
wir sind anhänglich, fleißig, hingebungsvoll,
beinahe in Tränen. Und ihr werdet staunen,
wie viel Fett und Feuchtigkeit es noch gibt.

Es stimmt, dass ein Teil der Feuchtigkeit
euer Speichel ist.
Aber gerade doch, einen Knochen auszusaugen,
der im Mund eines satten Menschen war –
das ist nicht nur der Knochen, das ist auch die Herkunft.

Sie sind fertig und gehen ab.

III

DIENER Herr, die Bettler der Bettler bitten um Erlaubnis, an den Tisch zu dürfen.

HIOB Was!! Eine weitere Runde für diesen Haufen Knochen?!
Gesegnet seist du Gott, der allem Nahrung gibt. Sie sollen hereinkommen.

Schwache und gebrechliche Bettler treten ein und fallen über den Tisch her.

BETTLER 1 Second-Tooth-Knochen. Reste
von Resten. Macht nichts,
was zwei Mal ausgesaugt wurde und sättigte,
wird auch beim dritten Mal nicht enttäuschen.
Es stimmt, kein Knochenmark, kein bisschen Feuchtigkeit,
aber der Knochen, hingegen, ist bereits zermahlen,
weich und bröckelig, wirklich breiig,
und bereit, gegessen zu werden.

Wir fressen warmen Brei aus Knochen in uns rein,
alles andere macht dann der Magen.

BETTLER 2 Und manchmal geschieht es, dass dennoch irgendein Knochen vergessen wurde,
mit etwas Mark und Fett, als legten sich die Oberschichtsbettler mit der Zeit
die Gewohnheiten wahrer Herren zu,
hier wird nachlässig gesaugt, dort etwas ausgelassen,
und dann kommen wir …

Sie finden plötzlich einen solchen liegengelassenen Knochen, streiten sich um ihn. Einer gewinnt und zerkaut den Knochen. Die anderen schauen ihm zu. Sie sind fertig und gehen ab.

IV

DIENER Herr, der bettlerigste Bettler der Bettler aller Bettler bittet um Erlaubnis, an den Tisch zu kommen.

HIOB Was wird er essen, den Tisch?!
Gesegnet seist du Gott, der allem Nahrung gibt. Er soll hereinkommen.

Der bettlerigste Bettler, ein geschwächter Greis, der sich kaum auf den Beinen halten kann, sinkt auf den Tisch.

DER BETTLERIGSTE BETTLER Leer. Nicht mal ein Knochen. Aber auch wenn da einer wäre,
wie würde ich ihn abnagen? Ich habe keine Zähne.

Meine Mahlzeiten beruhen darauf, dass manchmal
einer der Mittelschichtsbettler
die Knochen zu schnell hinunterschlingt,
ein Knochen in seinem Hals steckenbleibt und er kotzt.

Die Kotze kann ich schlucken, ohne zu kauen,
auch ohne Schwierigkeit verdauen, was
ohnehin schon halb verdaut ist.
Und wenn zudem das Glück mir lacht, finde ich in der Kotze
auch ein Stück, das einst Kartoffel oder Rote Beete war.

Es stimmt, das passiert nicht oft, deshalb bin ich
immer kraftlos, sterbe fast vor Schwäche.
Trotzdem – man gewöhnt sich. Und mit ein wenig Geduld
wird doch schließlich jemand kotzen. Ja, irgendwie lebt man. Es gibt einen Gott,

Pa-ra-pim-pim-pim, Pa-ra-pim-pim-pim,
vielleicht wird man mir unterwegs kotzen, Pa-ra-pim-pim-pim.

Er geht ab.

V

HIOB Was haben wir gesehen? Ein Wunder? Oder den Lauf der Natur?
Ein Hühnerknochen ernährte ein Dutzend,
der letzte sang sogar.

Zwei Dinge haben wir gesehen, das ist klar:
Erstens, es gibt einen Gott!

GÄSTE Gesegnet sei er und gesegnet sei sein Name!

HIOB Zweitens, Gott gibt!

GÄSTE Amen! Amen!

Zweites Kapitel: Die Boten der Armut

I

Hiob und die Gäste dösen. Der erste Bote der Armut tritt ein.

Erster Bote der Armut Eine schlechte Nachricht, Herr.

Pause.

Herr, eine schlechte Nachricht.

Aber Hiob döst. Der Bote wird lauter.

Herr, eine sehr schlechte Nachricht.
Eine sehr sehr schlechte Nachricht.

Er schüttelt Hiob.

Vergib mir, Herr, dass ich hartnäckig bin, aber so ist das
mit schlechten Nachrichten – ich habe das nicht erfunden –
derjenige, dem die Nachricht überbracht wird, schläft normalerweise, das geschieht immer in der Nacht,
und dann kommen sie und wecken ihn auf, damit er, Gott behüte,
nicht einen Augenblick seines Lebens ohne die Katastrophennachricht verliert.

Er schüttelt Hiob mit letzter Kraft.

Herr, ich bringe eine sehr schlechte Nachricht,
sie ist für deine Ohren bestimmt, sie ist deine,
ich habe sie dir zu überbringen, da wird nichts helfen!

Hiob Schrei nicht, ich verdaue!

Erster Bote der Armut Und wie wirst du dies verdauen, Herr?
Durch ein Erdbeben fiel dein Eisenbergwerk
im Libanon zusammen und stürzte komplett ein.
Hundertachtzig Sklaven wurden lebendig begraben.

Hiob (*Richtet sich in seinem Sessel auf, entsetzt.*)
Dementiere! Wenn du einen Funken Menschlichkeit in dir hast – dementiere!

Erster Bote der Armut Und wenn ich dementiere –
werden die Steine aufspringen in deinem Bergwerk
und sich von Neuem einer auf dem anderen errichten?

Hiob Mein kleines Eisenbergwerk!
Mein kleines Bergwerk im Libanon!
So fühlt sich ein Mensch, dem man plötzlich eine Hand und
einen Fuß abriss. Das Eisenbergwerk war die Hälfte meines Besitzes.

Steht auf.

Erster Bote der Armut Wohin, Herr? Was getan werden muss – wird getan.
Die Polizei ermittelt. Des Herrn Buchhalter
gleichen die Konten aus. Des Herrn Anwälte
setzen an die kaiserlichen Finanzbehörden in Rom die entsprechenden Forderungen auf.
Denn der Kaiser bürgt persönlich für Investitionen, die der Entwicklung des Reiches dienen.

Er geht ab.

Hiob Da ist mir das passiert, was immer
anderen passiert.
Mir ist das Schrecklichste von allem widerfahren.
Schrecklicheres als das ist doch unmöglich.
Und wenn von uns allen verlangt wird,
unseren Anteil an Leiden und Kummer zu entrichten –
da gab ich meinen Teil.
Danke Gott, jetzt bin ich quitt.

II

Der zweite Bote der Armut tritt ein.

Zweiter Bote der Armut Eine schlechte Nachricht, Herr.

Hiob Sie wurde bereits überbracht.

Zweiter Bote der Armut Wer? Ich dachte, dass ich der erste …

Hiob Es war schon einer vor dir hier.

Zweiter Bote der Armut Jedenfalls, sobald weitere Informationen eintreffen
aus Alexandria, wirst du sofort informiert.

Hiob Alexandria?!

Zweiter Bote der Armut Alexandria, ja sicher, Alexandria.

Hiob Was ist in Alexandria passiert?

Zweiter Bote der Armut Du sagtest, dass du benachrichtigt wurdest …

Hiob Was ist in Alexandria passiert?! Was ist in Alexandria passiert?!

Zweiter Bote der Armut Ein Riesensturm. Der Hafen von Alexandria wurde überflutet.
Deine Werften wurden von den Wassermassen weggerissen, deine Schiffe
wurden an den Felsen zerschmettert.

Hiob Was bin ich?! Ist das eine Farce?!
Das hier ist mein Leben! Mein Leben, mein Leben!

Diese Werften und Schiffe, die du mir in einem Atemzug zerstört hast,
waren die zweite Hälfte meines Besitzes! Jetzt gibt es nichts mehr!

Pause.

Alles?! Nichts blieb übrig?! Bist du sicher?!

Pause.

Zwei Lebenswerke, zwei geliebte Kinder,
die ich gebar und hätschelte und großzog. Was Kinder?! –
Ich, mein eigen Fleisch, meine Hände und meine Füße und meine Milch und mein Blut! Gab ich nicht
mich selbst dort, die besten Jahre meiner Jugend und meines Erwachsenenalters! Man hat mich getötet!
Hat mich geschlachtet! Hat meinen Kadaver entzweigeschnitten!
Begraben bin ich, meine eine Hälfte zermalmt in den Tiefen des Eisenbergwerks im Libanon,
meine andere Hälfte in Alexandria im Hafen versunken!

Wendet sich zum Gehen.

ZWEITER BOTE DER ARMUT Wohin? Was getan werden muss – wird getan.
Die Polizei ermittelt. Des Herrn Buchhalter
gleichen die Konten aus. Des Herrn Anwälte
setzen an die kaiserlichen Finanzbehörden in Rom die entsprechenden Forderungen auf.
Denn der Kaiser bürgt persönlich für Investitionen, die der Entwicklung des Reiches dienen.

Er geht ab.

HIOB Zuvor dachte ich, dass mir das Schrecklichste von allem widerfahren sei;
ich habe mich geirrt, es ist jetzt passiert.
(*Zu den Gästen.*)
Entschuldigt mich, alles bricht zusammen.
Ich muss in mein Büro.

Wendet sich zum Gehen.

III

Der dritte Bote der Armut tritt ein.

HIOB Hast du vielleicht eine schlechte Nachricht für mich?

DRITTER BOTE DER ARMUT Ja.

HIOB (*erschrocken*) Entschuldige, du machst Witze.

DRITTER BOTE DER ARMUT Tue ich nicht.

HIOB Libanon?

DRITTER BOTE DER ARMUT Nein, Herr.

HIOB Also Alexandria.

DRITTER BOTE DER ARMUT Nein, Herr.

HIOB Noch etwas?

DRITTER BOTE DER ARMUT Ja, Herr.

HIOB (*lacht*) Ich habe nichts weiter, ich habe keine
Geschäfte mehr. Geh, überbring jetzt
deine Nachrichten jemand anderem.

DRITTER BOTE DER ARMUT Nein, dir.

HIOB Jemand anderem.

DRITTER BOTE DER ARMUT Nur dir.

HIOB Ich hab nichts. Zwei Boten löschten
vor dir bereits alles aus.

DRITTER BOTE DER ARMUT Herr, hör mich an …

HIOB Halt mich nicht auf. Ich muss zu den Anwälten,
um die Bürgschaften des römischen Kaisers zu kassieren.

DRITTER BOTE DER ARMUT Die Nachricht betrifft eben das.

HIOB Ist den Anwälten etwas zugestoßen?

DRITTER BOTE DER ARMUT Den Anwälten geht es gut.

HIOB Also … was?

DRITTER BOTE DER ARMUT Rom. Militärputsch.

HIOB Mensch! Wovon redest du?
Ein Staatsstreich in Rom?! Der Kaiser wird das nicht zulassen!

DRITTER BOTE DER ARMUT Er hat es bereits zugelassen.

HIOB Nicht solange er lebt!

DRITTER BOTE DER ARMUT Das ist richtig. Deshalb ist er tot.

HIOB Tot oder lebendig – er wird es nicht zulassen!

Pause.

Tot?! Der Kaiser von Rom?! Es gibt keinen Kaiser?!
Der ewigste Mensch in unserer Welt, zwei Drittel
des Eisen- und Bleihandels, acht Zehntel
der Eisen- und Bleiproduktion, die stählerne Kasse
des Imperiums, der große, unendliche Fonds,

von dem wir, die Sterblichen, nur der Zinseszins sind – er ist tot?!
Wenn er tot ist – wer lebt?! Wer lebt?!

Pause.

Es bleibt mir noch ein Grundstück, das ich mal gekauft habe in Jaffa, nicht weit vom Hafen ... Das ist alles, was übrig ist ...

DRITTER BOTE DER ARMUT Der neue Kaiser hat zudem beschlossen ...

HIOB ... ich werde darauf ein Geschäft errichten können ...

DRITTER BOTE DER ARMUT ... hinsichtlich aller Grundstücke in strategischer Lage ...

HIOB ... kein großes Geschäft ... einen kleinen Laden ...

DRITTER BOTE DER ARMUT ... die vollumfängliche Enteignung ...

HIOB ... zumindest ein Büdchen ...

DRITTER BOTE DER ARMUT ... ohne finanzielle Entschädigung.

HIOB Und damit, nicht mal ein Büdchen.

Pause.

Was sagen meine Anwälte dazu?

DRITTER BOTE DER ARMUT Du hast keine Anwälte, Herr.

HIOB Was sagen die Buchhalter, die Angestellten?

DRITTER BOTE DER ARMUT Du hast keine Buchhalter, du hast keine Angestellten.

HIOB Ich werde in mein Büro gehen, um das alles selbst zu klären.

DRITTER BOTE DER ARMUT Du hast auch kein Büro, Herr.

HIOB Das ist mein Büro! Dort steht mein Stuhl,
mein geliebter Arbeitstisch,
alle meine kleinen Spielzeuge ...

DRITTER BOTE DER ARMUT Schon nicht mehr deins.

HIOB Zum Teufel mit dir! Sag mir nicht „nicht deins"!
Wer bist du?! Wer bist du und was bist du –
„deins, nicht deins" – zum Teufel mit dir!

DRITTER BOTE DER ARMUT Herr, du befindest dich auch nicht in der Position,
so mit mir zu reden.

HIOB Was?!

DRITTER BOTE DER ARMUT Und mäßige den Ton.

HIOB (*Holt mit der Hand nach ihm aus.*)
Diener! Hund!

Dritter Bote der Armut (*Wehrt ihn ab.*)
Ein Hund bist du selbst. Ein Hund hat dich gemacht.
Ein Hund ist dein Vater. Eine Hündin deine Mutter.
Hund Sohn eines Hundes. Pfui!

Spuckt ihm ins Gesicht. Geht ab.

IV

Die Gäste entfernen sich langsam und gehen ab.

Hiob Ihr geht? Ja, es ist spät, gute Nacht euch.
Schade, dass es plötzlich spät geworden ist. Ansonsten
hätten wir noch zusammen sitzen und in Erinnerungen schwelgen können:
Erinnert ihr euch, wie einst, vor fünf Minuten, ich ein reicher Mann war?
Das war vor gar nicht so langer Zeit, fünf Minuten. Erinnert ihr euch?
Wie ein Hausherr schritt ich über die Erde. Und einst, vor fünf Minuten,
wer hätte es sich träumen lassen, mich Hund zu nennen oder mir ins Gesicht zu spucken?!

Plötzlich schluchzt er. Hört auf.

Ja – schade, dass es plötzlich sehr spät geworden ist.
Fünf Minuten, erinnert ihr euch? Das waren Zeiten.

Die letzten Gäste entziehen sich ihm und gehen ab. Er bleibt allein zurück.

Drittes Kapitel: Die Ausführenden

I

Die Ausführenden treten auf.

Chef der Ausführenden Wir sind die Ausführungsbeamten. Du bist bankrott.
Wir sind gekommen, um alles zu beschlagnahmen, was dir gehört,
außer dir selbst, Körper und Seele,
und deiner Unterwäsche.
(*Zum Rest der Ausführenden.*)
Nehmt die Tische, nehmt die Stühle, nehmt die Bänke,
nehmt die Teller, nehmt die Gläser, nehmt die Gabeln,
nehmt die Messer, nehmt die Löffel, nehmt die Schüsseln,
nehmt die Töpfe, nehmt die Krüge, nehmt die Flaschen,
nehmt die Korken, nehmt die Korkenzieher, nehmt die Behälter
der Korkenzieher, nehmt nehmt, nehmt die Kerzenständer, nehmt die Leuchter,
nehmt die Tischdecken, nehmt die Servietten, nehmt die Handtücher,
nehmt die Sofas, nehmt die Teppiche, nehmt die Läufer,
nehmt die Vasen, nehmt die Blumentöpfe, nehmt den Nippes,
nehmt die Vorhänge, nehmt die Gardinen, nehmt die Fenster,
nehmt die Läden, nehmt die Scheiben, nehmt die Rahmen,
nehmt die Riegel, nehmt die Schlösser, nehmt die Schlüssel,
nehmt die Türen, nehmt die Fliesen, nehmt die Decke, nehmt die Wände,
und wenn ich etwas vergessen habe – ohne Rechte zu verletzen – nehmt es auch.

Die Ausführenden leeren den Saal und ziehen Hiob seine Kleider aus, außer seiner Unterwäsche.

Hiob Ihr habt die Goldzähne vergessen!
Ich habe auch Goldzähne im Mund!

Er reißt seinen Mund auf.

Chef der Ausführenden Sei nicht albern.
Versuch nicht, aus uns Ungeheuer zu machen. Wir sind alle nur Menschen,
wir kehren alle nach Hause zurück zur Frau, den Hausschuhen und einem Teller heißer Suppe.

Die Ausführenden gehen ab.

II

HIOB Nackt kam ich aus dem Bauch meiner Mutter, und meine Mutter kam nackt aus dem Bauch ihrer Mutter,
Und dieser aus dieser kommen wir zitternd heraus, eine lange, nackte Reihe.
„Was werde ich anziehen?", fragte meine Mutter am Morgen, aber mit der Neige des Tages
war sie nackt, als ich sie in die Grube trug. Jetzt bin auch ich nackt.

Der Chef der Ausführenden kommt hereingeschlichen, nähert sich Hiob, packt ihn am Hals, holt eine Zange heraus.

CHEF DER AUSFÜHRENDEN Mach den Mund auf und gib keinen Laut von dir,
sonst – stirbst du!

Hiob sperrt seinen Mund weit auf. Der Chef der Ausführenden reißt ihm die Goldzähne aus. Hiob ist kurz davor, vor Schmerzen zu schreien.

Ein Zahn, zwei, drei ...
Nein, kein Laut! Verschluck den Schrei!
Tut es dir weh? Der Mund ist voller Blut?
Beiß dir auf die Lippen! Verschluck den Schrei!
Hilf mir, hier eine schöne und saubere Arbeit zu Ende zu bringen.

Er geht ab. Hiob schreit ohne Stimme.

III

HIOB Meine Söhne und Töchter, meine Kinder,
Seht die Hand, mit der euch Vater fütterte.
Wie ein Zauberer zog er für euch aus dieser Hand
eine unerschöpfliche Fülle, Brot und Honig und Butter,
alle Annehmlichkeiten der Welt, all die unermessliche Süße,
von der wir dachten, sie werde niemals enden. Und da, sie hat geendet.
Der Zauber ist zu Ende, leer die Hand, und jetzt ist sie ausgestreckt zu euch:
Meine Söhne und Töchter, herzlichen Glückwunsch! Euch wurde ein neuer Vater geboren!
Schaut ihn an, wie er das Herz erwärmt, wie ein Baby,
er ist nackt, er weint und nässt sich ein, ist hilflos,
auch Zähne hat er keine. Nehmt ihn auf den Arm,
wiegt ihn, füttert ihn mit Brei und Milch,

singt ihm ein Wiegenlied, damit er einschläft, er braucht so sehr
Liebe und Wärme.

Auf, meine Kinder, die Hand ist leer, der Vater, der gab, ist nicht
mehr,
ein neuer Vater wurde euch geboren – ein Vater, der nimmt!
Herzlichen Glückwunsch!

Viertes Kapitel: Die Boten des Todes

I

Der erste Bote des Todes tritt ein, bleibt vor Hiob stehen und schweigt.

Hiob Das Haus ist leer. Auch hast du nicht den energischen Schritt
von einem, der kommt, um etwas mitzunehmen.
Deine Hände strecken sich mir zögerlich entgegen,
du willst mir irgendetwas sagen.

Pause.

Hättest du eine schwere Nachricht für mich,
würdest du in einer steifen Haltung vor mir stehen.
Weil du dich sehr bemühst, menschlich zu sein,
verstehe ich, dass die Nachricht nicht schwer ist, sie ist schrecklich.

Nähert sich ihm.

Du tätest mir besser, schautest du mich mit kühlem Blick an.
Solchen Augen, getränkt von Mitleid und Anteilnahme,
kommt in meinem Zustand nur eine Bedeutung zu …

Und plötzlich entweicht seinem Mund ein Stöhnen.

Welcher von ihnen?!

Der erste Bote des Todes Der Erstgeborene. Während des Mittagessens. Er saß am Tisch.
Plötzlich fuhr in das Haus ein gewaltiger Windstoß. Feuer
umzingelte rasend schnell alle Ecken des Hauses und kletterte nach oben.
Draußen hörte man die Angst- und Schmerzensschreie der im Zimmer Eingeschlossenen;
bis das Feuer erlosch, erloschen auch alle Schreie.

Zwei kommen herein, die eine Bahre tragen, auf der eine mit einer Decke zugedeckte Leiche liegt. Sie stellen sie auf den Boden und gehen mit dem ersten Boten des Todes ab.

Hiob Da ist mein erstgeborener Sohn. Das Baby, das an meiner Schulter einschlief,
ruhig und in Sicherheit. Das Baby, das nachts nach mir rief: „Papa!"
und wusste, dass ich kommen werde und ihn auf meinen Schoß nehme. Und als er im Zimmer umherlief
und schrie, eingehüllt vom Rauch, und all die Jahre fielen plötzlich von ihm ab
wie eine Schale, und er wieder ein angsterfülltes Kind war,

„Papa!“, rief er nach mir, „Papa, Papa!“, schrie er und verstand nicht,
wie es sein kann, dass sein Fleisch, das dem Vater so teuer, in Flammen aufgeht,
und „Wo ist Papa?“, rief er nach mir, „Papa, Papa!“.

Das ist mein erstgeborener Sohn. Sein Gesicht ist mir zugewandt, doch blickt schon auf
etwas jenseits von mir, als habe er, enttäuscht, mir den Rücken gekehrt und sei schon
weitergegangen, lässt mich zurück, die Last meiner Schuld allein zu tragen.

II

Der zweite Bote des Todes tritt ein.

HIOB Ich habe keine Kraft mehr, weitere Nachrichten aufzunehmen.
Zwei Töchter sind mir geblieben und ein Sohn. Hab Erbarmen mit mir.

ZWEITER BOTE DES TODES Möge sich Gott deiner erbarmen, der von dir auch deine zwei Töchter genommen hat.
Bei demselben Mittagessen, das dein Erstgeborener gegeben hat,
an demselben Tisch, an den er, wie sich herausstellt,
all seine Brüder und Schwestern einlud.

Vier Träger kommen mit zwei Bahren herein, auf denen zwei mit Decken zugedeckte Leichen liegen, sie stellen sie auf den Boden und gehen mit dem zweiten Boten des Todes ab.

HIOB Meine Töchter, meine Mädchen, ich habe gerade erst damit begonnen,
euren erstgeborenen Bruder zu betrauern. Jetzt seid ihr gekommen, zwei tote Mädchen,
und auch ihr fordert mit stummem Eigensinn euren Anteil an der Trauer. Wie einst,
wenn ihr mir an den Hals gesprungen seid bei meiner Rückkehr nach Hause,
jauchzend, rufend, plappernd ohne Unterlass, mich küssend
mit heißen Lippen auf meine Wangen, und der Atem eurer Münder war so frisch,
und ihr riefet: „Papa, sieh unsere neuen Kleider!“ …
„Papa!“, ruft ihr mich jetzt, „Sieh, wie wir daliegen,
ohne uns zu rühren! Wie wir nicht atmen!

Papa, denkst du, das wird vorübergehen wie alle Krankheiten der Kindheit?
Wann, Papa? Wann werden wir aufstehen? Wann werden wir raus in den Garten gehen? Wann wird der Arzt uns erlauben,
wieder die Sonne zu sehen? Und wenn wir nicht aufstehen werden, Papa,
wein um unser Leben, weine um die goldenen Tage unserer Kindheit,
die eine Vorbereitung waren auf das große Glück, und wo ist es, Papa, das große Glück?!“

Aber einen Augenblick, meine Töchter, wartet, noch war ich mit eurem erstgeborenen Bruder nicht fertig,
wie werde ich genug Trauer für euch alle haben? Auch wenn ich mich verwandelte
in eine brennende Fackel der Trauer und des Zorns, wie lange werde ich brennen können?
Wie lange werde ich schreien können: „Verloren habe ich meinen erstgeborenen Sohn und meine beiden Töchter,
Verloren habe ich meinen erstgeborenen Sohn und meine beiden Töchter ...!“ Die Erde ist so groß
und der Himmel weit, und ich habe nur eine Kehle zum Schreien, eine Kehle!!

Und noch habe ich auch die Trauer über den Verlust meines teuren Besitzes nicht vergessen,
und ich habe auch meinen Besitz geliebt,
ach mein Besitz und mein Geld, ach meine Kinder, meine Kinder, ach wie viel
Trauerarbeit wird mir hier auferlegt!

Pause. Und plötzlich:

Er lud zu sich zum Essen alle seine Brüder und Schwestern ein?!
Mein jüngster Sohn, auch er ist dort gewesen, an demselben Tisch?!

III

Der dritte Bote des Todes tritt ein.

DRITTER BOTE DES TODES Nein. Dein jüngster Sohn war nicht dort. Er verspätete sich ...

HIOB Ich habe einen Sohn!!

DRITTER BOTE DES TODES ... und der Tod erwartete ihn auf dem Weg.
Durch das Erdbeben
löste sich ein Fels von der Bergspitze, er rollte auf den Pfad darunter
und zermalmte die auf ihm unterwegs waren, unter ihnen deinen Sohn.

Zwei kommen herein, die eine Bahre tragen, auf der eine mit einer Decke zugedeckte Leiche liegt. Sie stellen sie auf den Boden und gehen ab.

Vielleicht wird es dich trösten, zu wissen, dass der Tod sofort eintrat.
Es gab kein Leiden und keine Todeskrämpfe.

Pause.

Vielleicht wird es dich trösten, zu wissen, dass das Unglück nicht nur dich traf.
Weitere Menschen wurden getötet, darunter ein Bräutigam und seine Braut, und mehrere Kinder.

Pause.

Ich habe keinen anderen Trost für dich.

Der dritte Bote des Todes geht ab.

HIOB Mein jüngster Sohn, mir von allen der Liebste, die Trauer um jeden von euch
hätte mich völlig überflutet. Die Trauer um euch alle vier
ist etwas, das zu tragen ich die Kraft nicht habe.
Deswegen, mein jüngster Sohn, schiebe ich von mir die Nachricht deines Todes
auf einen späteren Termin. Möge es mir vergönnt sein, den Tag zu erleben,
an dem in mir die Kraft sein wird für die aufreibende Mühsal der Trauer auch um dich.

Jetzt sage ich nur dies: Seid willkommen.
Alle sind zurückgekehrt. Da sind alle meine Kinder.
Meine Jungen, meine Mädchen, ihr seid nach Hause zurückgekehrt.
Und wieder ist das Haus voll wie einst. Seid willkommen.

IV

Hiob sitzt stumm vor den Leichen. Das Jucken befällt ihn, zunächst an einer Stelle, beinahe unmerklich. Er kratzt sich, ohne darauf zu achten. Das Jucken lässt nicht nach. Er kratzt sich wieder. Er beginnt, das Jucken an verschiedenen Stellen seines Körpers zu spüren. Die Leiden des Juckens werden stärker. Er kratzt sich wie toll. Er reißt sich seine Unterwäsche vom Leib, um sich leichter kratzen zu können. Er wälzt sich nackt auf dem Boden, kratzt sich und reibt seinen Körper am Fußboden. Plötzlich brechen aus seinem Mund die verängstigten Schreie eines Tiers hervor. Er wälzt sich und schreit, bis seine Kräfte erschöpft sind. Er springt auf alle Viere, heult schwach, dann fällt er zu Boden, er rollt sich wie ein Fötus ein und liegt regungslos. Immer wieder erfassen Krämpfe seinen Körper.

Fünftes Kapitel: Die Freunde

I

Hiobs Freunde treten ein, Elifas, Bildad und Zofar, erblicken ihn aus der Ferne.

ELIFAS Wir suchen einen Mann namens Hiob.
Wir sind seine besten Freunde. Wir haben gehört,
dass ihm ein Unglück widerfuhr. Wir sind gekommen, um ihn zu trösten.

Hiob reagiert nicht.

BILDAD Wir suchen einen Mann namens Hiob.
Wir sind seine besten Freunde …

ZOFAR Seht, das ist doch unser Freund Hiob.

Die drei bleiben für einen Moment bestürzt stehen. Nähern sich ihm langsam.

ELIFAS Hiob, hier sind deine Freunde, Elifas, Bildad und Zofar.

HIOB (*stöhnt vor Schmerzen wegen des Juckens*)
Das Jucken! Das Jucken! Die ganze Haut brennt!
Was mich davon abhält, ein glücklicher Mensch zu sein –
ist allein das Jucken! Nur das Jucken!

Und ich sage euch, meine verehrten sich kratzenden Tiere,
wäre nicht das Jucken – die ganze Welt würde anders aussehen.
Denn worüber wird der Mensch sich beklagen – alles ist vollkommen. Die Welt ist so schön
und harmonisch, man lebt, man stirbt – das ist der Lauf der Welt, nur das Jucken
trübt die Freude. Wisst ihr, was
zum Sturz des römischen Kaisers führte? Das Jucken. Der Kaiser von Rom hob die Hand
und kratzte sich an der Nase und dabei gab er seinen Hals preis.
Hört auf einen, der Erfahrung hat:
Zwischen dem Menschen und dem Glück steht nur das Jucken.

Die drei Freunde weinen lautlos.

II

HIOB Warum weint ihr? Juckt es euch auch?

ELIFAS Unser guter Freund Hiob, wirf uns nicht vor,
dass uns nicht dein schreckliches Verhängnis getroffen hat.
Wie du sind auch wir dem Zorn Gottes ausgeliefert

oder seiner Gnade, und hätte Gott mich geschlagen,
würde ich mich dort nackt an deiner Stelle kratzen,
du würdest hier vor mir stehen
und an meiner Trauer Anteil nehmen, angezogen.

Dich erwählte Gott zu leiden
uns – Worte des Trostes zu sprechen.

Meine Freunde, jetzt lasst uns auch unsere Kleider zerreißen, Asche streuen
auf unser Haupt, und demütig zu Gott beten.

Die drei Freunde setzen sich vor Hiob.

HIOB Was Gott?
Was hat die Zerstörung meines Lebens mit Gott zu tun? Wenn Gott dies getan hat,
was ist sein Spiel? Was sind seine Regeln? Weswegen
brachte er mir meine Kinder als Kadaver an einem Tag zurück,
weswegen zerstörte er meine Bergwerke im Libanon, weswegen versenkte er
meine Schiffe in Alexandria, weswegen stürzte er mir den Kaiser von Rom von seinem Thron?!
Und weswegen, vielleicht erklärt ihr es mir, servierte er mir als Dessert zudem
das Jucken?! Weswegen bestraft er mich, der Gott?! Ist dies der Lohn,
ist dies die Gerechtigkeit Gottes? Nein, meine Freunde, eine Welt, in der es Hiob gibt,
enthält keinen Gott!

ELIFAS Hiob, unser Freund, nichts liegt uns ferner
als der Wunsch, dir in deinem gegenwärtigen Zustand Moral zu predigen.
Wir vergessen für keinen Augenblick, dass es uns gerade gut geht –
auch wenn niemand weiß, wie lange – und dir schlecht.
Wir sind auch weit davon entfernt, andeuten zu wollen,
dass Gott dich für deine Sünden bestraft. Wer weiß nicht,
dass Hiob ein Gerechter ist? Und dennoch. Es gibt hier ein „und dennoch“:
Geh ein wenig in dich. Vielleicht hast du einmal gesündigt? Nein?

Versuch dich zu erinnern, jetzt ist der Moment. Nein? Auch
nicht vor vielen Jahren?
Niemals? Gut, akzeptiert. Vielleicht warst du kurz davor, zu
sündigen. Nein?
Auch das nicht? Gut, akzeptiert. Aber vielleicht hast du nur in
Gedanken gesündigt?
Nicht einmal in Gedanken? Akzeptiert. Viel „akzeptiert" gibt
es hier.
Das macht dich wirklich zu einem Gerechten, und wenn ein
Gerechter,
vielleicht stellt Gott dich nur auf die Probe, wie er einen anderen
Gerechten auf die Probe stellte, Abraham, und wie Abraham
wird er dich
später siebenundsiebzigfach entlohnen?

Wer kann die Gedanken Gottes kennen? Denn im göttlichen
Plan
sind wir die Linien, und Gott, er allein,
sieht den ganzen Plan.

Für den Menschen ist es eine kleine Rechnung, eins plus eins,
Teller und Tuch,
Und Gott sitzt darüber und summiert all die Tücher,
all die Teller, den Himmel und die Erde.

Schau auf die Welt. Reiß keine Stücke aus ihr heraus,
schau auf sie im Ganzen. Sieh, wie richtig, wie gerecht sie ist.
Die herrliche und schöne Welt, die alles in ihre Arme schließt,
in die hinein
unser Leben fließt wie das Wasser, das sich aus dem dunklen
Krug ergießt
und plötzlich herausbricht in ein offenes Feld, und da ist Erde,
da ist Himmel,
da sind Bäume und an ihnen Früchte, und Vögel nisten in
ihnen,
eine gewaltige und bunte Welt, eine Welt voller Katastrophen,
aber auch voller Heilmittel und Tröstungen,
eine Welt, die uns vertraut ist wie das eigene Haus, aber auch
voller Rätsel und Geheimnis,
eine Welt, in der die Finsternis von einem großen Reifen Licht
umgeben ist.

Hiob, es bedarf Seelengröße, um in einem Blick
die ganze Welt zu umfassen. Wenn du Seelengröße in dir hast –
ist dies ihre Stunde. Steh auf, tritt heraus aus deinen Leiden und glaube an Gott!

HIOB Mein guter Freund, du quälst mich!
Ihr redet mit mir über die Rechtfertigung der Gottheit,
beweist mir zunächst die Rechtfertigung der Menschheit,
quält mich nicht. Lasst mich mich in Ruhe kratzen.
Ich kenne keine Gnade der Schöpfung, ich kenne keinen Gott.

BILDAD Du kanntest ihn, als es dir gut ging.

HIOB Als es mir gut ging – ging es mir gut. Jetzt
geht es mir schlecht, ich kenne keinen Gott.

ELIFAS Existiert Gott nur, wenn wir glücklich sind,
und verschwindet, wenn unser Glück verschwindet?
Ist Gott eine Seifenblase,
die wir mit einem Pusten unseres Mundes fortblasen
und mit dem kleinen Finger zum Platzen bringen?
Menschen gequält wie du, und noch mehr als du,
riefen in ihrem Kummer nach ihm. Sie fanden keinen Widerspruch
zwischen dem Leid und Gott.

Denn wer bist du mit all deinem Leid? Aus hundert Ellen Entfernung hört man deine Schreie
schon nicht mehr. Aus tausend Ellen Entfernung siehst du aus
wie eine Ameise. Kannst du dir vorstellen, wie du aussiehst
im Blick von den Sternen?!

HIOB Sollen die Sterne die Existenz Gottes anerkennen! Soll sie der anerkennen,
dessen Vorstellungen von Gerechtigkeit und Unrecht sich arrangieren! Wer fühlt,
dass die Arme Gottes ihn umschließen – der soll Gott umarmen!

Ich bin klein und blind, und taste mit meinen Fingernägeln wie ein Maulwurf
in einer finsteren Höhle. In der Dunkelheit lebe ich. In absoluter Finsternis,
und über das Licht höre ich nur Geschichten!

ELIFAS Der Blinde kennt nicht die Sonne,
aber weiß, dass sie existiert.

Du bist im Jucken versunken, aber weißt
unter deiner Haut, dass Gott existiert.

HIOB Nein! Ich existiere! Ihr existiert!
Der Unterschied zwischen uns existiert!
Gott existiert nicht!
Das Jucken auf meiner Haut existiert! Der Tod meiner Kinder existiert!
Der Verlust all meines Besitzes existiert! Was ich nicht habe – das existiert!

BILDAD Du bist sehr hochmütig, weißt du? Ein wenig Bescheidenheit.
Denk nicht, dass, wenn du leidest
und wir unser vollstes Verständnis für dein Leid zeigen,
du auch recht hast.
Es gibt eine Demagogie des satten Menschen, aber es gibt auch
eine Demagogie der Leidenden und Gequälten.
Und nicht alles ist dir gestattet, nein, noch nicht alles!

Du denkst, wenn du wieder und wieder schreist „Mein Jucken existiert!",
das werde Gott zunichtemachen. Deine Welt ist heute das Jucken –
schön. Gott hat Geduld und Großmut. Er zürnt nicht.
Du bist nicht der erste sich Kratzende, den er sieht.
Ich habe nicht den Großmut Gottes. Ich bin ein ungeduldiger Mensch;
ich lasse nicht bespucken, was uns heilig ist!

HIOB Ich schaue auf die Welt durch das Jucken –
durch was blickt ihr auf sie?
Durch den Bauch? Den Genuss? Das Fett? Ihr steht
auf der stabilen Basis eures Lebens,
spürt festen Boden unter euren Füßen,
wie werdet ihr der Tatsache gewahr werden, dass alles fließt, auf Wasser gebaut ist?
Ihr braucht einen Wächter für eure Geldschränke,
und habt Gott dazu ernannt;
ich habe schon keinen Geldschrank mehr – ich habe Gott aus meiner Welt entlassen.

ZOFAR Freunde, aus der Kehle unseres lieben Freundes Hiob
spricht ein schrecklicher Schrei. Die Augen unseres lieben Freundes Hiob

sind verschleiert von Blut und Tränen, wie soll er
Gott sehen? Gebt ihm ein, zwei Tage,
die Welt wird sich für ihn wieder aufhellen, dessen bin ich sicher,
Denn in der Seele des Menschen, wie in einem See, versinken die Wut, die Pein,
und wieder spiegelt sich im klaren Wasser Gottes Bild.
Gehen wir jetzt. Lassen wir ihn
allein mit seinem Kummer. Wir kommen morgen wieder.

III

BILDAD Ich bin nicht sicher, dass ich wiederkommen werde. Reden wir offen:
Das Philosophieren über Gott fing nicht heute an.
Die Argumente pro und contra sind bekannt. Aber ich spreche jetzt
nicht über Philosophie, nur über das Leben. Das alltägliche Leben,
dass wir Sterbliche – mit Geldschrank, ohne Geldschrank – führen
in einer Gesellschaft, die Recht und Ordnung achtet. Ja, Recht und Ordnung.

Wer gibt unserem Leben Bedeutung? Wer verleiht unseren Gesetzen Sinn?
In unserer Gesellschaft – ist Gott der Sinn. Wenn Gott nicht existiert –
hat das Leben keinen Sinn, ist das Gesetz leer,
hohl, ohne Grund und ohne Bedeutung. Wenn Gott nicht existiert –
ist zu stehlen oder nicht zu stehlen ein und dasselbe.

HIOB Du hast Angst vor Dieben. Deshalb lädst du
auf mein Leid die Last des Sinns.
Aber was ist der Sinn außer dem Leid? Ich kratze mich und kratze mich
und versuche, im Leid zu graben und darin einen Sinn zu finden.

Und ich sage euch: Im Leid verbirgt sich nichts, nur Leid!
Und ich sehe nur Leid die Welt erfüllen!
Und jeder Block Leid ist zusammengesetzt aus tausend Splittern
Leid, und jeder Splitter Leid besteht selbst wiederum
aus Millionen Molekülen Leid!

Das Leid existiert! Ich existiere! Ihr existiert!
Der Unterschied zwischen uns existiert!
Gott existiert nicht!

BILDAD Du existierst nicht! Du existierst nicht!
Niemand, der zu unserer Gesellschaft zählt,
wird in seinem Mund solche Lästerreden führen! Auch nicht für einen Augenblick!
Nicht, solange er noch zu unserer Gesellschaft zählt!

HIOB „Unsere Gesellschaft"?! Welche eine Gesellschaft ist „unsere Gesellschaft"?!

Er deutet auf die Leichen.

Da ist meine Gesellschaft. Mit ihnen lebe ich und bin ich verbunden. Bei ihnen und bei mir –
in unserer Gesellschaft – ist kein Platz für Gott!

BILDAD Rückt zusammen und ihr werdet Platz finden! Vier Kadaver
und ein mit Aussatz geschlagener Hungerleider werden Gott
weder einsetzen noch absetzen!

Du hast es leicht. Du sprichst mit dem Vorteil eines Mannes, der nichts zu verlieren hat.
Ich hingegen. Ich bin nicht geschlagen wie du. Ich muss weiterleben.
Und es ist nicht einfach, unablässig mit den Händen die unbeständige Spannung
des Lebens festzuhalten. Und auch ich bin müde, auch ich möchte zu Boden sinken,
mir mit den Fäusten auf die Brust schlagen und brüllen und weinen. Aber ich zügele mich.
Ich werde dich nicht da sitzen und schreien lassen, es gibt keinen Gott! Ich werde dich nicht lassen, ich werde es nicht zulassen!

HIOB Du wirst es nicht zulassen?! Was wirst du mit mir machen?! Wirst du meine Zunge
herausreißen?! Wirst du mich töten?! Bitte, es steht dir frei:
Es gibt keinen Gott! Es gibt keinen Gott! Es gibt keinen Gott!

Seine Schreie klingen wie Hundegebell, auch weil er schreit, während er auf die Knie geht.

BILDAD Seht ihn euch an, den Hund Gottes, liegt auf allen Vieren
zu Gottes Füßen und bellt: „Es gibt keinen Gott!"

Gott hebt einen Fuß und tritt den Hund ins Gesicht, aber der Hund
sieht allein den Stiefel und heult: „Es gibt keinen Gott!"

HIOB Wie diese Haltung zu dir passt, den Stiefel
bereit zum Tritt in mein Gesicht. Du bist in Höchstform. Nie
schienst du mir so eins mit dir selbst. Und all die Reden
waren nichts als ein Vorwort für den Stiefel. Du wurdest geboren, um zu treten – also tritt!

IV

ZOFAR Aber meine Freunde, was ist mit dem Erbarmen?
Nicht nur ist zu richten göttlich, Gott
ist auch Erbarmen, habt ihr das vergessen? Wer sind wir,
strenger zu sein als Gott? Wer sind wir, dass wir über ihn urteilen?
Der Mann geht unter, und wir am Ufer sollten ihm nicht die Hand hinhalten?

Nähert sich Hiob.

In dieser Welt sind wir alle nur
verängstigte Waisen, die ihren Vater suchen,
wie konnten wir das Erbarmen des Vaters mit seinen Kindern vergessen?
Und du, der du unter uns liegst
und dich kratzt auf dem Haufen deiner Kadaver,
wie konnten wir das Erbarmen deines Vaters mit dir vergessen?

Geht neben Hiob auf die Knie.

HIOB Mein Vater? Ja, ich hatte einmal einen Vater.

ZOFAR Und du hast nachts nach ihm gerufen, wenn du einen bösen Traum hattest.
Du bist erschrocken und schweißgebadet aufgewacht in deinem Bett und hast gerufen: Papa!

HIOB Papa! Ich rief: Papa!

ZOFAR Und er war immer da, er kam zu dir und beugte sich über dich,
und nahm dich hoch in seine Arme, vor sein Gesicht,
und du spürtest seinen warmen Atem auf deinem Gesicht.

HIOB (*Tränen fließen aus seinen Augen.*) Vater ...

ZOFAR Und du drücktest dein erschrockenes Gesicht an seinen Hals
und auf deinen Lippen zeigte sich ein Lächeln der Erleichterung,
und wieder war deine Seele im Takt, und du schliefst ein.

HIOB (*schluchzt*) Vater ... Vater ... wo ist er, mein Vater?

ZOFAR (*Nimmt Hiob in seine Arme.*) Dort, oben.

HIOB Ich bin sein kleines Kind, und mir geht es schlecht.
Ich träumte einen Alptraum in meinem Bett …

ZOFAR Er hört dich. Du hast
einen bösen Traum gehabt, ruf ihn.

HIOB Ich habe einen bösen Traum gehabt, Papa,
und ich bin erschrocken und schweißgebadet …

ZOFAR Streck deine Arme nach ihm aus.

HIOB (*Streckt seine Arme nach oben.*)
Nimm mich in deine Arme und birg mein Gesicht an deinem Hals …

ZOFAR Er streckt seine Arme nach dir aus, siehst du nicht?

HIOB Meine Augen sind von Tränen verschleiert …

ZOFAR Er antwortet dir. Hörst du ihn nicht?

HIOB Ja, mir scheint, dass ich ihn höre. Er antwortet mir.
Und jetzt kann ich klar auch
seine nach mir ausgestreckten Arme sehen.

ZOFAR Er wird dich niemals verlassen.
Er umarmt dich …

HIOB Er umarmt mich … Ich fühle,
dass er mich jetzt umarmt …

Und plötzlich bricht er in ein bitteres Heulen aus.

Vater, sieh, was mir passiert ist, Vater!
Sieh, was mir in dieser Welt passiert ist,
in die du mich mit Freude gebracht hast!
Sieh, was deinem Kind passiert ist!
Sieh, was der Freude passiert ist!

ZOFAR Du hast geträumt, das sagte ich dir schon,
die Welt ist eine Traumblase.

HIOB (*Beruhigt sich ganz langsam.*)
Ja, ein Traum. Ich habe nur geträumt.

ZOFAR Und jetzt bist du in den Armen deines Vaters aufgewacht,
und er wiegt dich behutsam,
oben, weit über der Welt,
Sterne von hier, der Mond von dort,
sorglos und ruhig, und deine Augen sind geschlossen
und du öffnest sie nicht mehr, um zu sehen …

HIOB (*mit geschlossenen Augen*)
Und ich öffne sie nicht mehr, um zu sehen …

Und eine stille Freude beginnt ihn zu erfüllen.

Papa lebt, Papa ist nicht tot,
von seinem Totenbett ist mein Vater aufgestanden,
so werden auch meine Söhne und Töchter aufstehen,
denn die Welt ist ein Traum, nur eine Traumblase,
und der Tod, wie Schnee, schmolz in der Sonne.

Ade Qualen, ade Leiden,
ade Leichen meiner toten Kinder,
ich bin wieder ein Baby gebettet in Vaters Schoß,
über der Erde, er trägt mich nach oben,
sorglos und ruhig, meine Augen geschlossen,
Und ich öffne sie überhaupt nicht, um zu sehen ...

Zofar wiegt ihn in seinem Schoß.

Wiege mich, Papa, wiege mich, so ...

ZOFAR Ruf ihn, sprich zu ihm: Vater unser im Himmel ...

HIOB Vater unser im Himmel ...

ZOFAR Der du thronst in den Höhen ...

HIOB Der du thronst in den Höhen ...

ZOFAR In deine Hand befehle ich meinen Geist ...

HIOB In deine Hand befehle ich meinen Geist ...

ZOFAR Und unter dem Schatten deiner Flügel habe ich Zuflucht ...

HIOB Und unter dem Schatten deiner Flügel habe ich Zuflucht ...

ZOFAR Hör meine Stimme ...

HIOB Hör meine Stimme ...

ZOFAR Lass deine Ohren merken auf die Stimme meines Flehens ...

HIOB Lass deine Ohren merken auf die Stimme meines Flehens ...

ZOFAR Denn du bist gut und gnädig und von großer Güte ...

HIOB Denn du bist gut und gnädig und von großer Güte ...

ZOFAR Denn du bist der Höchste über die ganze Erde, HERR.

HIOB Denn du bist der Höchste über die ganze Erde, HERR.

Pause.

ELIFAS Meine Freunde, blickt auf, der Himmel öffnet sich.
Seht, wie groß seine Liebe zu uns ist,
denn er nannte uns Söhne Gottes.
Meine Teuersten, fürwahr wir sind Söhne Gottes:
Und der Himmel öffnet sich.

Sechstes Kapitel: Die Soldaten

I

Eine Gruppe bewaffnete Soldaten tritt auf, ihnen voran ein Offizier.

Offizier Im Namen des neuen Kaisers, des Kaisers des großen Rom und seiner Provinzen,
so spricht der Kaiser: Ich bin Gott. Das heißt, er, der Kaiser. Es gibt keinen Gott
außer dem Kaiser. Alle Gebete und Opfer zu anderen Göttern –
sind verboten. Religiöse Rituale im Tempel – verboten. Das Bild des neuen Gottes
wird jedes andere Bild ersetzen. Es gibt keine Priester, keine Leviten,
keine Rabbiner, keine Kantoren, keine Gemeindevorsteher. Der neue Gott
wird seine eigenen Vorsteher schicken.

Denn so spricht der Kaiser: Der Gott der Juden ist null und nichtig.
Jeder, der an ihn glaubt, leugnet Gott und rebelliert gegen das Reich.
Zur Stärkung des neuen Glaubens und damit die Sache klar ist:
Jeder, der an den Gott der Juden glaubt, bekommt einen Pfahl in den Arsch.

II

Offizier (*zu Elifas*) Du, komm her.

Elifas geht zu ihm.

Der Gott der Juden existiert oder nicht?

Pause. Zu den Soldaten.

Dieser Mann ist ein Rebell gegen das Reich.
Setzt ihn auf den Pfahl.

Bildad Werte Soldaten, warum zieht ihr
hastige Folgerungen wie diese aufgrund seines Schweigens,
das von der großen Aufregung anlässlich des Aufstiegs unseres neuen Kaisers herrührt,
zu dessen ergebensten Dienern wir alle zählen?

Offizier (*zeigt auf Elifas*)
Hat sich seine Aufregung gelegt? Wir warten auf eine Antwort.

Bildad Elifas, mein Freund, du erinnerst dich sicher, wie,
als wir vor einer Stunde hierherkamen und
das Ausmaß des Unglücks sahen, das über das Haupt unseres lieben Freundes Hiob hereingebrochen ist,
wie du zu mir gesagt hast: Eine Welt, die von solchem Leid überquillt, ist leer von Gott.

Pause.

Werte Soldaten, alle hier werden es bestätigen,
er sagte zu uns: Es gibt keinen Gott.

Offizier Wir wollen das aus seinem Mund hören.

Bildad (*zum Offizier, leise*)
Gehen wir zur Seite. Er wird sagen, was ihr wollt,
aber nicht in Gegenwart aller.

Offizier Das Bekenntnis ist öffentlich, das ist der Beschluss des Kaisers.

Bildad Elifas, mein Freund, die werten Soldaten möchten,
dass du deine Worte von vorhin wiederholst.

Pause. Umarmt Elifas.

Elifas, mein Freund, in deiner tiefgehenden Reflexion des Themas,
denk nicht nur an Hiobs tote Kinder, denk auch
an deine Kinder, sie leben. Denk auch an deine Felder, sie warten auf die Ernte.
Wunderbar steht das Getreide dieses Jahr auf unseren Feldern, nicht wahr? Denk an dein Haus,
denk an das Abendessen, ein wunderbares Abendessen als Abschluss eines arbeitsreichen Tages,
an die Hausschuhe und das Glas Wein, das Geplauder mit Freunden um den Tisch,
die schöne Gewohnheit unseres Lebens. Die Gewohnheit der Tage, der Jahreszeiten,
der Feiertage. Bist du dieses Jahr schon im Meer geschwommen? Hast du diesen Sommer deine Knochen schon
in der Sonne auf dem weichen Sand gewärmt? Elifas, mein Freund,
wirst du heute Abend das üppige Abendessen essen
oder wird die ganze Welt es essen – nur du nicht?!

Elifas (*weint mit ihm*) Erzähl mir mehr. Von den Kindern erzähl mir.

Bildad Wie für die Frucht am Baum, bist du der starke Stamm,
an dem die roten Herzen deiner Kinder hängen. Wird nicht

der grobe Pfahl, der dein Fleisch durchbrechen wird, auch ihr zartes Fleisch durchstechen?
Sie warten auf dich. Elifas, ich bin nun der Mund deiner Kinder,
der kleine und süße Mund, der in grenzenloser Unschuld angesichts des Grauens der Welt offensteht,
höre, wie dieser Mund kreischt: Wirst du dich von dem Pfahl aufspießen lassen?!

ELIFAS Ach, meine Kinder, kleine und süße Münder!

BILDAD Ach, Vater, höre das Wimmern, das
aus unseren kleinen, süßen Mündern bricht. Nicht wie die auf ewig
erstarrten Kinder Hiobs ist unser Körper warm, es ist noch nicht zu spät,
der letzte Schritt, von dem es kein Zurück mehr gibt, ist noch nicht gemacht,
lass uns nicht im Stich, Papa!

Für deinen Gott zu sterben, Papa, ist ein großes Opfer,
jetzt fordern wir von dir, ein größeres
Opfer zu bringen: für deine Kinder zu leben!

ELIFAS (*Weint noch ein wenig, wischt sich die Tränen ab.*)
Unter den Dingen, die du gesagt hast, Bildad, mein Freund, in so greifbarer Form,
berührte mein Herz die Forderung, ein Opfer zu bringen.
Nicht die Sonne, das Getreide, nicht das Abendessen, dessen Stunde zwar schon
näher zieht und kommt, das spüre ich am wachsenden Appetit,
sondern der Hilferuf meiner Lieben, dem ich nicht den Rücken kehren kann,
er allein brachte mich nach gründlichem Nachdenken zu der Schlussfolgerung,
die unvermeidlich ist:
(*Zum Offizier.*) Es gibt keinen Gott.

III

OFFIZIER (*zu Bildad*) Du. Komm her.
Bildad geht zu ihm.
Dein Gott existiert oder nicht?

BILDAD Nie habe ich meine Ansichten vor den Augen der Öffentlichkeit verborgen.

Ich bestand immer, und ich bestehe weiter, auf der Wichtigkeit der sozialen Ordnung und des Rechts.

Kein Zweifel, der naive Versuch, als Fundament der sozialen Ordnung
Gott im Himmel einzusetzen, war als historische Phase notwendig
in der Entwicklung der Menschheit. Gott war eine Sprosse auf der Leiter,
Mittel, um eine höhere Stufe zu erklimmen, dort ist der Kaiser.
Unglücklich sind die Menschen, die unterwegs steckengeblieben sind, auf einer der Stufen der Leiter;
glücklich sind diejenigen, die nach oben gelangt sind, an die Spitze der Leiter,
dort stehe jetzt auch ich, luge unter den Mantelschößen des Kaisers hervor
und rufe voller Dankbarkeit: Es gibt keinen Gott!

IV

OFFIZIER (*zu Zofar*) Du.

ZOFAR (*geht zu ihm*) Es gibt einen Gott …

OFFIZIER (*zu den Soldaten*) Setzt ihn …

ZOFAR … in meinem Arsch.

OFFIZIER Wen?

ZOFAR Gott.

Pause.

OFFIZIER Du verkomplizierst mir die Dinge ein wenig.
Zum einen behauptest du, es gebe einen Gott,
das heißt, du leugnest seine Existenz nicht. Zum anderen
bin ich nicht so blöd, zu denken, dass du wirklich an ihn glaubst,
wenn du ihn in den Arsch steckst. Zum dritten, wenn Gott
an jedem Ort existiert, ist klar, dass er auch im Arsch existiert, das heißt,
du glaubst doch an ihn. Zum vierten, wenn du an ihn glaubst,
gibt es schon keine anderen Orte mehr, um ihn darzustellen, als einen dreckigen Arsch?
Kurz: Entweder machst du dich über mich lustig oder du versuchst, einen Witz zu machen,
um die Gunst der Regierung zu gewinnen;

aber ich habe genaue Anweisungen, und ich brauche von dir eine einfache Antwort auf eine einfache Frage: Gott existiert oder nicht?

ZOFAR „Eine einfache Antwort auf eine einfache Frage", aah,
welch ein Sinn für unerschütterlichen militärischen Humor…

Klopft dem Offizier kumpelhaft auf die Schulter. Der Offizier schlägt ihn ins Gesicht. Zofar stürzt zu Boden, Blut fließt ihm aus der Nase. Er steht auf, versucht, weiter zu scherzen, um seine Ehre zu retten, verwarnt den Offizier spaßhaft mit dem Finger.

Ungezogen, was? Ungezogen…

Versucht wieder, dem Offizier auf die Schulter zu klopfen, jener schlägt ihm wieder ins Gesicht, Zofar stürzt zu Boden, steht auf, nähert sich dem Offizier, hält sich mühsam aufrecht, verwarnt ihn wieder spaßhaft mit dem Finger.

Hör zu, man könnte noch denken,
dass es zwischen uns eine Meinungsverschiedenheit gäbe…

Der Offizier schlägt ihn ein drittes Mal, streckt ihn zu Boden.

Freunde, was für eine Energie heute…

Der Offizier holt nach ihm aus, um ihn weiter zu schlagen. Zofar kann nicht mehr und bricht in bittere Tränen aus, während er schreit.

Es gibt keinen Gott! Es gibt keinen Gott!
Wir sehen doch alle, dass es keinen Gott gibt, nicht wahr?!

V

Der Offizier wendet sich mit seinen Soldaten zum Gehen. Plötzlich bemerkt er Hiob, der eingerollt auf dem Boden liegt. Er geht zu ihm hin.

OFFIZIER Du. Steh auf. Dein Gott existiert oder nicht?

HIOB Lieber Dummkopf, siehst du nicht, dass er
mich in seine Arme nimmt?

OFFIZIER (*zu den Soldaten*) Setzt ihn auf den Pfahl.

ZOFAR (*zu dem Offizier*) Vergeude nicht deine wertvolle Zeit
auf dieses menschliche Wrack.
Der Mann hat den Verstand verloren wegen eines schweren Unglücks –
er ist für seine Taten und Worte nicht verantwortlich.

OFFIZIER Spaßvogel, du hast eine Neigung, mehr zu reden, als nötig ist.
Und überhaupt, seit wann ist Wahnsinn eine Entschuldigung? Ein Verrückter

aus einem Dorf in der Nähe, der behauptet, Gottes Sohn zu sein,
hat schon zwölf Apostel. Also was? Sind sie auch
Verrückte? Und so soll die Armee des Kaisers auf ihrem Arsch sitzen
und die ganze Welt mit dem Argument gewähren lassen, dass dies ein Irrenhaus ist?

Und ich sage dir noch etwas in aller Offenheit: Meine Leute
dürsten nach Unterhaltung, sie haben heute noch kein Fleisch auf dem Pfahl gesehen;
und aus Sicht des Pfahls ist ein vernünftiger oder ein verrückter Arsch
ein und dasselbe.

ZOFAR Hiob, mein Freund, Zeit, die Augen zu öffnen.
Wir haben ein wenig geträumt, dass es Gott gibt,
jetzt wach auf, steh auf zu deinem Leid, zum Schmerz von gestern.

Belle, bell zum leeren Himmel,
bell wie vorher „Es gibt keinen Gott!“, denn nichts hat sich verändert,
und erinnere dich an den Tod, erinnere dich an die Armut,
erinnere dich, wie du dich auf der Erde umhergewälzt hast, an das Jucken,
und vor allem – erinnere dich an den Pfahl!

HIOB Aber mein treuer Freund Zofar, warum bist du
so aufgeregt? Was ist geschehen?
Sind jemandem seine vier Kinder gestorben und er weint?

Wisst ihr, dass von oben, aus dem Schoß Gottes,
ein Mensch, der weint, aussieht wie einer, der niest? Die Leichentücher –
wie Taschentücher? Die Trauer, die Freude – alle Bewegungen
sind einander ähnlich, und ziemlich lächerlich? Von oben, meine Freunde,
ist alles unterhaltsam.
Wer wird mich von meinem Vater trennen?
Wer wird mich herunterholen
aus dem Schoß Gottes?

OFFIZIER Er hat recht. Helft ihm, in den Schoß Gottes hinaufzusteigen auf dem Pfahl.

VI

Zofar holt Geld aus der Tasche, reicht es diskret dem Offizier.

ZOFAR Nimm fünfzig Denare und lass ihn frei.

OFFIZIER Du versuchst, die Armee zu kaufen … mit Groschen?

ZOFAR (*Steckt das Geld zurück in seine Tasche.*)
Ich meinerseits habe es versucht.

OFFIZIER Versuch es mit dem Doppelten. Vielleicht hast du Erfolg.

ZOFAR (*Schaut Elifas und Bildad an. Sie reagieren nicht.*)
Nein. Das ist mir nicht mehr wert
als fünfzig. Ich habe alles versucht, was ein Mensch
versucht. Mein Gewissen ist ruhig.

OFFIZIER (*zornig, zeigt auf Hiob*) Setzt ihn endlich auf den Pfahl!!

VII

Die Soldaten spreizen Hiobs Beine und bringen den Pfahl zu ihm.

UNTEROFFIZIER Habt ihr den Anus gefunden? Ja, im Zentrum. Schön.
Den Eingang zum Arsch, wie man so sagt,
findet auch der Blinde in einer mondlosen Nacht.

SOLDAT Unmöglich, sich im Geruch zu irren.

UNTEROFFIZIER Und jetzt einführen, hineinstecken, ja, so.

HIOB Aah! Der Arsch! Der Arsch! Oh, Gott!
Der Arsch, der Arsch! Gott, der Arsch!

OFFIZIER Das ganze Sein dieses Mannes
konzentriert sich jetzt im Arsch.
Alle Familienbande, der Trieb,
die Gefühle, die Ansichten und Überzeugungen
mischen sich in ihm zu einer formlosen Masse,
zu einem dichten Nebel, aus dem heraus, wie das Licht eines Leuchtturms,
der furchtbare Schmerz im Arsch flackert.

Mit dem Vordringen des Pfahls in die Bauchgegend
wird sich im Nebel auch der Schmerz im Arsch verlieren,
wird Platz machen für neue Brennpunkte des Seins.

HIOB Aah! Der Darm! Der Darm! Oh, Gott!
Der Darm! Der Darm! Gott, der Darm!

OFFIZIER Jetzt schleppt er, wie gesagt, Gott
aus dem Arsch in den Darm.

ZOFAR (*schreit*) Widerrufe Gott, Hiob!

Sag, dass es Gott nicht gibt!
Widerrufe Gott!

Die Soldaten richten den Pfahl, auf den Hiob gespießt ist, auf und stoßen sein Ende in die Erde.

HIOB Vater, sie tragen mich zu dir auf einer Eisenstange.
Auf Stangen und Kreuzen und Lanzen und Scheiterhaufen heben sie uns nach oben,
unsere Arme ausgebreitet, zu unserem Vater. Ich reise zu meinem Vater
auf einer Klinge reitend! Wie fürchterlich ist die Reise, aber wie groß die Gnade,
wie süß die Ruhe, die mich am Ende des Weges im Schoß meines Vaters erwartet!

Er verstummt.

VIII

Die drei Freunde stehen um Hiob auf dem Pfahl und blicken ihn an.

BILDAD Schaut, wie er mich ansieht. Seine leiderfüllten Augen
starren mich mit der Frechheit eines Menschen an, dem man etwas schuldet.
Was gibt's? Was habe ich getan und was schulde ich?
Und macht der Pfahl im Bauch dich plötzlich zu einem Gerechten?
Und was siehst du mich mit solchem Stolz von oben an,
von den Höhen des Pfahls? Der Gott, an den du glaubst,
liebt die Hochmütigen nicht. Der Gott, an den du glaubst,
liebt mich, den Nichtswürdigen, den Furchtsamen, den Geringeren als Gras, den Schlamm.
Ich bin der weiche menschliche Schlamm, aus dem man große Glaubenslehren formt.

Und säße ich dort an deiner Stelle
auf dem Pfahl und würde dich anstarren, was dann?
Würdest du meinen Platz einnehmen? Wenn ja, was ist der Unterschied?
Und was ist der Sinn? Und was würde sich dann in der Welt ändern? Und was stehe ich
überhaupt hier und rechtfertige mich? Jemand schuldet dir etwas?

Also verbanne schon dies Flehen um Erbarmen aus deinen
Augen!
Ich habe es dir bereits gesagt: Du bist du und ich – ich!
Hörst du? Du bist du und ich – ich!
Du bist du und ich – ich!

Schließ schon deine Augen! Oder richte sie auf den Himmel,
Aas! Such im Himmel deinen Vater,
schrei zum Himmel und wein' zum Himmel,
geh im Schoß Gottes weinen, denn hier auf Erden
hast du deine Hosen verloren!

Die drei Freunde gehen ab. Hiob ruft ihnen hinterher:

HIOB Lasst mich nicht allein mit Gott!
Meine Freunde, lasst mich nicht
allein mit Gott!

Siebtes Kapitel: Die Schausteller

I

Der Zirkusdirektor tritt auf.

Direktor Ist es nicht schade um diesen Menschen? Ist es nicht schade
um solch eine Vorführung, die ohne Publikum vergeudet wird?
Um all die potenziellen Eintrittskarten, die ohne Stimme schreien
wie die Seelen von Kindern, die nicht geboren wurden?
Und ich spreche noch nicht mal von dem pädagogischen Wert, den solch eine Vorführung
für eine Öffentlichkeit hat, die noch immer mit sich uneins ist, ob Gott existiert oder nicht.

Ich habe musikalische Zirkusse in den wichtigsten
Hauptstädten Europas geleitet.
Ich übertreibe nicht, wenn ich sage, ich habe Europa geleitet.
Ich habe eine Stripperin, ich habe Zwerge,
ich habe französische Küche, Getränke und Tanzmusik,
was mir fehlt, ist eben ein glühender Arsch auf einem Pfahl.

Fünfhundert Denare für die Kasse des Kaisers
im Tausch für die Konzession, diesen Mann zu einem Teil
meiner Zirkusvorstellung zu machen.

Offizier Würde der Kaiser selbst die Karten verkaufen,
würde der Kaiser mindestens Fünftausend einnehmen.

Direktor Wie? Machst du Witze? Den Teil mit dem Aufspießen auf den Pfahl,
mit dem Herunterlassen der Hosen und den Angstschreien und all der Demütigung und dem Gekicher,
der das saftigste Stück ist, haben wir schon verpasst.
Die Stange steckt tief im Bauch, ihm bleibt höchstens noch eine Stunde stillen Leidens;
wie viele Karten, denkst du, wirst du für eine Stunde
introvertierten Leidens verkaufen? Und wer interessiert sich heute dafür,
einen Menschen still leiden zu sehen? Das Publikum bezahlt bekanntermaßen
dafür, ein wenig Gesänge zu hören.

Offizier Dieser Mann wird noch sechs, sieben Stunden leben,
und mit Gesang vielleicht sogar bis zum Morgen.

DIREKTOR Wo ist der Gesang jetzt?

OFFIZIER Er ruht sich aus.

DIREKTOR Er ruht sich aus? Wirklich? Und jemand versichert mich gegen
eine plötzliche Blutung oder einen Schlaganfall, der jeden Moment eintreten kann?

OFFIZIER Eine Blutung in der Bauchhöhle – ja;
aber bis die Stange das Zwerchfell durchstößt,
wenn überhaupt, in Richtung des Herzens …

DIREKTOR Ich verstehe nicht viel von Anatomie.

OFFIZIER Dreißig Prozent der Ticketeinnahmen für den Zirkus, dreißig für den Kaiser.

DIREKTOR Und die übrigen vierzig?

OFFIZIER Ich bin auch nur ein Mensch.

DIREKTOR Wenn das so ist, vierzig für den Zirkus, vierzig für den Kaiser,
und die restlichen zwanzig für den Menschen.

OFFIZIER Nicht weniger als vierzig für den Menschen.

DIREKTOR Hör zu, wir sind alle Menschen.

OFFIZIER Ich verstehe nicht viel von Philosophie.

DIREKTOR Genug, fünfzig Prozent für den Zirkus, fünfzig für den Menschen.

OFFIZIER Und für den Kaiser?

DIREKTOR Der Kaiser spekuliert nicht mit Ärschen.

OFFIZIER Du hast recht.

Sie schlagen ein.

DIREKTOR (*Wendet sich zum Publikum.*)
Verehrtes Publikum, seht, die Sonne ist untergegangen, zu Ende
ist ein weiterer arbeitsreicher Tag des Handels,
jetzt, auf eurem Weg nach Hause zur Suppe und den Kartoffeln,
vergesst nicht, eine kleine Kartoffel der Seele hinzuwerfen.

Habt ihr die Läden heruntergelassen? Das Licht ausgemacht?
Das Geschäft abgeschlossen? –
Meine Damen und Herren, fünf Minuten für die Kunst!

II

Die Artisten des Zirkus treten auf und bilden einen Kreis um Hiob. Unter ihnen ein Zwerg und eine Stripperin. Der Zwerg umwirbt die Stripperin und singt.

ZWERG Einst, im Alter von drei Jahren,
eine so wunderbare Zeit,
hielt niemand mich für klein
und niemand nannte mich Zwerg.
Uns gemeinsam war die Zukunft,
wir waren beide gleich und gleich,
viel Glück lachte dir am Horizont,
und auch mir – ein ähnliches Glück.

Aber du bist gewachsen und ließest mich weit, weit zurück.
Heute reicht dein Gesicht an den Himmel, und meins reicht
dir ans Loch.

Nenn mich nicht Zwerg,
Nenn mich ewiges Kind,
denn mein Herz ist zu allem bereit,
weiter tobt mir die Glut im Blute,
so voller Gefühl, so voll Zärtlichkeit,
und vielleicht hörst du es gern, ich hab auch eine lange Rute.

STRIPPERIN Ich bin einige gute Jahre in Afrika gewesen,
und ich weiß, was lang ist. Ich weiß auch,
was hart ist. Mein Loch, wenn man das so sagen kann,
ist schon an die Maße Afrikas angepasst,
ich werde nicht Nudeln hineinfädeln.
Fürwahr, meine Herren, das ist das wichtigste Ergebnis
des Lebens in Afrika.

ZWERG Beurteile uns nicht nach dem Maßstab Afrikas.
Wir leben in Asien. Beurteile uns gemäß Asien.

Die Stripperin tanzt und zieht sich vor den Augen des Zwergs aus. Wenn sie nackt ist, prüft sie seinen erigierten Penis.

STRIPPERIN Nun also, auch nach dem beklagenswerten Maßstab Asiens,
widerlege ich doch hiermit die gängige Behauptung,
euch habe die Natur in Form des Gegensatzes geschaffen:
kurzer Körper mit langem Schwanz. Nein, die Natur
schlug euch bis zum Ende: kurzer Körper und kurzer Schwanz
und kurzes Leben. Und was ist bei euch trotz allem lang?
Das Leid, natürlich. Euer Leid ist extralang und hart.

Sie schaut Hiob an, lässt ihren Blick über den Pfahl gleiten.

Hier sehe ich allerdings etwas Langes, das mir passen könnte
auch nach dem Maßstab Afrikas.

Die Stripperin spreizt ihre Beine, presst ihre Genitalien gegen den Pfahl, reibt sich und stöhnt aus Lust, wie in Reaktion auf Hiobs Stöhnen aus Leiden, der über ihr mit gespreizten Beinen aufgespießt ist. Ihr Zappeln und Stöhnen erinnert dem Anschein nach an Sex, bei dem der Pfahl sozusagen als Penis des Mannes fungiert.

HIOB (*leidend*) Papa ... Papa ...

STRIPPERIN (*lustvoll*) Mami ... Mami ...

Und sie singt, während sie sich an der Stange reibt.

Zwischen den Beinen hab ich ein schwarzes Loch,
zwischen den Beinen hab ich ein schwarzes Loch,
wer stopft mir das Loch,
wer bringt dort etwas Licht hinein,
wer dringt von vorne in mich ein,
bis hinten er herauskommt noch.
Zwischen den Beinen hab ich ein schwarzes Loch ...

ZWERG (*onaniert und singt*)

Nenn mich nicht Zwerg ...

Und beide Lieder verschmelzen in der Bewegung und einem großen Aufschrei.

III

Der Pfahl dringt in Hiobs Lunge ein. Es fällt ihm schwer zu atmen.

HIOB Aah! Luft! Oh, Gott!
Luft! Luft!

DIREKTOR Was steht ihr da wie angewurzelt?!
Ist in euch kein Funken Menschlichkeit?!
Gebt ihm Wasser – noch ein wenig müssen wir
seine Todesqualen verlängern,
eine Menge Publikum drängt sich noch an den Eingängen!

OFFIZIER Zu spät. Der Pfahl hat das Zwerchfell durchstoßen
und ist in die Lunge eingedrungen.

HIOB Es gibt keinen Gott –
Holt mich von dem Pfahl herunter! Es gibt keinen Gott!

OFFIZIER Allzu spät, Freund. Der Tod
hat in dir Wurzeln geschlagen. Geh
mit dem Tod!

HIOB Luft ... Es gibt keinen Gott ...
Ich schwöre euch, es gibt keinen Gott!!!

OFFIZIER Schade. Zum selben Preis hättest du
als ein Mann mit Prinzipien sterben können.

HIOB Holt mich von dem Pfahl herunter!
Es gibt keinen Gott – und das ist endgültig!

IV

Zwei Clowns steigen auf Leitern an Hiobs beiden Seiten, sie schminken und schmücken ihn als Clown.

PATHETISCHER CLOWN „Das ist endgültig", hat er gesagt, und da ist niemand, der ihn daran erinnern wird,
wie viele Dinge er in seinem Leben bereits für endgültig erklärte.

Denn was ist ein Mensch? Hier habt ihr einen Menschen:
Einmal sagte er, es gibt einen Gott, und einmal bellte er, es gibt keinen Gott,
einmal weinte er, meine Kinder meine Kinder, einmal brüllte er, der Arsch der Arsch,
am Abend hatte er gebratene Tauben im Mund, mit der Morgendämmerung eine Eisenstange in seinem Hintern,
der, der sang, jetzt weint er, bald wird er schweigen.

Also was ist ein Mensch? Ist er, was er gestern sagte,
oder was er jetzt weint, oder was er im nächsten Moment schweigen wird?
Ist er seine Erinnerungen, ist er seine Hoffnungen,
ist er, was er tut, ist er, was man ihm tut,
ist er der letzte Schrei, den er auf seinem Totenbett ausstößt,
oder der erste Schrei zwischen den Beinen seiner Gebärerin?
Ist er all das schreckliche, lächerliche Durcheinander
zwischen diesen beiden Schreien?
Wenn dem so ist, wo ist der Faden, der alles verbindet,
wo ist der Faden, und was ist hier der Sinn?

Also was ist ein Mensch? Und was ist ein Leben?
Und der Faden, meine Herrschaften, die Hauptsache: Wo ist der Faden?

ZYNISCHER CLOWN „Was ist ein Mensch? Was ist ein Leben?"
Was ist eine Fliege? Was sind Hämorrhoiden?

Was kümmert's uns, wo der Faden ist?
Was kümmert's uns, was ein Mensch ist?
Was kümmert uns, zum Teufel, die ganze Welt?!

Meine Damen und Herren, Sie sehen jetzt
einen Menschen vom Dach eines hohen Gebäudes fallen.
Seine Arme sind zu den Seiten ausgestreckt, er überschlägt sich in der Luft,
sein brechender Schrei hallt im Raum wider,
und so, ein wenig zurückweichend, damit das Blut nicht auf eure Kleidung spritzt,
steht ihr und blickt gebannt auf den Fall,
auf euren Gesichtern eine Mischung aus Lust und Grauen
erwartend den endgültigen und unwiederbringlichen Augenblick, in dem der Körper auf dem Boden aufschlagen wird.

Fragt nicht nach einer Bedeutung des Sturzes, nach Lehre oder Sinn,
betrachtet einfach das Schauspiel: Ein Mensch fällt, und bald wird er sterben.

V

Hiob gibt sein Todesröcheln von sich.

DIREKTOR (*zu Hiob*)
Du wirst mich nicht mittendrin verlassen, nicht wahr?
Du scheinst mir vernünftig, du bist das Brot meiner Kinder
für morgen. Hör, wie sie mich rufen, Papa … Papa …
Du wirst vom Mund meiner Kinder nicht einen Bissen Brot rauben, nicht wahr?

OFFIZIER Zu spät. Das ist der Tod.

DIREKTOR Er hält leicht noch eine Stunde durch.

OFFIZIER Ich sage dir nicht, wie man Elefanten dressiert,
du sagst mir nicht, wie man Tote riecht.
Zehn Jahre lebe ich schon so, dass mir der Tod, wie ein kleiner Affe,
auf der Schulter sitzt und mich am Ohr zupft.
Meine Herrschaften, das ist der Tod.
Streckt seine Hand nach dem Geld aus. Der Direktor gibt ihm seinen Teil.

Hiob Der Tod? Der Tod höchstselbst? Das also ist der berühmte Moment,
von dem ich so viel gehört habe? Er ist gekommen?

Der Offizier und die Soldaten gehen ab. Der Direktor versucht, Hiob zu beschäftigen und nicht zuzulassen, dass er in seinem Tod versinkt.

Direktor He! Mensch! Was denkst du jetzt?
Gibt es einen Gott? Sieht man dort etwas? Gibt es ihn? Oder einfach
ein schwarzes Loch, angepasst an den Maßstab Afrikas?
Ah? Mensch, erzähl es uns! Erzähl es uns! Erzähl es uns!

Er schlägt verzweifelt auf ihn ein.

Pathetischer Clown Dieser Mann befindet sich jetzt weit über uns.
Er weiß bereits etwas, das wir nicht wissen.

Aber er wird nichts sagen. Er weilt jetzt schon
in schwindelerregender Höhe, in der man niemanden mehr kennt, alle Ebenen
und Anhöhen liegen hinter ihm, die Geschichte seines Lebens und seiner Taten, die Menschen und die Dinge,
welche ihn an die Welt fesselten, alle sind von ihm getrennt,
sogar seines Vaters starke Arme haben ihn schließlich losgelassen, er ließ sie
weit unter sich, jetzt ist er nur allein, allein, gehüllt wie ein Hohepriester
in das einfache Hemd des Geheimnisses seines Todes, in das, kommt der Tag, jeder zu seiner Zeit,
auch wir uns hüllen werden.

Hiob (*mit letzter Kraft, flüsternd*)
Was ist ein Mensch auf einem Pfahl?
Ein Mensch auf einem Pfahl ist ein fertiger Mensch, ein verlorener.
Eine schrecklichere Verzweiflung lässt sich nicht beschreiben;
aus solcher Finsternis kann sich der Horizont nur aufhellen.

Kotze und Blut quellen aus seinem Mund hervor. Er stirbt.

Direktor (*wütend*) „Sich aufhellen"! Hättest du nicht noch eine Stunde leben können?!
„Sich aufhellen"! Pfui!

Spuckt auf Hiobs Leiche. Der Zirkus und das Publikum zerstreuen sich und gehen ab.

Achtes Kapitel: Die Toten

I

Der bettlerigste Bettler der Bettler aller Bettler tritt ein. Er leckt Hiobs Kotze auf.

BETTLER Wie ich bereits sagte: Mit ein wenig Geduld
wird doch schließlich jemand kotzen. Ja, irgendwie lebt man.
Es gibt einen Gott.
Pa-ra-pim-pim-pim, Pa-ra-pim-pim-pim,
Er geht ab.

II

Die Toten singen.

DIE TOTEN Doch es gibt Erbarmen in der Welt.
Eines Tages werden wir ruhen.

Denn so ruhen die Toten,
schweigend und voller Geduld.

Über dem Fleisch wird wachsen Gras
der Schrei vergehen im Wind.

Doch es gibt Erbarmen in der Welt.
Eines Tages werden wir ruhen.

Ende

Ruby Moscovitz, Rosina Cambos, Odelia More-Matalon, Tamar Keenan, Ohad Shachar, Gilat Ankori, Avi Grayinik, Esti Kosovitzki, Udi Rothschild, und Motti Katz (v.l.) in Hanoch Levin: אורזי מזוודות / *Die Kofferpacker*. Premiere: 21.07.2011, Cameri-Theater, Tel Aviv, Israel, Regie: Udi Ben Moshe.

Hanoch Levin

Die Kofferpacker

Komödie mit acht Beerdigungen

Aus dem Hebräischen von Matthias Naumann

Figuren

Schabtai Schuster
Bianca, seine Frau
Nina, ihre Tochter
Bella, ihre Tochter
Henia Gelernter
Elchanan, ihr Sohn
Zvi, ihr verstorbener Ehemann
Munia Globtschik
Lola, seine Frau
Sigi, ihr Sohn
Bobe, Munias Mutter
Bruno Hofstatter
Tzila, seine Frau
Amatzia, ihr Sohn
Motke Tz'chori
Tzipora, seine Frau
Avner Tz'chori, sein Bruder, bucklig
Angela Hopkins, junge amerikanische Touristin
Alberto Pinkus
Elischa Hooker
Alfons Chusli
Prostituierte
Bestatter 1
Bestatter 2
Strassenkehrer
Zwei Sanitäter
Zwei Chassidim

Bild 1

Haus der Familie Schuster. Schabtai Schuster geht langsam im Schlafanzug auf und ab mit einer Zeitung in der Hand, gefolgt von seiner Frau Bianca mit seinen Töchtern Bella und Nina.

BELLA Der kranke Papa geht zur Toilette. Vier Tage hat er nicht gemacht, vielleicht wird er jetzt machen.

SCHABTAI Ich bin schwer.

BIANCA Er ist schwer, oje, schwer.

SCHABTAI Alle haben mich betrogen.

BIANCA Du hast eine Frau und zwei Töchter, Schabtai.

SCHABTAI Man hat mich betrogen, sage ich. Ich bin schwer und betrogen.

Er fällt auf die Knie, Bianca eilt herbei, um ihm aufzuhelfen, er schiebt sie mit einer Handbewegung weg.

BELLA Papa betet.

SCHABTAI Gott. (*Pause.*) Lass es gelingen. (*Pause.*) Amen.

Er steht auf, dreht sich zu seiner Frau und seinen Töchtern um. Bianca geht zu ihm und küsst ihn.

BIANCA Mein Mann.

Bella geht zu ihm und küsst ihn.

BELLA Mut.

Nina legt ihre Hände um seinen Hals.

NINA Lebensfreude. (*Hängt sich an ihn.*)

BELLA Papa ist schwer, Nina.

Nina löst sich von ihm. Schabtai hebt seine Hand mit der Zeitung zum Abschied.

SCHABTAI In meiner Jugend habe ich gemacht. Ay, ich habe gemacht und gemacht. Lebt wohl, alle zusammen. Die Jugend, die Jugend. (*Er beginnt, ganz langsam hinauszugehen.*)

BIANCA In seiner Jugend hat er gemacht, ich bin Zeugin. Ihr wart noch klein, aber er hat gemacht. (*Schabtai entfernt sich.*) Oh Schabtai.

BELLA Wir glauben dir, Papa. Wir waren noch klein, aber wir glauben dir.

Schabtai geht ab. Sigis Stimme von draußen.

SIGI Nina! Bist du fertig?

NINA Ich gehe mit Sigi.

Bianca Willst du nicht warten, bis Papa rauskommt?

Nina Wir sind verabredet.

Bella Fürs Kino, was? Fürs Kino!

Nina Für einen traurigen Film, ich werde heute Abend nicht lachen.

Bianca Nicht zu spät. (*Nina geht ab. Bella weint.*) Nicht jetzt, Bella. (*Bella weint weiter.*) Papa kommt bald raus, soll er mit ansehen, wie du weinst?

Bella Ich will auch, Mama. Will auch.

Bianca (*trocknet ihr das Gesicht ab*) Dein Tag wird kommen.

Bella Ich will auch, will auch.

Bianca Wirst du. Wirst du.

Schabtai kommt herein, die Zeitung in seiner Hand, schleppt sich langsam dahin, bleibt vor Bianca und Bella stehen. Bianca wirft ihm einen fragenden Blick zu.

Schabtai Nichts.

Bianca Nicht einmal…?

Schabtai Nicht einmal. Das schadet dem Herzen, das schadet dem Herzen.

Bianca Hat dir die Zeitung gefallen?

Schabtai lässt die Zeitung fallen, geht langsam weiter, geht ab.

Bella Papa liest nicht mehr die Zeitung, er ist jetzt ganz auf eine Sache konzentriert.

Bianca Wie er in der Zeitung las und für mich die Politik analysierte. Stundenlang. Ihr erinnert euch nicht, aber ich kann es bezeugen.

Schabtai tritt ein, nimmt ihr die Zeitung aus der Hand, geht weiter in Richtung Toilette.

Bianca Kommt was?

Schabtai Ich verspreche nichts. (*Geht ab.*)

Bianca Mein Mann, ich werde es bezeugen! (*Zu Bella.*) Sieh dir Papa an, er versucht und versucht und versucht, er gibt nicht auf. (*Bella weint.*) Ay, Dummchen. Er wird machen, und du wirst bekommen, was du willst, wirst schon sehen.

Bild 2

Küche im Haus der Familie Gelernter. Elchanan, ein großer und dicker junger Mann, kommt im Schlafanzug herein und trinkt Wasser. Seine Mutter Henia tritt ein.

HENIA Elchanan, was stehst du nachts auf und trinkst wie ein Pferd?

ELCHANAN Ich hatte einen schlimmen Traum.

HENIA Träume nicht, heirate. (*Geht ab.*)

ELCHANAN (*zu sich*) Von einer Frau träume ich doch jede Nacht. Ein Traum in Grau, aber voller Leidenschaft. Voller Leidenschaft. Und das macht mich durstig. (*Trinkt.*) Jetzt bin ich vollgepumpt.

Henia tritt ein.

HENIA Ich möchte kotzen. Ich habe Angst um mein Herz.

ELCHANAN Das Herz wurde geschaffen, um uns zu dienen.

HENIA Meins nicht.

Sie geht ab. Nina und Sigi treten auf der anderen Straßenseite auf, sie bleiben vor Ninas Haustür stehen, küssen sich.

NINA Papa hat vier Tage nicht gemacht.

SIGI Oma hat eine Lungenentzündung.

NINA Gute Nacht.

Sigi fasst ihr an die Brust.

SIGI Ich warte auf eine Antwort. Sag deinem Vater, mit dem Ei... Ei... Ei... Einkommen wird es schon klappen.

Nina geht ab. Sigi geht in die andere Richtung ab. Elchanan trinkt.

ELCHANAN In die Schweiz!

Er isst Brot und Wurst. Henia tritt ein.

HENIA Du bist jung, da hat man Appetit. Mir ist nur noch übel.

ELCHANAN Was hast du auf Hochzeiten gegessen, Alte?

HENIA Wer hat gegessen! Wer hat geschlafen! Wer hat sich jemals amüsiert!

Sie geht ab. Elchanan isst.

ELCHANAN In die Schweiz!

Er geht ab. Henia tritt ein.

HENIA Ich kann nicht kotzen. Tolle Zeiten. Was verlange ich denn schon? Zu Tanzen? Eine Villa zu kaufen? Kotzen möchte ich. (*Isst Brot.*) So. Damit da was ist. Viel. (*Elchanan kommt in Straßenkleidung herein, einen Koffer in der Hand.*) Wohin?

Elchanan Schweiz.

Henia In der Nacht?

Elchanan Man wartet auf mich.

Henia Man ist jung, was? Das Blut fließt gut, was? Man lässt mich allein.

Elchanan Ich werde schreiben.

Henia Du wirst nicht schreiben.

Elchanan Ich werde doch schreiben.

Henia Es reicht. (*Wendet sich zum Gehen.*)

Elchanan Und der Abschied?

Henia bleibt stehen, Elchanan umarmt sie.

Henia Drück mich ganz fest, prima, damit ich kotze. (*Elchanan lässt sie los. Wendet sich zum Gehen.*) Ja ja, und ich werde hier inzwischen mal sterben.

Elchanan Auch ich könnte sterben.

Henia Du wirst nicht sterben, du bist ein Pferd.

Sie geht ab, Elchanan geht in die andere Richtung ab.

Bild 3

Nacht. Bushaltestelle. Elchanan tritt mit einem Koffer auf, aus der anderen Richtung erscheint Amatzia, ebenfalls mit einem Koffer.

Amatzia Hallo, Elchanan.

Elchanan Amatzia?

Amatzia Ja.

Elchanan Bist du nicht in Amerika?

Amatzia Ich bin zu Besuch. Meine Eltern sind alt und ich will ihnen meine amerikanische Verlobte vorstellen.

Elchanan Wo ist sie?

Amatzia Sie kommt nächste Woche. Und du?

Elchanan Ich?

Amatzia Das heißt, wohin?

Elchanan So, um frische Luft zu schnappen.

Amatzia Ins Ausland?

Elchanan Warum nicht. Was hältst du von der Schweiz?

Amatzia Was kann ich über die Schweiz sagen? Müsstest du nicht irgendwann mal heiraten? Eine Studentin?

ELCHANAN Sie ist in die Schweiz gefahren. (*Amatzia wird ohnmächtig.*) Amatzia! Amatzia! (*Amatzia wacht wieder auf.*)

AMATZIA Entschuldige. Ich bin erschöpft von der Reise. Vielleicht bin ich aufgeregt. Und vielleicht bin ich krank.

Eine Prostituierte tritt auf, steht etwas entfernt, sieht sie an.

ELCHANAN Du bist blass.

Die Prostituierte kommt näher.

PROSTITUIERTE Beide zusammen für 150.

Amatzia nimmt seinen Koffer.

AMATZIA Ich gehe. Meine alten Eltern erwarten mich zu Hause.

ELCHANAN Grüß sie von mir.

AMATZIA Mach's gut, Elchanan. Auf Wiedersehen. Mach dir eine schöne Zeit.

ELCHANAN Hab einen erholsamen Urlaub.

Amatzia geht ab. Die Prostituierte nähert sich Elchanan.

PROSTITUIERTE Süßer.

ELCHANAN Ich bin auf dem Weg in die Schweiz.

PROSTITUIERTE Solche soll's geben. (*Zeigt ihm eine Brust.*)

ELCHANAN Und ich muss mir meine Frische bewahren. (*Die Prostituierte hebt ihr Kleid hoch.*) Ich habe einen langen Weg vor mir. (*Die Prostituierte wiegt ihre Schenkel. Er geht vor ihr auf die Knie.*) Und ich möchte meine Kräfte nicht bei dir lassen. (*Er berührt ihre Schenkel.*) Schmutziges Fleisch. (*Die Prostituierte gibt ihm eine Ohrfeige.*) Hure.

PROSTITUIERTE Komm! Schweiz! Leck mich! Hundert!

Pause. Sie geht ab. Elchanan folgt ihr.

Bild 4

Morgendämmerung an der Bushaltestelle. Zwei Chassidim, die gerade aufgestanden sind, eilen aufgeregt zur Synagoge, dabei murmelnd.

CHASSIDIM Ich danke Dir, König, Lebender und immer Bestehender, dass Du mir in Barmherzigkeit meine Seele wiedergegeben hast, groß ist Deine Treue.[1]

1 Anm. d. Übers.: Die Chassidim sprechen den Anfang des Morgengebets Modeh Ani („Ich danke"). Die deutsche Übersetzung folgt dem zweisprachigen *Siddur Schma Kolenu*, aus d. Hebr. v. Raw Joseph Scheuer. Basel: Morascha 2018. Ich danke Carolin Heymann.

Die alte Bobe Globtschik tritt auf, sie trägt ein Nachthemd, darüber einen Mantel und in der Hand einen kleinen Koffer, hinter ihr gehen ihr Sohn Munia, seine Frau Lola und ihr Sohn Sigi.

LOLA Oma fährt ins Sanatorium für Lungenkranke. Sie wird klare Luft atmen, gesund werden und wohlbehalten zurückkommen.

Bobe bleibt stehen. Pause. Dreht sich um. Beginnt, den Weg zurückzugehen, den sie gekommen ist. Munia versperrt ihr den Weg.

MUNIA Nein, Mama, in diese Richtung. (*Bobe bleibt einen Moment stehen, versucht, wieder zurückzugehen. Munia versperrt ihr den Weg.*) Nein, Mama, in diese Richtung, dorthin.

LOLA Oma wird gesund werden und zurückkommen.

SIGI O… O… O… Oma…

MUNIA Was sagst du?

LOLA Er sagt nichts. Dir sollte klar sein, dass wir sie deinetwegen wegschicken, Sigi. Ein freies Zimmer wird gebraucht für den Fall, dass du heiratest.

SIGI O… O…

LOLA Wir haben es gehört. Ich gehe hoch, Frühstück machen. Komm, Sigi.

Lola und Sigi gehen ab.

MUNIA (*zu Bobe*) Das Wichtigste ist, dass du nicht sauer bist. (*Kitzelt sie unterm Kinn.*) Richtig? (*Kitzelt sie in der Achselhöhle.*) Na, Mama? Ein bisschen lachen? Ein neuer Tag? Na? Licht? Morgen? Man fährt zur Kur? Um sich auszuruhen? Während ich arbeite wie ein Pferd, ruhst du dich aus? Auf meine Kosten? Sich ausruhen? He, Mamilein? Man lacht? Amüsiert sich? Das Leben ist ein Witz, Mamilein? Aber ein Witz, der Geld kostet, viel Geld, he?! Viel Geld! Der Bus kommt. (*Bringt sie zum Bus.*) Samstag kommen wir zu Besuch.

Er küsst sie auf die Stirn. Bobe geht ab. Munia blickt ihr einen Moment hinterher, dann geht auch er ab. Pause. Bobe kommt mit dem Koffer zurück, geht ganz langsam in Richtung Haus. Munia kommt auf einmal herein, versperrt ihr den Weg.

Man haut ab, Mama?! Man spuckt mir ins Gesicht?! (*Ein Straßenkehrer kommt mit einem Müllwagen vorbei.*) In den Müll! Hey, Straßenkehrer, wirf diesen Abfall in den Müll!

(*Der Straßenkehrer geht mit seinem Wagen zu Bobe, hebt sie hoch, legt sie in den Wagen.*) Hopp, in den Müll!

STRASSENKEHRER Ihre Mutter? (*Hebt sie hoch, nimmt sie wieder aus dem Wagen heraus.*) Na, da wir haben ein bisschen gelacht. Keine Zeit, der Müll, der Müll. (*Geht mit seinem Wagen ab.*)

MUNIA Der zweite Bus kommt. (*Bringt sie zum Bus. Umarmt sie.*) Mama! (*Weint. Löst sich von ihr.*) So, der Bus fährt ab. Lebwohl.

Bobe geht zum Bus. Munia winkt ihr mit der Hand. Hört auf. Bricht wieder in Tränen aus.

Mama, du warst die Letzte, die zwischen mir und dem Tod gestanden hat. Mama, Mama.

Lola und Sigi treten auf.

LOLA Das Ei wird kalt.

SIGI Ich habe keinen Ap... Ap... Ap... Appetit.

LOLA Haben wir gehört. Komm, Munia.

MUNIA Ihr seid Zeugen, dass man essen muss.

LOLA Na, kommt schon, Schweinchen. Sich mästen. Bei Lola stinken.

MUNIA Meine ewige Lola.

LOLA Glaub mir, dass ich ewig bin.

SIGI Nichts kl... kl... klarer als d... d... d... das.

Sie gehen ab.

Bild 5

Gegen Abend. Ein Bestatter tritt auf, zieht langsam einen Leichenkarren, auf dem die Leiche von Schabtai Schuster liegt. Hinter dem Leichenkarren gehen Bianca, Bella, Nina, Munia, Lola, Sigi, Bruno und Tzila Hofstatter, die Eltern von Amatzia, Amatzia, Elchanan, Henia, Alberto Pinkus, Avner Tz'chori der Bucklige, sein untersetzter, dicker Bruder Motke Tz'chori und dessen dicke Frau Tzipora. Der Trauerzug hält vor dem Haus der Schusters an. Pinkus stellt sich vor alle, bereit, die Trauerrede zu halten.

LOLA (*zu Munia, flüsternd*) Man sagt, er hat bis zum letzten Tag nicht machen können. (*Zu Tzila, flüsternd.*) Er hat nicht machen können bis zum letzten Tag, so sagt man.

TZILA (*zu Tzipora, flüsternd*) Wie viele Tage ging das so? (*Zu Lola, flüsternd.*) Er hat bis zum letzten Tag nicht machen können.

TZIPORA (*flüsternd*) Wie viele Tage ging das so?

Lola (*zu Tzila und Tzipora, flüsternd*) Mehr als eine Woche.

Alberto (*hält seine Rede*) Lieber Schabtai Schuster. Heute nehmen wir von dir Abschied.

Lange Pause.

Munia Sprich weiter.

Bianca Warum spricht er nicht weiter?

Alberto Ich bin fertig.

Bestatter (*singt*) Gerechtigkeit wird vor ihm hergehen …

Er zieht den Leichenkarren und geht ab. Alle nach ihm ab außer Avner Tz'chori. Er steht da, blickt ihnen hinterher. Bella kommt eilig herein.

Bella Ich habe dir gesagt, du sollst aufhören, mir nachzulaufen.

Avner Ich bin zur Beerdigung gekommen.

Bella Pfui! (*Geht ab.*)

Avner (*zu sich*) Eine kleine Zugabe auf dem Rücken hat mein Leben zerstört. Es ist kein Mangel, der meines Schicksals Himmel verdunkelt hat, sondern vielmehr ein kleiner Vorsprung.

Motke tritt auf.

Motke Was ist los?

Avner Ich gehe zurück nach Hause.

Motke Was nagt an dir? Warum bist du so unruhig?

Avner Ich bin ruhig und blass.

Motke Pass auf, Avner, spiel nicht mit deiner Blässe.

Tzipora tritt auf. Sie ist schwanger.

Tzipora Was ist los? Wir verpassen die Beerdigung.

Motke Er spielt mit seiner Blässe.

Tzipora Gott weiß nicht, wem er Gesundheit geben soll.

Avner Ich bin nicht gesund.

Tzipora Wir haben es gehört. Vierzig Jahre alt – und lebendig.

Motke Beruhige dich und verhalte dich entsprechend. Du bist mein Bruder, schau mich an und beruhige dich.

Avner Kann ich kurz mit dir allein sprechen?

Motke Meine Frau bin ich, ich bin meine Frau.

Avner Gut. (*Pause.*) Ich werde mir ein Zimmer suchen und alleine wohnen.

Motke Wann immer du willst.

Avner Denn bald bekommt ihr doch auch …

Motke Wann immer du willst.

Avner Das ist alles.

Tzipora Die Beerdigung, Motke.

Motke und Tzipora wenden sich zum Gehen. Motke bleibt stehen, dreht sich zu Avner.

Motke Schau mich an und beruhige dich.

Geht Arm in Arm mit Tzipora ab. Von der anderen Seite tritt eine Prostituierte auf, schaut aus einiger Entfernung herüber.

Prostituierte Ist jemand gestorben?

Avner Ein Nachbar.

Prostituierte Ein Wurm wird heute Nacht an ihm lutschen, möge er in Frieden ruhen. Was ist mit dir?

Avner (*Holt einen Geldschein aus seinem Portemonnaie, schließt die Augen.*) Vergebt mir. Vergebt mir. Vergebt mir.

Er geht der Prostituierten nach. Beide gehen ab.

Bild 6

Haus der Hofstatters. Nacht. Amatzia tritt im Schlafanzug auf, gefolgt von Bruno.

Bruno Wo ist sie, Amatzia? Eine Woche ist vergangen, zwei Wochen sind vergangen.

Amatzia Sie muss jeden Tag kommen.

Bruno Was stehst du am Fenster? Bevor sie ankommt, wird sie ein Telegramm schicken.

Amatzia Ich schnappe etwas Luft.

Bruno (*Legt ihm eine Hand auf die Schulter.*) Du musst dich untersuchen lassen, Amatzia.

Amatzia Wenn die Schwindelanfälle bis Ende der Woche nicht weggehen, lasse ich mich untersuchen.

Bruno Mutter und ich haben ein bisschen was gespart. Wir haben beschlossen, es euch für die Wohnung zu geben.

Amatzia Sie hat ihre eigene. Wir werden in Amerika leben. Ich habe euch doch gesagt, dass ich nur zu Besuch bin.

Bruno Ich dachte, du würdest es dir anders überlegen.

AMATZIA Es ist so klein hier, Papa. In Amerika mache ich ein Geschäft auf.

BRUNO Ein Geschäft für was?

AMATZIA Weiß ich noch nicht. Ich möchte ein bisschen allein am Fenster stehen, Papa.

BRUNO Gute Nacht.

Er geht ab. Elchanan kommt die Straße herunter, sieht Amatzia am Fenster, bleibt vor ihm stehen.

ELCHANAN Krank oder bereit zum Schlafengehen?

AMATZIA Krank, wenn ich mich nicht irre.

ELCHANAN Die Schwindelanfälle?

AMATZIA Gerade, als ich zu Besuch kam.

ELCHANAN Und die Amerikanerin?

AMATZIA Verspätet sich ein wenig.

Pause.

ELCHANAN Sag, Amatzia, ist sie schön?

AMATZIA Ja.

ELCHANAN Blond?

AMATZIA Ja.

ELCHANAN Ist sie vielleicht auch gut situiert?

AMATZIA Ja.

Pause.

ELCHANAN Sag, soll ich in die Schweiz fahren?

AMATZIA Warum nicht.

ELCHANAN Es ist schön dort, oder?

AMATZIA Ja.

ELCHANAN Aber außer, dass es schön ist, soll ich?

AMATZIA Du meinst, dort leben?

ELCHANAN Vielleicht.

AMATZIA Deine Studentin ist dorthin gefahren, oder? Du kannst sie fragen.

ELCHANAN Soll ich zu ihr fahren?

AMATZIA Warum nicht?

ELCHANAN Wozu?

AMATZIA Ich weiß nicht.

Elchanan Ich auch nicht. An Frauen denken, war schon immer mein Hobby. Das ist einfach und nicht so gefährlich, wie wirklich mit Frauen zu tun zu haben.

Amatzia Aber wenn du sie liebst …

Elchanan Ich liebe. Aber ich muss frisch zu ihr kommen. Dafür muss ich mich regenerieren. Aber regenerieren wovon? Ich habe mich nicht angestrengt, habe nicht geschwitzt, habe mich nicht verausgabt, und dennoch fühle ich mich nicht frisch, nicht frisch. (*Pause.*) Hör zu, ich sage dir … ich sage dir … (*Pause.*) Gute Nacht und werd gesund.

Amatzia Gute Nacht.

Elchanan geht ab. Amatzia steht weiter am Fenster und summt leise ein trauriges amerikanisches Lied vor sich hin. Bruno kommt im Schlafanzug herein.

Bruno Komm schlafen, Amatzia.

Amatzia Ihr müsst euch keine Sorgen machen, Papa.

Bruno Weswegen müssen wir uns Sorgen machen?

Amatzia Eben. Müsst ihr nicht. Ich möchte ein bisschen am Fenster stehen.

Bruno Wir schlafen, gute Nacht.

Amatzia Gute Nacht.

Bruno (*Wendet sich zum Gehen, bleibt stehen.*)

Du bist unsere Hoffnung. Du.

Er geht ab. Amatzia steht weiter am Fenster und summt leise ein trauriges amerikanisches Lied. Aus dem anderen Zimmer ist Musik zu hören. Bruno im Schlafanzug und Tzila im Nachthemd kommen einander umarmend herein und tanzen zum Rhythmus der Musik einen langsamen Tanz. Sie reden, während sie tanzen.

Tzila Amatzia, mein lieber Sohn, heute Nacht sind es dreißig Jahre, dass dein Vater und ich geheiratet haben.

Bruno Vor dreißig Jahren gab es eine Zeremonie …

Tzila Ein Mann und eine Frau haben geheiratet …

Bruno Nach einem Jahr wurde ihnen ein Kind geboren …

Tzila Sie gaben ihm all ihre Liebe …

Bruno Das Kind wuchs heran …

Tzila Sie wurden alt …

Bruno	Und das Kind blieb ihre einzige Hoffnung …
Tzila	Ihre einzige Hoffnung.
Amatzia	Meine lieben Eltern, wartet, bis sie kommt …
	Er umarmt sie, tanzt mit ihnen.
Tzila	Und wenn sie kommt …
Bruno	Und wenn sie kommt …
Amatzia	Wird es eine Zeremonie geben …
Tzila	Ein Mann und eine Frau werden heiraten …
	Die drei gehen tanzend ab.

Bild 7

Nacht in einem Nachtclub. Nina tanzt mit Elischa Hooker, einem jungen Mann.

Nina	Du bist locker.
Elischa	Ich tanze gerne und ich mag auch ein gutes Buch.
	Sigi kommt herein, setzt sich an die Seite, isst Erdnüsse und beobachtet sie.
Elischa	Was machst du so?
Nina	Nichts. Lese, modelliere.
Elischa	Was modelst du?
Nina	Ich modelliere. Keramik.
Elischa	Ah.
Nina	Ich habe es nicht eilig, ich renne nicht wie alle, was treibt mich an? Was soll diese Verfolgungsjagd, was? Denkst du nicht?
Elischa	Sicher.
Nina	Was machst du?
Elischa	Lese ein bisschen, schreibe ein bisschen.
Nina	Gedichte?
Elischa	Für mich, nachts.
Nina	Und am Morgen?
Elischa	Arzt.
Nina	Du sagst „Arzt“ mit solch einer Geringschätzung. Du bist wirklich anders.
Elischa	Was sind schon Ärzte? Alles ein Mythos.
Nina	Du bist so anders.

Sie tanzen weiter. Die Musik stoppt. Nina und Elischa gehen zu ihren Plätzen zurück. Nina sieht Sigi.

NINA Hallo, Sigi.

SIGI Hi.

NINA Darf ich vorstellen, Elischa.

SIGI Sigi.

NINA Allein?

SIGI Äh? Ja.

ELISCHA Wir sollten gehen. Ich habe morgen eine Operation.

NINA Sicher. Auf Wiedersehen, Sigi.

SIGI Auf Wiedersehen.

Nina und Elischa gehen ab. Die Musik setzt wieder ein. Sigi sitzt noch einen Moment, steht auf, geht ebenfalls raus, steht im Eingang des Clubs, schaut Nina und Elischa hinterher. Langsam kommt Bobe die Straße entlang, sie trägt ein Nachthemd, darüber einen Mantel und einen kleinen Koffer in der Hand. Sigi ist verblüfft.

SIGI O… O… O… Oma.

BOBE (*Bleibt stehen, sieht ihn an.*) Siginiu.

Sigi umarmt sie, nimmt ihr den Koffer aus der Hand.

SIGI Du bist aus dem Sanatorium weggelaufen, O… O… O… Oma.

Steht mit ihr einen Moment lang sie umarmend. Die Musik spielt weiter. Für einen Moment sehen sie so aus, als würden sie tanzen, ohne sich zu bewegen. Sigi geht mit Bobe ab. Von der anderen Seite treten Bianca Schuster und Alberto Pinkus auf. Alberto stützt sie am Ellbogen. Sie bleiben am Eingang des Clubs stehen.

ALBERTO Gehen wir rein?

BIANCA Mach mir keinen Druck, Pinkus, ich kann noch nicht aus vollem Herzen Menschen tanzen sehen.

ALBERTO Ich respektiere deine Gefühle.

BIANCA Wir haben zusammen im Restaurant zu Abend gegessen, sogar das war noch zu viel für mich.

ALBERTO Essen ist nicht zu viel, Frau Schuster.

BIANCA Warum nennst du mich nicht Bianca?

ALBERTO Ich werde dich Bianca nennen, wenn du mich Alberto nennst.

BIANCA Alberto.

ALBERTO Bianca Paprikanka.

BIANCA Bianca Paprikanka, so hat er mich genannt, der Verstorbene.

ALBERTO Entschuldige, ich wollte deine Gefühle nicht verletzen.

BIANCA Warum, nur zu.

ALBERTO Ich könnte vielleicht Bianca Gurkanka nehmen.

BIANCA Bleiben wir also bei Gemüse.

ALBERTO Wenn es dir nichts ausmacht.

BIANCA Danke, Alberto. Du bist ein verständnisvoller Mann.

ALBERTO Ich werde dich nach Hause begleiten.

BIANCA Du bist nicht böse?

ALBERTO Ich verstehe deine Gefühle.

Bianca streichelt seine Wange. Sie gehen ab.

Bild 8

Morgendämmerung. Bushaltestelle. Bobe kommt langsam herein, sie trägt ein Nachthemd, darüber einen Mantel und in der Hand einen kleinen Koffer. Hinter ihr gehen Munia, Lola und Sigi.

MUNIA Diesmal bleibst du dort, Mama, isst gut, atmest klare Luft, bis du wieder gesund bist, verstanden?

LOLA Du musst nicht herkommen, Mama, wir kommen schon zu dir.

MUNIA Am Samstag, wenn gutes Wetter ist.

LOLA Ich gehe Frühstück machen. Komm, Sigi.

Sie umarmt Bobe, Sigi küsst Bobe. Lola und Sigi gehen ab.

MUNIA Mach uns nicht mehr solche Umstände, Mama, du siehst, wie schwer Lola es hat, sie arbeitet wie ein Pferd, rennt herum, räumt auf, und du mit deinen Spielen. Noch mal so etwas, Mama – und ab in eine geschlossene Anstalt. Da ist der Bus.

Er umarmt und küsst sie. Bobe geht ab. Munia winkt ihr zum Abschied. Von der anderen Seite tritt Avner Tz'chori mit einem großen Koffer auf. Munia wendet sich zum Gehen, sieht ihn.

Guten Tag, Tz'chori.

AVNER Guten Tag, Herr Globtschik.

MUNIA Man verreist? Ferien?

AVNER Man zieht um.

MUNIA Wohin?

AVNER Nicht weit weg.

MUNIA Mit Motke und Tzipora?

AVNER Allein.

MUNIA Na, dann viel Erfolg.

AVNER Ihnen auch.

MUNIA Danke, ich war schon erfolgreich.

Munia geht ab. Avner geht zur Haltestelle. Bobe kommt von der anderen Seite herein, geht an ihm vorbei, sie sehen sich einen Moment lang an, Avner bleibt an der Haltestelle stehen, Bobe geht weiter. Munia tritt ihr gegenüber auf.

MUNIA In Ordnung, Mama. Morgen früh – ab in eine geschlossene Anstalt.

Er geht mit Bobe ab. Avner sitzt an der Haltestelle. Es wird Morgen. Der Straßenkehrer kommt vorbei. Ein Angestellter geht zur Arbeit. Mittag. Nachmittag. Der Angestellte kommt von der Arbeit zurück. Gegen Abend. Das Licht nimmt ab. Avner Tz'chori sitzt weiter da. Abend. Die Prostituierte kommt vorbei, bleibt bei Avner stehen. Er achtet nicht auf sie. Die Prostituierte geht ab. Nacht. Bella tritt auf, sieht Avner, wendet sich zum Gehen, überlegt es sich anders, bleibt stehen, geht auf ihn zu. Avner steht auf.

BELLA Es tut mir leid, wenn ich dich verletzt habe. Ich wollte dich nicht kränken. (*Pause.*) Ich wollte nur, dass du weißt, dass es nicht passieren wird. Du darfst nicht hoffen. (*Pause.*) Du verstehst, dass du nicht hoffen darfst, ja?

AVNER Wie macht man das?

BELLA Ich weiß es nicht, ich verstehe dich, aber ich weiß nicht, was ich dir raten soll.

AVNER Was wirst du mit mir machen, wenn ich trotzdem von dir träume?

BELLA Wenn du von mir träumst? (*Weint.*)

AVNER Vergib mir. Ich wollte dich nicht verletzen. (*Pause.*) Beleidigt es dich, wenn ich von dir träume? (*Pause.*) Ich verspreche, nicht mehr von dir zu träumen. (*Macht einen Schritt auf sie zu.*) Wirklich, ich verspreche es ...

BELLA Komm mir nicht näher. (*Hört auf zu weinen.*) Entschuldige, ich wollte dich nicht verletzen.

AVNER Kein Ding.

BELLA Aber du bist wirklich dumm. Wenn schon träumen, kannst du das doch vom Besten.

AVNER Du bist die Beste. (*Bella lacht.*) Siehst du. Du lachst mit solch einer Herzlichkeit. Ich schwöre, du bist die Beste.

BELLA Warst du schon mal im Kino?

AVNER Ah, die aus dem Kino. Es gibt Dinge, von denen ich nicht einmal zu träumen wage.

BELLA Das heißt, ich bin der Höhepunkt deiner Träume.

AVNER Absolut.

BELLA (*weint*) Der Höhepunkt seiner Träume.

AVNER Ich werde nicht mehr von dir träumen, Bella. (*Bella geht ab.*) Ich verspreche es, ich werde nicht mehr …

Pause. Nimmt seinen Koffer. Zögert einen Moment. Geht ab.

Bild 9

Haus der Gelernters. Nacht. Henia Gelernter tritt im Nachthemd auf. Sie ist blass, sieht schlecht aus.

HENIA (*murmelt vor sich hin*) Auf meinen Grabstein schreibt: „Gestorben mit acht Jahren“! Seit ich älter als acht Jahre bin, habe ich nicht mehr gelebt! Schreibt: „Gestorben mit acht Jahren“!

Zvi tritt auf, ihr toter Ehemann, ein junger Mann, etwa dreißig Jahre alt, wie ein Tourist gekleidet. Henia sieht ihn, bleibt verblüfft stehen.

HENIA Zvi?

ZVI Ja. (*Henia rennt beinahe in seine Arme, doch sie bremst sich. Zvi streckt ihr seine Arme entgegen.*) Komm, Henia.

HENIA Zvi … Zvi … (*ratlos, streicht sich übers Haar, über ihr Gesicht, über das Nachthemd*) Zvi … ich schäme mich so.

ZVI Bist du nicht meine Frau?

HENIA Ich bin deine Frau, Zvi, ich bin deine Frau, und ich habe dir all die Jahre, die du nicht bei mir warst, die Treue gehalten … nur hast du dich seit damals nicht verändert, und ich … (*Fuchtelt mit ihren Händen in der Luft aus Sehnsucht und Verzweiflung.*) Ich hätte mit dir sterben sollen.

ZVI Wer hätte sich um Elchanan gekümmert?

HENIA Elchanan macht mir Sorgen. Er heiratet nicht, er hat keine Wohnung.

ZVI Komm, Henia. Wir gehen ein bisschen spazieren und du erzählst mir alles. Ich möchte dich auf ein amerikanisches Wolken-Eis einladen.

HENIA Oje, Zvi, da hast du dir jemanden zum Eisessen ausgesucht. Das Herz, Zvi, das Herz, der Zucker, der Blutdruck. Bist du gesund?

ZVI Gott sei Dank. Alle Toten sind gesund.

HENIA Ach, ich beneide euch.

ZVI Komm, Henia, geh ein bisschen mit mir spazieren. (*Er streckt ihr seine Arme entgegen. Henia macht einen Schritt auf ihn zu.*)

HENIA Zvi. Mein Ehemann. Du bist so schön. Die Dunkelheit senkt sich langsam auf mich herab, Zvi, nur du bist all diese Zeit mein inneres Licht. (*Macht einen weiteren Schritt auf ihn zu.*) Wie schön du bist. (*Stellt sich auf die Zehenspitzen, breitet ihre Arme zu den Seiten aus.*) Zvi, all die Sehnsucht ... all die Erinnerungen ... du rufst alles wieder in mir wach, mein Geliebter ... die Welt damals ... die Sinne waren scharf ... all die Farben, all die Frische ...

ZVI Komm, Henia ...

HENIA Und jetzt schau, was aus mir geworden ist, Zvi ... (*Bricht in bitteres Weinen aus.*) Ich schäme mich so ... ich schäme mich so ... ich schäme mich so ...

ZVI Nur spazieren gehen, Henia. Ein Eis, ein bisschen quatschen. Ohne einander zu berühren, nur spazieren gehen.

HENIA Du bist wie mein Sohn ...

ZVI Im Himmel ist Schabbat, es wird bald Abend ... (*Beginnt sich nach hinten zu entfernen, seine Stimme wird schwächer.*) Komm mit mir, amerikanisches Wolken-Eis essen ...

HENIA (*Hört auf zu weinen.*) Heb mir eins auf, Zvi! (*Zvi geht ab.*) Zvi!

Elchanan kommt im Schlafanzug herein.

ELCHANAN Mama!

HENIA (*Dreht sich zu ihm um.*) Ich habe von deinem Vater geträumt. Er wollte mit mir spazieren gehen. (*Ihr Gesicht wird wieder hart.*) Ja, ja, man wird dir die Mutter nehmen, Elchanan. Anstatt sich um ihre Gesundheit zu kümmern, klappst du

Koffer auf und zu! Pass auf, Elchanan! (*Wendet sich zum Gehen, bleibt stehen.*) Und schreibt ja nicht: „In gesegnetem Alter"! Nicht „gesegnet" und nicht „alt"! „Gestorben mit acht Jahren" – das ist alles!

Sie geht ab. Auf der Straße unter ihrem Fenster erscheint Amatzia, im Schlafanzug, darüber einen Morgenmantel, Bruno und Tzila stützen ihn von beiden Seiten. Er hat einen Schwindelanfall, es fällt ihm schwer, zu stehen. Im Gehen sieht er Elchanan am Fenster.

AMATZIA Hallo, Elchanan. Ich gehe ins Krankenhaus.

TZILA Elchanan, wenn eine junge Frau aus Amerika kommt und nach Amatzia fragt, wir sind bald zurück.

Amatzia lacht still bei sich, ein kurzes Lachen.

ELCHANAN Vielleicht braucht ihr Hilfe?

BRUNO Wir nehmen ein Taxi, danke.

TZILA Sag ihr bitte nur, dass wir bald zurück sind.

Amatzia sinkt in Brunos Arme. Bruno fängt an zu weinen, reißt sich zusammen.

BRUNO Wir sind bald zurück.

Er geht mit Amatzia und Tzila ab.

Bild 10

Straße. Morgendämmerung. Die alte Bobe tritt auf, sie trägt ein Nachthemd, darüber einen Mantel und in der Hand einen kleinen Koffer. Neben ihr geht Munia, hält sie am Arm fest. Lola auf dem Balkon ihres Hauses.

MUNIA Und jetzt, Mama, in die geschlossene Anstalt, und diesmal bringe ich dich selbst dahin, sie werden dich hinter Schloss und Riegel einsperren und du kommst da nie wieder raus.

Bobe bleibt stehen, weigert sich, weiterzugehen. Munia zieht an ihr, sie wehrt sich. Er nimmt sie hoch, auf den Arm.

Diesmal machen wir dem ein Ende ... ein für alle Mal ...

Er geht mit ihr ab. Das Licht nimmt zu, Morgen. Tzila und Bruno treten auf, Tzila stützt sich auf seine Schulter und weint.

LOLA Was ist passiert, Frau Hofstatter?

BRUNO Amatzia muss operiert werden, um einen Hirntumor zu entfernen.

LOLA Oje, wann wird Ihnen etwas Freude zuteilwerden, wann wird Ihnen etwas Freude zuteilwerden.

TZILA (*weinend*) Und wann Ihnen, Frau Globtschik?

Bruno und Tzila gehen ab. Munia kommt die Straße entlang, bleibt gedankenverloren stehen.

LOLA Das ging schnell. (*Pause.*) Komm rein, das Mittagessen ist fertig. (*Pause.*) Munia, das Essen wird kalt.

MUNIA Das ist alles, was du mir zu sagen hast, „Das Essen wird kalt"? „Das Essen wird kalt", „Die Wassermelone wird warm", „Das Brot in den Korb", „Das Ei auf den Herd"? Das ist alles, was du mir zu sagen hast?

LOLA Die Alte hat ihn schon gegen mich aufgehetzt. Verflucht, zum Teufel mit allem, lasst mich doch sterben!

Sie geht ab. Auf der Straße erscheint Avner Tz'chori mit einem Koffer. Munia blickt ihn einen Moment lang an und geht in Richtung seines Hauses ab. Tzipora tritt hinter Avner auf.

TZIPORA Nein, so geht das nicht. Man nimmt alle Sachen auf einmal mit und verabschiedet sich, und nicht alle zwei Tage noch einen Koffer und noch einen Koffer.

AVNER Ich habe kein Geld für Träger, und mir selbst fehlt die Kraft. In einer Woche bin ich mit allem fertig.

TZIPORA Du hast überhaupt keine Absichten auszuziehen, das ist der springende Punkt.

AVNER Du siehst doch, dass ich ausziehe.

TZIPORA Ich sehe gar nichts! Ein normaler Mensch nimmt all seine Sachen und verabschiedet sich!

Motke tritt auf.

MOTKE Was soll das Geschrei?

TZIPORA Dein Bruder, dein Bruder und dein Bruder! Und das Ende wird sein, dass ich stürze! Und das Ende der Tz'chori-Dynastie! Es gibt keine Fortsetzung der Tz'chori-Dynastie! Aus und vorbei!

MOTKE Warum beruhigst du dich nicht, Avner?! Es ist an der Zeit! Der Teufel soll dich holen, Babymörder, wann wirst du ruhig sein, wann?!

Lola kommt auf den Balkon ihres Hauses mit scharfen, furchtbaren Schreien.

LOLA Mitten in der Suppe! Mitten in der Suppe! Mitten in der Suppe! Mitten in der Suppe!

Sigi kommt dazu, versucht, sie zu beschwichtigen.

SIGI P… P… P… P… P…

LOLA (*schreit weiter*) Mitten in der Suppe! Mitten in der Suppe!

Sigi führt sie raus. Nach und nach kommen Menschen auf die Straße. Neben Avner, Motke und Tzipora, die bereits auf der Straße sind, kommen Bruno, Tzila, Bianca, Nina, Bella, Henia und Elchanan.

BELLA Wer? Wer?

HENIA Munia Globtschik.

Der Bestatter tritt auf, zieht einen Leichenkarren, auf dem Munias mit einem Laken bedeckte Leiche liegt. Hinter dem Karren geht Lola, sie weint und wird von Sigi gestützt, hinter ihnen Alberto Pinkus. Alle anderen schließen sich dem Trauerzug an. Der Trauerzug hält vor Munias Haus an.

LOLA (*weinend, leise*) Munia … Munia … Munia …

Alberto stellt sich vor alle, bereit, die Trauerrede zu halten.

TZIPORA Du gibst zwei Uhren zur Reparatur, achtzig Lire.[2]

BIANCA Der eine gibt zwei Uhren zur Reparatur, der andere stirbt.

HENIA Er hat wenigstens ein bisschen gelebt, hat Karten gespielt. Und ich?

ALBERTO Lieber Munia Globtschik. Heute nehmen wir von dir Abschied. (*Pause.*)

MOTKE (*ruft*) Wechselt den Trauerredner aus! (*Die Anwesenden bringen ihn mit „Schsch! Schsch!" zum Schweigen.*) Wechselt den Trauerredner aus!

ALBERTO Das hier ist kein Basar!

MOTKE Ein Mensch ist keine Kakerlake!

BESTATTER Gerechtigkeit wird vor ihm hergehen …

Er zieht den Karren, geht ab, alle nach ihm ab außer Avner, der neben seinem Koffer stehend zurückbleibt. Von der anderen Seite tritt die alte Bobe auf, ihren Koffer in der Hand, geht an Avner vorbei, bleibt stehen, grinst ihn an, stellt den Koffer ab, streckt sich, nimmt den Koffer auf und geht ab. Auch Avner nimmt seinen Koffer und geht ab.

2 Anm. d. Übers.: Von 1948–1980 hieß die israelische Währung „israelische Lira" bzw. „israelisches Pfund", erst 1980 wurde der Schekel als Währung eingeführt.

Bild 11

Morgendämmerung. Straße neben der Bushaltestelle. Nina und Bella treten auf, Nina gekleidet für eine Reise, eine Handtasche in ihrer Hand, hinter ihnen Elischa Hooker und Sigi, jeder mit einem Koffer, sie stellen sich an die Haltestelle.

ELISCHA Wir nehmen ein Taxi zum Flughafen.

BELLA In Rom ist Frühling.

NINA Wir werden nur eine Woche in Rom sein. Elischa hat Verpflichtungen in Wien. (*Zu Sigi.*) Du kannst den Koffer abstellen, Sigi. Danke für deine Hilfe. (*Nimmt ihn beiseite.*) Sigi, du weißt, was ich für dich empfinde. Ich möchte, dass du weißt, dass sich an meinen Gefühlen für dich nichts geändert hat.

SIGI W... W... Wie das?

NINA So ist es. Du bist mir immer ein Freund gewesen und wirst es bleiben.

BELLA Ihr müsst los, Nina.

NINA Ja. Pass auf meine Schwester auf, Sigi.

BELLA (*grob*) Vielen Dank für deine Sorge, Ninush. (*Geht nahe zu ihr hin, sie sprechen leise miteinander.*) Gott wird dich für alles bezahlen lassen. Gott vergisst meine schlaflosen Nächte nicht.

NINA Nimm Tabletten, Bella. Nimm eine Schachtel Tabletten in einem Rutsch und du wirst schlafen.

BELLA Am einen Tag reist man mit einem Lächeln nach Europa, am anderen kehrt man mit Tränen in den Augen nach Asien zurück, egal.

NINA Ich bin mir nicht sicher, ob dir das vergönnt sein wird.

BELLA Gott wird mir helfen und es wird mir vergönnt sein. Gott erinnert sich an alles.

NINA Gott-Gott-Gott, Bla-Bla-Bla.

BELLA (*weint*) Meine Zeit zu lachen wird auf jeden Fall kommen, auf jeden Fall ...

NINA Auf jeden Fall? Wer sagt das? Auf jeden Fall werde ich in Wien mit meinem Mann, dem Arzt, exquisite Pasteten essen, das auf jeden Fall. (*Laut.*) Genug, Bellalein, weine nicht, der Abschied ist schwer für dich, aber wir werden uns wiedersehen.

Bella (*weint weiter*) Oh, Ninush, Ninush, es wird so leer sein ohne dich.

Elischa Taxi! (*Nimmt die beiden Koffer.*) Lebt wohl alle zusammen, in Europa hat das Anatomiestudium ein hohes Niveau, vor allem, weil dort mehr seziert wird.

Er geht ab. Nina wirft Küsschen und folgt ihm. Pause.

Bella Warum habt ihr nicht geheiratet, warum.

Sigi Ich weiß es selbst nicht. Ich war mir sicher, dass alles geklärt ist, wenn die Sache mit dem Ei... Ei... Ei... Einkommen geklärt ist.

Bella Dir wurde wohl klar, dass nicht.

Sigi Mir wurde kl... kl... klar, auch wenn es ein Ei... Ei... Ei... Einkommen gibt, gibt es doch solche mit n... noch mehr Ei... Ei... Einkommen.

Bella Was wirst du jetzt mit deinem Ei... Ei... Einkommen machen?

Sigi Ich glaube nicht, dass ich dir darauf antworten werde.

Geht ab. Bella sitzt an der Haltestelle. Das Licht nimmt zu, Morgen. Alberto Pinkus kommt mit Lola Globtschik herein, in seiner einen Hand einen vollen Einkaufskorb, mit der anderen stützt er sie leicht am Ellbogen.

Alberto Warum, ich begleite Sie bis nach Hause, Frau Globtschik, ich habe Zeit und es macht mir keine Umstände. (*Sieht Bella.*) Guten Morgen, Bella. (*Bella ignoriert ihn ostentativ.*) Wie geht es deiner Mutter? Fühlt sie sich gut? Richte ihr bitte Grüße von Alberto aus.

Bella geht mit demonstrativer Verachtung ab. Lola lacht.

Lola Ein Teufel, der Herr Pinkus, ein Teufel. Die Frauen sollten sich vor Ihnen in Acht nehmen.

Alberto (*lacht erfreut*) Ich bin doch ein Kind. Und bitte nennen Sie mich Alberto.

Lola Nein nein, ich nehme mich in Acht. (*Alberto nähert sich ihr körperlich. Sie lacht.*) Wie auch immer, wir sind da. Ich danke Ihnen für die Begleitung und entschuldigen Sie, dass ich Ihnen jetzt nicht anbiete, nach oben zu kommen.

Alberto Natürlich. Ich möchte Ihre Gefühle nicht verletzen.

Lola Danke.

Alberto (*Reicht ihr den Korb.*) Also Samstagabend.

Lola Um acht.

Sie geht ab. Amatzia tritt auf, er trägt einen Schlafanzug und darüber einen Mantel, Bruno und Tzila stützen ihn. Amatzias Kopf ist bandagiert, sein Gesicht ist fahl.

Alberto Guten Morgen, Amatzia. Wir kommen aus dem Krankenhaus zurück, wir sind wieder gesund. (*Amatzia sieht ihn einen Moment lang mit verschlossenem Blick an, erkennt ihn nicht.*) Alberto.

Amatzia Ah. (*Pause.*) „Lieber Amatzia Hofstatter. Heute nehmen wir von dir Abschied. Lieber Amatzia Hofstatter …" (*Bricht ab.*)

Alberto (*versucht angestrengt zu schmunzeln*) Frech, Amatzia.

Bruno und Tzila gehen mit Amatzia ab. Alberto geht ebenfalls ab.

Bild 12

Morgen, Straße. Tzipora tritt mit einem Kinderwagen auf, bleibt stehen, schaukelt ihn. Avner kommt mit einem kleinen Wägelchen und einem Koffer darauf herein, bleibt neben Tzipora stehen.

Tzipora Der Frühling ist da, und er zieht immer noch um.

Avner (*beugt sich zu dem Baby im Kinderwagen*) Tsi tsi tsi.

Tzipora Du säst Albträume in die Seele meines Sohnes, mach dich fort.

Avner Mein Sohn würde mit der Seele eines Künstlers geboren werden. All die Träume, all die Gefühle seines Vaters würden sich in ihm wiederfinden.

Tzipora Eine Künstlerseele – vielleicht; ein kleiner Höcker – das sicher. (*Blickt sich nach hinten um.*) Oh, eine Beerdigung. Man sät Albträume in die Seele meines Sohnes. Man muss auswandern, sage ich. Entweder seid ihr krank oder ihr seid tot. Wer ist es diesmal? Amatzia Hofstatter, na klar. Hirntumore. Igitt! (*Zum Baby.*) Kitzi kitzi kitzi. Es ist nicht Papa, es ist nicht Papa, sha sha sha.

Sie geht mit dem Kinderwagen ab. Der Bestatter tritt auf, zieht hinter sich einen Leichenkarren, auf dem Amatzias mit einem Laken bedeckte Leiche liegt. Hinter dem Karren gehen Bruno, die weinende Tzila, Bianca, Bella, Lola, Alberto Pinkus, Sigi, Henia, Elchanan und Motke. Der Trauerzug hält vor dem Eingang zum Haus der Hofstatters an. Alberto stellt sich vor alle, bereit, die Trauerrede zu halten.

Bianca (*laut*) Und ich würde diesmal auf seine Trauerrede verzichten.

Lola Herr Pinkus ist Schriftsteller und Dozent.

Bianca Und ein Betrüger, das ja!

Gemurmel und Zischen unter den Versammelten.

Motke Schsch! Respekt für den Verstorbenen!

Bianca Einfach ein Betrüger!

Lola Nicht jeder, der eine nicht heiratet, ist ein Betrüger.

Bianca Nicht jeder, der mit einer geht, nachdem er mit einer anderen gegangen ist, ist ein ehrlicher Mensch!

Alberto Lieber Amatzia Hofstatter …

Angela kommt herein, eine schöne, hübsch gekleidete Touristin mit kleiner Umhängetasche und Kamera.

Lola Die Amerikanerin!

Alle richten den Blick auf sie. Sie kommt einen Schritt auf sie zu.

Angela Excuse me …

Lola Na klar!

Angela Is this the old quarter of the city?

Lola Sie ist pünktlich zur Beerdigung angekommen. Du bist rechtzeitig gekommen. Exactly.[3] Du wirst es nicht bereuen. Come, Come. Er ist tot. Er ist nicht mehr. Is not.

Angela What ceremony is going on here? (*Verlegen.*) Seems like a funeral.

Alberto (*Geht zu ihr hin, gemessen und feierlich.*) I am so sorry. This way please.

Die Anwesenden machen ihr den Weg frei. Alberto führt Angela zum Leichenkarren.

Angela I was just passing by. I'm a tourist. Excuse me.

Alberto The groom's father. The groom's mother. Die Braut.

Angela Is it a funeral or a wedding? (*Zu sich.*) I don't know what is going on.

Alberto Lieber Amatzia Hofstatter.

Bianca Und nichtsdestotrotz – ein Betrüger.

3 Anm. d. Übers.: Die englischen Wörter, die Lola in dieser Szene sagt, sind im Original in hebräischen Buchstaben geschrieben, um den starken Eindruck eines israelischen Akzents zu geben. Hingegen sind die englischen Sätze von Alberto, Elchanan und Angela auch im Original in lateinischen Buchstaben geschrieben.

Alberto Heute nehmen wir von dir Abschied.

Bestatter Gerechtigkeit wird vor ihm hergehen …

Er zieht den Karren und geht damit ab.

Lola (*zu Angela*) Come, come. You are in. Deep deep.

Alberto legt seinen Arm um Angelas Schulter. Sie entzieht sich ihm.

Angela I'm sorry. I'm just on vacation.

Lola Was vacation? Was denkt ihr euch da in Amerika?! Here people die! Not Amerika here! When time to weep, sagt ihr vacation?!

Alle außer Angela gehen ab. Avner verweilt einen Moment, geht mit seinem Wägelchen ebenfalls ab. Angela wendet sich zum Gehen. Elchanan tritt hinter ihr auf.

Elchanan Are you leaving?

Angela Why, of course.

Elchanan I was his friend, you know.

Angela What do you want?

Elchanan We can speak on his memory tonight.

Angela Whose memory?

Elchanan Amatzia, your fiancé.

Angela Are you all crazy or what? They warned me everyone is crazy in the Middle East!

Sie geht ab.

Elchanan (*zu sich*) Ich habe gedacht, wenn ich sie lange anschaue, würde ein Wunder geschehen und sie wäre plötzlich mein.

Bild 13

Nacht. Straße. Elchanan steht immer noch in Gedanken an Angela versunken da, von der anderen Seite tritt die Prostituierte auf.

Elchanan (*zu sich*) … und sie wäre plötzlich mein.

Prostituierte Ich bin dein.

Elchanan (*Dreht sich zu ihr um.*) Nicht mehr.

Die Prostituierte nähert sich ihm, hebt den Saum ihres Kleides hoch.

Prostituierte Nein? (*Elchanan wird von Begierde gepackt. Er schaut auf ihre Schenkel.*) Na? (*Wiegt ein wenig ihre Schenkel. Elchanan nähert sich ihr, während er verneinend den Kopf schüttelt. Bleibt vor ihr stehen, geht auf die Knie.*) Also warum das Gerede? (*Elchanan küsst einmal ihren Schenkel, zweimal, ergibt sich seiner Begierde, versucht, ihren Schenkel zu umarmen, die Prostituierte entzieht sich ihm, lässt den Saum ihres Kleides fallen. Elchanan kriecht ihr auf den Knien hinterher, sie wehrt ihn ab.*) Geld.

ELCHANAN Alle meine Ersparnisse sind für die Reise.

Die Prostituierte hebt vor ihm stehend den Saum ihres Kleides hoch und lacht. Elchanan holt Geld aus seiner Tasche, gibt es ihr, küsst und umarmt ihre Schenkel.

PROSTITUIERTE Du wirst mein sein, bis du stirbst oder die Taschen leer sind, je nachdem, was früher eintritt.

Elchanan umarmt ihre Schenkel noch fester. Henia kommt auf die Straße, sie trägt Breeches und einen türkischen Tarbusch, an ihren Füßen eine Eisenkette.

HENIA Elchanan, mein Sohn, ich wurde vom türkischen Sultan verschleppt.

ELCHANAN (*Erschrocken, presst sein Gesicht an den Schenkel der Prostituierten.*) Mama!!

PROSTITUIERTE Gib noch fünfhundert! Du genießt es sehr bei mir! Spielst mit deiner Fantasie und meinen Beinen! Gib noch fünfhundert!

HENIA Mein Sohn, ich werde nach Istanbul in ein Bordell gebracht. Die jungen Türken warten auf mich. Ich habe dich all die Jahre gewarnt. Lebwohl. (*Geht langsam los, als würde sie gegen ihren Willen weggezerrt.*)

ELCHANAN (*Klammert sich an die Schenkel der Prostituierten.*) Mama! Nein! Warte auf mich, Mama!

PROSTITUIERTE Gib mir noch fünfhundert! Gib schon!

ELCHANAN (*Leert seine Taschen, gibt ihr alles, klammert sich zitternd an ihre Schenkel, presst seinen Kopf an sie.*) Mama… Mama…

HENIA Wir treffen uns alle in Istanbul…

Sie geht ab. Pause. Elchanan löst seinen Kopf von der Prostituierten. Untersucht seine Taschen, sie sind leer. Die Prostituierte sieht ihn gleichgültig an.

PROSTITUIERTE Schmutzige Fantasien, das verdirbt meine Beine.

Sie geht ab. Sigi tritt mit Bobes Koffer auf.

ELCHANAN Du verreist?

Sigi O… O… O… Oma ist vor einer Woche aus der Anstalt weggelaufen. Man hat den Koffer au… au… au… außerhalb der Stadt gefunden.

Elchanan Und sie?

Sigi D… D… D… Das hat man ge… gefunden. Den Koffer.

Er geht ab. Henia tritt auf und steht am Fenster ihres Hauses, Elchanan nähert sich auf der Straße.

Elchanan Mama.

Henia Drei Uhr nachts, Bankräuber.

Elchanan Mama, Mama!

Henia Was bist du so fröhlich, was?

Elchanan Ich hatte einen Wachtraum …

Henia Dass ich tot bin, und was! Gehst nachts ich will gar nicht sagen wohin! Schimpf und Schande! Geld, das für die Wohnung hätte gespart werden sollen! Die Wohnung! Elchanan, ich warne dich, dieses Mal lebe ich noch, aber beim nächsten Mal … (*Bewegt ihren Kopf traurig hin und her.*) Ja, einst weilte auch Henia unter uns. (*Tränen steigen ihr in die Augen.*) Ay, Henia, Henia.

Elchanan (*Umarmt seine Mutter, beginnt, mit ihr zu tanzen.*) Mama, Mama, was bin ich froh, dass du da bist!

Henia Du weißt das doch überhaupt nicht zu schätzen! Du hättest eine Mutter verdient, die mit Türken nach Istanbul geht!

Elchanan Istanbul!? (*Zu sich.*) Nichts kannst du vor der Alten verbergen, nicht einmal die Träume.

Bild 14

Nacht in einem Nachtclub. Motke Tz'chori tanzt mit Tzipora.

Tzipora Du bist komplett verrückt geworden. Du bist nicht normal.

Motke Was ist denn dabei, wenn wir mal in einen Nachtclub gehen? Lass uns einmal das Geld vergessen und leben.

Tzipora Oje, du bist ein Viech. Oje, du bist ein Viech.

Motke Warum bin ich ein Viech?

Tzipora Warum ist er ein Viech. Du weißt nicht, was es heißt, einen Haushalt zu führen.

Motke Vielleicht vergessen wir mal für eine halbe Stunde den Haushalt?

Tzipora Vergessen?! Weißt du, wie viel ein Paar Babyschuhe heutzutage kostet? Du redest Blödsinn. Du bist ein Viech.

Motke Willst du wieder nach Hause?

Tzipora Weshalb sind wir dann reingegangen, sag es mir?! Wie hoch war der Eintritt?

Motke Siebenhundert.

Tzipora Habt ihr verstanden? Habt ihr das Viech gesehen? Siebenhundert Lire. Um die siebenhundert Lire voll auszukosten, bin ich jetzt gezwungen, bis zwei Uhr nachts zu tanzen, meine Gebärmutter wird kollabieren und du wirst keine weiteren Nachkommen haben, wir sind fertig mit der Tz'chori-Dynastie.

Reißt ihn mit sich zum Tanzen. Sie gehen ab. Bella und Alberto Pinkus kommen tanzend herein.

Bella Ich glaube dir nicht, dass du wirklich etwas an mir findest.

Alberto Alles, was deine Mutter hat, plus Jugend.

Bella Tu mir einen Gefallen und erinnere mich nicht mehr an die schwarze Witwe, ok?

Alberto Ab jetzt – nur du.

Bella Ich sehe dich an und frage mich, was an dir die Frauen so verzaubert.

Alberto Ich komme aus Südamerika.

Bella Erzähl etwas über dich.

Alberto In meiner Fantasie habe ich mein Leben anders gesehen. Die Leute drängten sich um mich, um mir die Hand zu schütteln. Und sieh da, ich schaue mich um – kein Gedränge; viel freier Raum.

Bella Man sagt, du hast ein großes Glied. (*Alberto lächelt geheimnisvoll.*) Ich warne dich, Alberto, ich bin nicht meine Mutter. (*Alberto zieht sie an sich und küsst sie leidenschaftlich auf den Mund. Bella wehrt ihn ab, vor Begierde zitternd.*) Wie, du …! (*Drückt sich an ihn.*) Alberto, nimm mich mit auf eine ferne Insel!

Alberto In Ordnung. Auf dem Weg gehen wir bei mir vorbei, ich wohne hier in der Nähe.

Sie gehen tanzend ab. Sigi und Alfons Chusli, ein dandyhafter junger Mann, kommen tanzend herein.

ALFONS Alle versuchen, dir den Horizont zu verschließen, dich in eine Form zu pressen. Und ich bin ein Mensch, der danach strebt, sich auszudrücken.

SIGI Ich spüre, dass auch ich mich ausdr… dr… dr… drücken muss.

ALFONS Ich habe einen Welpen zu Hause. Isst wie ein Baby. Saugt. Süß – der Wahnsinn. Ich habe ihm einen Hut für den Schwanz gekauft.

SIGI Pu… Pu… Pu… Pudel?

ALFONS Minipudel. Willst du ihn sehen? Er wird sich ganz doll freuen.

SIGI Warum nicht.

Sie gehen tanzend ab. Die alte Bobe tritt auf der Straße auf, ihre Kleidung ist zerrissen und verdreckt, in ihrer Hand ein Bündel Lumpen, sie überquert langsam die Straße. Das Licht nimmt zu, wird zum Licht beginnender Abenddämmerung. Bobe geht ab. Der Bestatter tritt auf, zieht einen Leichenkarren, auf dem Alberto Pinkus' in ein Laken gewickelte Leiche liegt, dahinter gehen Bianca, Lola und Bella, alle drei in Schwarz, Henia, Elchanan, Sigi, Alfons, Bruno, Tzila, Motke, Tzipora und Avner mit einem Wägelchen und einem Koffer darauf. Der Trauerzug hält an.

BESTATTER Vi iz der masped?[4]

LOLA (*zeigt auf Albertos Leiche*) Du.

BESTATTER Oy weh. Gerechtigkeit wird vor ihm hergehen …

Er zieht den Leichenkarren hinter sich her, geht ab, alle hinter ihm ab außer Avner, Motke und Tzipora.

AVNER Der letzte Koffer.

TZIPORA Wer weiß.

AVNER Wirklich.

MOTKE Gut. Ich verstehe, jetzt heißt es, Abschied nehmen.

AVNER Ich werde in der Nähe wohnen.

TZIPORA Ich gebe keine Abendessen.

MOTKE Tzipora, lass mich, wie es sich gehört, von meinem Bruder Abschied nehmen.

4 Anm. d. Übers.: Der Bestatter fragt hier in polnischem Jiddisch: „Wer ist der Totenredner?" In der standardisierten jiddischen Umschrift müsste es heißen: „Ver iz der masped?" Ich danke Esther Alexander-Ihme für den Hinweis.

Tzipora Habt ihr verstanden? Abschied nehmen! Die Tz'chori-Brüder werden sich küssen, mit Seidentaschentüchern winken werden die Tz'chori-Brüder.

Motke Warum musst du alles in den Dreck ziehen, Tzipora?

Tzipora Ich ziehe was in den Dreck?! Hast du die Windeln deines Sohnes gewaschen?! Fett-Tz'chori und Buckel-Tz'chori nehmen Abschied voneinander. Ich ziehe was in den Dreck!

Geht ab. Motke will etwas Positives zu Avner sagen, doch nun ist er schon nicht mehr dazu imstande.

Motke Gut, beruhige dich.

Avner Wenn du mal zu Besuch kommen möchtest …

Motke Sie ist meine Frau, sie hat viel für mich getan, sie hat aus mir einen Menschen gemacht. Ich könnte ein Nichts sein, könnte nirgends hingehören. Ich schulde ihr viel, ich liebe sie. Beruhige dich.

Er geht ab. Avner geht ebenfalls mit seinem Wägelchen ab. Bruno kommt mit einem Koffer und einem Blumenstrauß herein. Tzila folgt ihm.

Tzila Wohin, Bruno?

Bruno Ich fahre Amatzia besuchen, unseren Sohn.

Tzila Warum der Koffer?

Bruno (*Schaut einen langen Moment auf den Koffer.*) Aber … Ich fahre unseren Sohn besuchen. Das Haus ist so leer und ich … (*Pause.*) Will bei meinem Kind sein.

Tzila Ich komme mit dir, Bruno, warte auf mich.

Sie umarmt ihn. Er legt seinen Kopf auf ihre Schulter und bricht in Tränen aus. Sie wiegt ihn, um ihn zu beruhigen, und ohne es zu wollen, fängt auch sie zu weinen an. Sie gehen los, während sie ihn weiter wiegt und er sie wiegt in einer Art Tanz, ähnlich dem, den sie einst mit Amatzia getanzt haben.

Bruno Vor dreißig Jahren gab es eine Zeremonie …

Tzila Ein Mann und eine Frau haben geheiratet …

Bruno Nach einem Jahr wurde ihnen ein Kind geboren …

Tzila Sie gaben ihm all ihre Liebe …

Bruno Das Kind wuchs heran …

Tzila Sie wurden alt …

Bruno Und das Kind blieb ihre einzige Hoffnung …

Tzila	Ihre einzige Hoffnung.

Bruno	Ihre einzige Hoffnung.

Sie gehen ab. Bianca, Lola und Bella, alle drei in Schwarz, kommen mit untergehakten Armen herein.

Bianca	Am besten, man lernt Bridge.

Bella	Es fehlt eine Hand.

Lola	Wird Tzila Hofstatter nicht bald jemanden begraben?

Sie gehen ab.

Bild 15

Abend. Bushaltestelle. Sigi kommt mit einem Koffer herein, hinter ihm Elchanan.

Elchanan	An den See Genezareth im Herbst?

Sigi	Ich habe den See Genezareth immer geliebt. Und danach vielleicht ins Ausland.

Elchanan	(*Gibt einen anerkennenden Pfiff von sich.*) Sigi, Sigi, wer hätte das von dir gedacht.

Sigi	Das hier ist ein kleiner Ort, verstehst du. Eine Pressform. Im Ausland glotzt dir niemand ... in die Hosen. (*Pause.*) Schau, ich verlasse das Land nicht aus politischen Gründen. Ich habe einfach mein Glück gefunden. Also, solange ich denken kann, stottere ich, und jetzt – ist alles weg.

Alfons Chusli kommt in einem bunten Sakko und mit einer schönen Ledertasche herein, zieht einen Welpen an der Leine hinter sich her.

Alfons	Der Fahrkartenverkäufer sagt, drei Stunden Fahrt.

Sigi	Darf ich dir meinen Freund vorstellen, Elchanan. Alfons.

Elchanan und Alfons geben sich die Hand.

Elchanan	Sehr erfreut.

Alfons	Wie geht es dir? (*Zu Sigi.*) Das ist der Bus, wir müssen einsteigen.

Sigi gibt Elchanan die Hand.

Sigi	Auf Wiedersehen.

Elchanan	Alles Gute. (*Alfons legt seinen Arm um Sigis Schulter, geht mit ihm in Umarmung. Bevor sie abgehen, dreht sich Sigi zu Elchanan um, der dasteht und sie ansieht. Sigis Gesicht drückt*

Verlegenheit und Hilflosigkeit aus. Er geht mit Alfons ab. Elchanan bleibt zurück, steht da. Pause. Zu sich.) Alle fahren weg. Alle sind unterwegs. Alles, was ich tun muss, ist, auch einen Koffer zu nehmen und zu ihr zu fahren. Gegen Abend dort auftauchen, es ist Herbst, an die Tür klopfen, sie öffnet überrascht, ihren Körper umarmen ... und lachen über all die lange Zeit, die wir getrennt waren, über all diese lange Zeit, die wir getrennt waren. (*Fängt still zu weinen an.*) Wäre ich nur einen Tag ohne Sehnsucht. Ein Tag ohne Sehnsucht. Ich habe keine Kraft mehr. Ich bin nur ein Mensch, ich habe Anspruch auf meinen Anteil, ich habe Anspruch auf eine Stunde der Ruhe mit meinem Anteil.

Avner Tz'chori kommt im Schlafanzug auf den Balkon seiner neuen Wohnung. Elchanan hört auf zu weinen, putzt sich die Nase.

AVNER Was ist los, Elchanan?

ELCHANAN Wie geht es dir, Avner? Wie ist es in der neuen Wohnung?

AVNER Sie ist warm, mir geht's gut.

Die Prostituierte tritt auf, bleibt etwas entfernt stehen.

PROSTITUIERTE Wieso lässt du dich nicht mehr blicken, mein lieber Invalide?

AVNER (*lacht*) Das Alter arbeitet zugunsten meines Geldes: Zwei Mal im Monat reicht mir jetzt schon.

PROSTITUIERTE Meine Herren, so verdiene ich nicht meine Brötchen, meine Herren.

ELCHANAN Ich komme mit dir. Ich brauche noch vier Mal im Monat. Gute Nacht, Avner.

AVNER Gute Nacht. (*Zu sich.*) Noch drei, vier Jahre, ist meine Prognose, und mir reicht auch einmal im Jahr. Einmal im Jahr, die erste Nacht des Frühlings, sich berauschen, sparen.

Bianca, Bella und Lola kommen herein, alle drei in Schwarz.

BIANCA Guten Abend, Herr Tz'chori, Glückwünsche zur neuen Wohnung. Wir organisieren einen Bridge-Club und uns fehlt eine Hand.

AVNER Ja, ich bin ein Mann mit Freizeit und gebe mit Freude meine Hand.

LOLA Dann los, zieh dich an, worauf wartest du, und komm bei Frau Schuster die Grundlagen des Bridge lernen.

AVNER Eine Minute, ich komme.

Er geht ab. Lola beginnt leise, ein derbes Lied zu singen.

LOLA (*singt*) Meine Gurke ist schief,
Komm zu mir tief, so tief,
Kitzel mich hier, kitzel dort –
Verlässt leicht rötlich diesen Ort.

Bianca lacht.

BIANCA Warum bist du traurig, Bella? (*Avner kommt angezogen auf die Straße.*) Gehen wir?

AVNER Ich habe keine Ahnung von Bridge.

Sie gehen los, außer Bella.

BIANCA Was ist los, Bella?

BELLA Rechnet nicht mit meiner Hand.

BIANCA Aber was ist mit dir passiert?

BELLA (*plötzlich, aufgewühlt*) Ja, ihr habt schon alles durchgemacht, ihr habt es geschafft, Witwen zu werden, alles liegt hinter euch, ich habe nicht einmal … nicht einmal … (*Weint fast, stoppt sich, schreit.*) Ich werde meine Nächte nicht mit Bridge mit Buckligen vergeuden!! (*Pause.*)

LOLA Natürlich, Alberto Pinkus war Alberto Pinkus.

Pause. Avner nähert sich Bella.

AVNER (*leise*) Bella, ich habe dich bereits vergessen, glaub mir. Ich träume nicht einmal mehr. Ich bin schon völlig, einfach völlig darüber hinweg.

BELLA Vielen Dank. Nicht einmal er träumt noch von mir.

AVNER Warum habt ihr mich gerufen? Ich hatte es warm und schön auf meinem Balkon. Warum habt ihr mich da rausgeholt? Was habe ich euch getan? Bald hätte ich mich schlafen gelegt und von Französinnen geträumt. Was habe ich euch getan? (*Geht ab.*)

BIANCA Bella … (*Bella rennt hinaus.*) Bella! Auch gut, sie wird sich wieder beruhigen. Was hast du vorhin über Alberto Pinkus gesagt?

LOLA Ich sagte, Alberto Pinkus war trotz allem Alberto Pinkus.

BIANCA Na, du musst es ja wissen.

Sie gehen ab.

Bild 16

Straße gegen Abend. Der Bestatter tritt auf, zieht hinter sich einen Leichenkarren, auf dem die Leiche von Bruno Hofstatter liegt, dahinter geht Tzila, in Tränen aufgelöst, hinter ihr Bianca, Bella und Lola in Schwarz, Elchanan, Henia, Motke, Tzipora, die wieder schwanger ist, und Avner. Der Bestatter summt leise vor sich hin.

LOLA Er fühlt sich allmählich schon zu Hause, der Bestatter.

Der Bestatter hält vor dem Haus der Hofstatters an. Lange Pause. Und plötzlich ist ein Räuspern aus Motkes Kehle zu hören, wieder eine Pause und dann:

MOTKE Lieber Bruno Hofstatter. (*Pause.*) Heute nehmen wir von dir Abschied. (*Pause.*)

BESTATTER Gerechtigkeit …

MOTKE Nachdem wir erst vor Kurzem von deinem Sohn Abschied genommen haben.

BESTATTER Gerechtigkeit …

MOTKE Ruhe in Frieden, Bruno Hofstatter, in diesem Viertel wirst du als aufrichtiger Mensch in Erinnerung bleiben, der sein Leben seiner Familie gewidmet hat, seinen Freunden und vor allem – seinem Volk.

BIANCA Bravo, Herr Tz'chori!

LOLA Habt ihr das gesehen?

BIANCA So erstehen Anführer. Plötzlich, spontan.

MOTKE (*aufgeregt, schüttelt den Anwesenden, die sich um ihn scharen, die Hand*) Ich weiß selbst nicht, wie plötzlich … plötzlich kam mir … plötzlich spürte ich … wirklich, ich … gut, ich glaube, ich habe meiner Frau viel zu verdanken.

TZIPORA Reg dich nicht zu sehr auf, Motke, er ist kein naher Verwandter, er ist ein Nachbar.

LOLA Alberto der Zweite. Ja, Alberto der Zweite! Alberto der Zweite!

TZIPORA (*mit scharfer, hoher Stimme*) Ich zeig Ihnen gleich Alberto den Zweiten, Frau Globtschik! (*Nähert sich ihr drohend.*)

MOTKE Freunde … Freunde, vergessen wir nicht … (*Gibt dem Bestatter einen Wink, weiterzugehen.*)

BESTATTER Gerechtigkeit wird vor ihm hergehen …

Er zieht den Karren und geht ab. Alle nach ihm ab. Bianca, Bella, Tzila und Lola kommen herein, alle in Schwarz und mit untergehakten Armen.

BIANCA Vierte Hand.

Sie gehen ab. Das Licht verdunkelt sich. Nacht. Die alte Bobe überquert mit langsamen Schritten die Straße, ihre Kleider sind zerrissen, Gesicht und Haare von Schlamm verschmiert, in ihrer Hand ein Bündel Lumpen und Zeitungen. Sie geht ab. Elchanan tritt auf, steht an der Haltestelle, holt Geld aus der Tasche, zählt es, steckt es zurück in die Tasche, wartet. Die Prostituierte tritt in Reisekleidung, einem Mantel und mit einem Koffer in der Hand auf.

ELCHANAN Auch du?

PROSTITUIERTE Nach Schwitz.

ELCHANAN Was?!

PROSTITUIERTE Hörst du schlecht? Schwitz. Was sonst? Hier will einer zwei Mal im Monat, einer vier Mal im Monat, und mein Talent ist vergeudet. Ich bin im Krieg mit der Zeit, nicht? In Schwitz, mein Herr, sind sie geil. Richtig, sie sind rosa, sie haben rosa Häuser, sie haben rosa Haut, aber mein Herr, sie sind geil. Der Schwitzer sagt „Bitte, Bitte“, ich furze ihm ins Ohr, und er ist bereit, dafür viel Geld zu zahlen. Was sonst.

ELCHANAN Hat mir alle Ersparnisse für die Reise in die Schweiz abgenommen, und jetzt fährt sie in die Schweiz.

PROSTITUIERTE Was sonst. Während ihr ans Ficken denkt – mache ich Pläne. Auch jetzt. Auf Wiedersehen, mein Herr, wenn du in die Schweiz kommst, kannst du bei mir Falafel verkaufen.

Sie geht ab. Elchanan sitzt an der Haltestelle. Das Licht nimmt zu. Morgendämmerung. Bella kommt mit einem Koffer und mit ihr Bianca.

BELLA Hallo, Elchanan, ich fahre weg.

ELCHANAN Du fährst weg? Werde ich jetzt immer weiter diese Worte hören, „er fährt weg“, „sie fährt weg“?

BIANCA Erzähl, wohin. Nach London. Zum Studium der Internationalen Beziehungen. Wir haben dort Verwandte. Stieglitz, vielleicht erinnerst du dich an sie, sie organisieren ihr einen Teilzeitjob mit Kindern.

BELLA Bis hierher, Mama. Ich möchte nicht, dass du mich weiter begleitest.

BIANCA Ich will mit zum Flughafen fahren, Bellinka. Was werden sie sagen, dass Mutter nicht …

BELLA Bellinka wird sich nicht von hier wegbewegen, solange du nicht nach Hause zurückkehrst.

BIANCA Was habe ich dir getan? Euch allen! Was lasst ihr mich allein zum Sterben zurück?! Ich bin einsam, hast du daran gedacht?! Mein ganzes Leben habe ich für euch gegeben … (*Lacht.*) Kinder! Mann und Kinder! Ihr habt mich davon abgehalten, Rommé und Bridge zu spielen! Störungen beim Rommé, das wart ihr! Geht! Verstreut euch in alle Winde! Geht!

Geht ab. Pause.

BELLA Nicht, dass ich Illusionen in Bezug auf London hätte.[5] London erwartet mich nicht. Auch dort werde ich alleine sein, und vielleicht ist es so fürs ganze Leben – alleine sein. Aber in London gibt es mehr Filme, gute Musik, ausgezeichnetes Fernsehen, zuvorkommendere Menschen, so dass die Verzweiflung angenehmer wird. Verstehst du? Wenn schon wie eine Hündin enden, dann soll wenigstens das Fernsehen Fernsehen sein. Bye-bye.

Geht ab. Pause.

ELCHANAN (*zu sich*) Alle sind weggefahren.

Bild 17

Nacht. Straße. Die alte Bobe überquert ganz langsam die Straße. Als sie schon fast wieder draußen ist, strauchelt sie, geht noch ein, zwei Schritte weiter, fällt hin, kriecht hinaus. Jemand ruft von draußen:

STIMME Der Bucklige hat sich umgebracht! Der Bucklige hat sich erhängt! Der Bucklige hat sich umgebracht! Der Bucklige hat sich erhängt!

In den Häusern gehen Lichter an. Männer und Frauen im Schlafanzug kommen auf die Balkone, stehen an den Fenstern. Motke Tz'chori rennt im Schlafanzug auf die Straße, ihm hinterher die schwangere Tzipora mit dem Baby auf dem Arm. Motke ist völlig aufgelöst und schwitzt, er sagt nichts, sondern sieht nur die Menschen in den Häusern rundherum an. Tzipora

5 Anm. d. Übers.: Chava Alberstein hat diese Zeilen von Bella 1989 vertont, das Lied *London* wurde wahrscheinlich das bekannteste Lied nach einem Text von Hanoch Levin.

versucht, ihn zurück ins Haus zu ziehen, er reagiert nicht, läuft hin und her, gibt ab und zu ein Stöhnen von sich, wie jemand, der kurz davor ist, in Tränen auszubrechen, doch er weint nicht, sondern murmelt nur vor sich hin.

MOTKE Kleiner Bruder mit dem Buckel … Kleiner Bruder mit dem Buckel …

Und plötzlich bleibt er stehen, sein Körper lockert sich. Tzipora geht zu ihm hin und führt ihn von dort weg, da er sich ihr nicht widersetzt. Einer nach dem anderen verschwinden die Nachbarn von den Balkonen und Fenstern, die Lichter verlöschen. Elchanan und Henia bleiben am Fenster zurück. Elchanan trinkt viel Wasser aus der Flasche.

HENIA Vergiss nicht, dass auch ich mich eines Tages erhängen könnte, das ist kein Problem für mich, vergiss das nicht.

ELCHANAN (*Hört auf zu trinken.*) Da ist das Fenster, man muss es nur aufmachen und springen – du bist frei, ich bin frei.

HENIA Warum eigentlich nicht? (*Geht zum Fenster.*) Habe ich viel zu verlieren? Habe ich etwas? Lebe ich? (*Beugt sich aus dem Fenster.*) Erwartet mich noch etwas außer Infarkt und Beerdigung? (*Schaut nach unten. Pause.*)

ELCHANAN Sie liebt sich zu sehr.

HENIA Das ist nicht wahr, ich hasse mich! Ich hasse mich! Die Welt will mich nicht! Die Welt hat mich ausgekotzt! Ich sollte endlich sterben! (*Schaut nach unten. Pause, wendet sich vom Fenster ab.*) Ich sollte sterben, ich sollte sterben, ich sollte sterben …

Sie weint, geht ab. Elchanan trinkt noch mehr Wasser, auch er geht ab. Das Licht nimmt zu. Gegen Abend. Der Bestatter tritt mit einen Leichenkarren auf, auf dem die mit einem Laken bedeckte Leiche von Bobe Globtschik liegt, dahinter geht niemand. Motke kommt auf die Straße, er schwitzt, atmet schwer.

MOTKE Der Verkehr …

Wischt sich den Schweiß vom Gesicht, beginnt, gemessen hinter dem Leichenkarren herzugehen. Von der anderen Seite tritt ein zweiter Bestatter auf, zieht einen Leichenkarren, auf dem die mit einem Laken bedeckte Leiche von Avner Tz'chori liegt, und auch dahinter geht niemand. Motke ist verwirrt, blickt peinlich berührt auf den Karren, hinter dem er geht, und auf den Karren, der ihm entgegenkommt, geht zum Bestatter des Karrens, hinter dem er hergegangen ist.

MOTKE (*leise*) Entschuldigung, wer ist hier der Verstorbene?

BESTATTER Die Verstorbene. Globtschik.

MOTKE Oje. (*Rennt dem zweiten Karren nach, der inzwischen an ihm vorbeigefahren ist, zum zweiten Bestatter.*) Gibt es hier zufällig einen Buckligen?

BESTATTER 2 Gibt es. Es gibt alles.

Motke geht hinter diesem Karren her. Der erste ist inzwischen ab. Auch dieser geht ab und Motke hinter ihm. Das Licht verdunkelt sich. Nacht. Sigi tritt auf, in der Hand einen Koffer, kommt zu seinem Haus. Lola geht ihm entgegen, sie trägt ein Nachthemd, ihre Haare sind mit einem Netz bedeckt und ihr Gesicht ist mit Creme beschmiert.

SIGI Sch… Sch… Sch… Sch… (*Pause.*) Sch… Sch… Sch… Sch… (*Führt einen scharfen, nervösen Tick mit seinem Kopf und seinen Schultern aus. Pause.*) Sch… Sch…

LOLA Es ist in Ordnung, Sigi. Sag es morgen.

SIGI (*Führt den Tick aus.*) Sch… Sch… Sch… Sch… (*Pause.*) Sch… Sch…

LOLA Aber komm jetzt rein, Sigi, es ist Nacht.

SIGI Sch… Sch…

LOLA Erzähl es mir morgen.

SIGI Heute. Sch… Sch… Sch… (*Lola streicht ihm über den Kopf, er entzieht sich ihrer Hand, macht den Tick.*) Sch… Sch… Sch… Sch… (*Geht in die Mitte der Straße, versucht angestrengt zu sprechen, während er den nervösen Tick mit seinem Kopf und seiner Schulter macht.*) Sch… Sch… Sch… Sch… (*Nachbarn kommen raus auf die Balkone, beobachten seine Bemühungen.*)

LOLA Mein Sohn ist zurück, er will etwas sagen.

SIGI Sch… Sch… Sch… Sch…

NACHBARN (*fangen an, ihm zu helfen*) Sch… Sch… Sch… Sch…

SIGI Sch… Sch… Sch… Sch…

Die Stimme der Nachbarn wird lauter, ein Chor entsteht.

NACHBARN Sch… Sch… Sch… Sch…

SIGI (*Seine Stimme ist lauter als die aller anderen, er windet sich, sein Gesicht ist rot vor Anstrengung.*) Sch… Sch… Sch… Sch… (*Und mit einem gewaltigen Schrei letzter Anstrengung.*) Schweine!!

Es herrscht völlige Stille. Pause. Sigi geht stolz ab.

Lola So ist mein Sohn, er hat immer gesagt, was er denkt.

Die Leute gehen in ihre Zimmer zurück. Die Lichter verlöschen. Lola und Bianca bleiben.

Bianca Was ist mit Sigi als vierte Hand?

Lola Er hat keinen Kopf dafür. Aber wir werden jemanden finden. Wir sind die Kraft des Lebens in diesem Viertel. Wir werden nicht sterben, wir werden Bridge spielen. Wir werden noch dieses Viertel repräsentieren, unsere verstorbenen Ehemänner, unsere Kinder, unser ganzes Leben, wir werden sie noch beim Bridge repräsentieren.

Sie gehen ab.

Bild 18

Nacht. Straße. Zwei Sanitäter des Magen David Adom[6] *treten auf mit einer Trage, auf der Henia Gelernter liegt, den Kopf leicht erhöht. Elchanan geht neben der Trage her.*

Elchanan Also so, eines Abends, ohne jegliche Vorwarnung...

Henia Genau, wie ich es dir gesagt habe. Was Mutter verspricht – hält Mutter.

Elchanan Noch bleibt uns Zeit, über etwas zu reden.

Henia Ich war für euch wie ein Hatschi. Man sagt „Gesundheit" und geht weiter.

Die Sanitäter gehen mit der Trage ab. Elchanan bleibt zurück.

Elchanan (*halb zu sich, halb zu Henia, die fort ist*) Wir haben noch nicht geklärt, was geklärt werden muss. Alle wichtigen Themen liegen noch auf dem Tisch. Noch haben wir zueinander nichts gesagt. Wir müssen reden, Mama, müssen noch reden. (*Pause. Zu sich.*) Und ich habe mich so verhalten, als läge die Ewigkeit vor uns.

Das Licht nimmt zu. Gegen Abend. Der Bestatter tritt auf, zieht hinter sich einen Leichenkarren, auf dem die mit einem Laken bedeckte Leiche von Henia Gelernter liegt, dahinter gehen Bianca, Lola, Sigi, Tzila, Motke und Tzipora. Der Trauerzug hält vor dem Haus der Gelernters an. Motke geht zu Elchanan, der abseits steht, legt ihm eine Hand auf die Schulter,

6 Anm. d. Übers.: Der Magen David Adom ist das israelische Äquivalent zum Roten Kreuz.

führt ihn zur Trauergruppe, dann stellt er sich vor alle, bereit, die Trauerrede zu halten.

MOTKE Wir nehmen heute Abschied von Henia Gelernter. Was können wir über sie sagen? Sie war eine bescheidene Frau. Aufrichtig. Was noch? Ihr Leben hat sie ihrer Familie und ihrem Sohn gewidmet. Sie störte keinen von uns, ging still durchs Leben. Relativ still, versteht sich, denn in den Ohren ihrer Nächsten lag sie immer mit Klagen über Schmerzen und Krankheiten. Aber ansonsten, absolute Stille. Kein Laut. Hinterließ keine Spur. Und ich frage mich, was vielleicht auch Sie sich fragen. Es muss doch neben der Angst vor Krankheiten noch etwas in ihr gegeben haben, Dinge, die nicht gesagt wurden, Leben, das nicht gelebt wurde. Wir sind doch nicht auf die Welt gekommen, um über Krankheiten zu klagen. Wir sind auch nicht auf die Welt gekommen, um Geld zu zählen. Und wir sind nicht auf die Welt gekommen, um Bridge zu spielen.

BIANCA Ich sehe es noch nicht, dass wir Bridge spielen.

MOTKE Und dennoch, die Dinge, die wir in Wahrheit zu sagen haben, sagen wir nicht. Und ich frage: Ist es nicht so, dass uns, wenn wir auf diesem Karren liegen und das weiße Laken uns bedeckt und bald bedeckt uns auch die Erde, dass uns, wenn wir hier liegen, plötzlich alles ganz klar wird, was nebensächlich war und worauf es ankam, uns klar wird, dass etwas anderes hätte gesagt werden müssen, und wir haben es nicht gesagt, wir haben die Zeit vertan, haben gekaut und ausgespuckt, und nichts gesagt. Gott, du hast uns die Beerdigungen gegeben, um uns an unser Leben zu erinnern, mach, dass wir diesen Karren und dieses Laken auch zwischen den Beerdigungen nicht vergessen.

LOLA (*weint leise*) Das ist so ergreifend … so richtig …

BIANCA (*weint mit*) Schabtai, Schabtai …

TZIPORA Motke hat angefangen, Philosophie zu lesen, und geht jeden Morgen in die Synagoge.

MOTKE Sei still, Tzipora.

TZIPORA Und wartet nur ab, was er das nächste Mal für euch vorbereitet.

BESTATTER Gerechtigkeit wird vor ihm hergehen …

Er zieht den Karren, geht ab, nach ihm alle ab. Das Licht wird schwächer, es wird Abend. Elchanan kommt mit einem Koffer auf die Straße, geht Richtung Bushaltestelle. Hinter ihm treten sein Vater Zvi und seine Mutter Henia auf, wie Touristen gekleidet, Arm in Arm, lächelnd.

HENIA Elchanan.

Elchanan bleibt stehen, schaut sich nach ihnen um.

ELCHANAN Mama. Papa.

ZVI Komm, Panoramakino im Himmel schauen, Elchanan.

HENIA Papa ist wie üblich verschwenderisch – Amerika, Kino, Eis! Es gibt auch einfach die Aussicht für umsonst, gute Luft. Geh mit uns spazieren, Elchanan.

ELCHANAN Ich fahre in die Schweiz.

HENIA Wir werden auch über der Schweiz spazieren gehen.

ELCHANAN (*weint*) Und wann werde ich in der Schweiz leben?

Elchanan blickt für einen Moment nach draußen, in Richtung der Busse, dann gibt er auf, stellt den Koffer ab, setzt sich darauf. Es wird dunkel, es wird Nacht. Langsam bricht der Morgen an. Die beiden Chassidim eilen aufgeregt zur Synagoge, dabei murmelnd.

CHASSIDIM Ich danke Dir, König, Lebender und immer Bestehender, dass Du mir in Barmherzigkeit meine Seele wiedergegeben hast, groß ist Deine Treue.

Aus verschiedenen Ecken erscheinen Nina, Elischa Hooker, Bella, Sigi, Angela Hopkins und Alfons Chusli, alle mit Koffern. Sie stehen still neben ihren Koffern.

HENIA Komm, Junge, geh mit deinem Vater und deiner Mutter spazieren.

ELCHANAN Alle, die zwischen mir und dem Tod standen, sind gestorben. Zwischen mir und dem Tod steht nichts mehr.

HENIA Komm, Elchanan.

ELCHANAN Bald, bald.

Avner Tz'chori tritt mit einem kleinen Wägelchen und einem Koffer darauf auf, gefolgt von Bobe mit ihrem kleinen Koffer, beide sind wie Touristen gekleidet, sie gehen fröhlich und glücklich.

AVNER Der letzte Koffer.

ELCHANAN Ich komme bald.

Ende

Tchia Danon, Gita Munte, Yosef Shiloach, Yael Amitai, Michael Koresh, Eliezer Appelboim und Dina Blay (unten v. l.) in Hanoch Levin: הילד חולם / *Das Kind träumt*. UA: 08.05.1993, Habima Nationaltheater, Tel Aviv, Israel, Regie: Hanoch Levin.

Hanoch Levin

Das Kind träumt

Aus dem Hebräischen von Matthias Naumann

Figuren

Der Vater
Die Mutter
Das Kind
Verfolgte Menschen
Blutüberströmter
Erschrockener Betrachter des Todes
Soldaten
Kommandant
Zur Liebe geborene Frau
Schluchzende Frau
Soldat mit krummem Rücken
Optimistische Nachbarin
Kapitän
Matrosen
Mit dem Schiff Ablegende
Am Ufer Zurückbleibende
Auf die Lebenden Neidischer
Mann der Logik
Tröstende Reisende
Begeisterter Reisender
Enttäuschter Reisender
Scharfsinniger Matrose
Wächter des Hafens
Hinkender Junge
Beamter der Einwanderungsbehörde
Bewohner der Insel
Zahnlos Grinsender
Hungrige Kinder
Gläubiger Reisender
Ängstliche Reisende
Herrscher der Insel
Frau des Herrschers
Gefolge des Herrschers
Journalisten und Fotografen
Müssiggänger
Tote Kinder
Visionäres totes Kind
Empfindsames totes Kind
Diskussionsfreudiges totes Kind
Ausschau haltendes totes Kind
Ungeduldiges totes Kind
„Messias“
Verwegener Soldat
Zu Staub zerfallenes Kind

ERSTER TEIL: DER VATER

Zimmer des Kindes. Nacht.

I

Der Vater und die Mutter beugen sich über das Bett des schlafenden Kindes.

DER VATER Ist es eingeschlafen, wird das Kind uns unendlich lieb;
still, hilflos offenstehend sein Mund,
erinnert es uns daran: so wird es aussehen,
wenn es sterben wird.

Einen Augenblick zuvor waren wir noch ärgerlich
über sein Getobe und Gequatsche,
einen Augenblick danach weinen wir beinahe
vor Sehnsucht nach dem süßen Lärmen
aus des Kindes Mund, nun gleichmäßig atmend,
versunken in sich.

DIE MUTTER Anhalten sollte jetzt die Zeit, am Höhepunkt des Glücks,
denn besser wird es nicht mehr werden;
uns in ein Stillleben verwandeln sollten wir drei:
„Eltern betrachten ein träumendes Kind."

II

Merkwürdige Geräusche beginnen von draußen hereinzubrechen, werden immer lauter. Ein Mann stürzt in das Zimmer, hinter ihm weitere Menschen, Familien, alle verängstigt, sie wirken, als würden sie verfolgt, murmeln mit gepresster Stimme. Sie rennen hierhin und dorthin. Der Vater und die Mutter schirmen das Kind ab, das ruhig weiterschläft. Ein verwundeter Mann stürzt herein, blutüberströmt, bleibt stehen, blickt mit tiefem Erstaunen auf sein verströmendes Blut. Alle nehmen Abstand von ihm, schauen ihn an, ihm dicht gedrängt gegenüberstehend.

BLUTÜBERSTRÖMTER Man hat in mich ein Loch gemacht ... Wie das ...
Hat aufgestochen ... wie eine Dose ...
Seht: Ich ströme auf meine Hosen ...
Vergehe – Tropfen für Tropfen – aus der Welt ...
Vierzig Jahre Geigenspiel
bilden dort eine kleine Pfütze neben meinen Schuhen ...

Er fällt auf die Knie, schwächer werdend.

Wo bin ich? – Dort, draußen ...
Wie das ... Ich bin vergossen, Mutter ...
Bin gefallen und zerbrochen und vergossen ...

Er fällt auf den Bauch, die Menschen versammeln sich um ihn.

Meine Herrschaften, entweder habe ich mich in der
Geige geirrt
oder der Irrtum liegt hier …
Hört, die ernste Einstellung zur Musik
erhält hier einen ernsten Schlag …
Ich werde protestieren … aufs Schärfste protestieren …

ERSCHROCKENER BETRACHTER DES TODES Aber bei wem? Bei wem
wirst du gegen deinen Tod protestieren?!
Ist das nicht die Frage der Fragen:
Bei wem wirst du protestieren?!

BLUTÜBERSTRÖMTER (*immer schwächer werdend*)
Ich werde protestieren … ich sage
euch, ich werde protestieren …

Er verstummt, ohne Bewegung. Ein Moment der Stille.

ERSCHROCKENER BETRACHTER DES TODES Er ist ein großer Mann,
dieser Tote,
das Wichtigste von allem brachte er schon hinter sich,
alles, was einen Schatten auf unser Leben wirft –
er ist davon schon frei, ist leicht und glücklich,
ein brillanter Denker, der das Rätsel löste,
er weiß etwas, das selbst König Salomo
zu seinen Lebzeiten noch nicht wusste.

III

Bewaffnete Soldaten kommen herein und blockieren die Zugänge, nach ihnen der Kommandant und die Zur Liebe Geborene Frau. Sie sieht den Blutüberströmten, ist erschüttert.

ZUR LIEBE GEBORENE FRAU Ein Toter? Wirklich? Allmächtiger Gott,
die erste Leiche in meinem Leben!
Also das, worüber man
so viel erzählt – geschieht!

Sie nähert sich ihm, betrachtet ihn eingehend.

Und so liegt er, kalt,
Asket, das Knäuel seiner Hoden eingepresst,
in Ewigkeit wie eine tote Maus?
Wir sind in eine schreckliche Welt gekommen!

Wie stickig es hier ist!

Sie sieht die Gruppe von Menschen, die sich gegenüber zusammendrängt.

Allmächtiger Gott, das ist der Geruch
der Ausdünstungen ihres Angstsafts!

Wie alle Augen an mir haften!
Ich hebe einen Finger – Bedeutung;
ich mache einen Schritt – Interpretation.

Und welch ein Zittern in der Luft, beinahe
bist du versucht zu sagen, der elektrische Strom
unbändiger Liebe.

BLUTÜBERSTRÖMTER (*erwacht plötzlich aus seiner Bewusstlosigkeit, mit letzter Kraft*) Stoppt ... bitte ...

ZUR LIEBE GEBORENE FRAU Allmächtiger Gott, er lebt noch!
Der erste Todeskampf in meinem Leben!
Reicht Wasser! Wird es auch ein Aufbäumen geben?

BLUTÜBERSTRÖMTER Stoppt bitte ... das Blut ...
Ich bin Geiger ... Fragt ...

KOMMANDANT Geiger? Und hier ist ein Schuh,
ein Schuhmacher schusterte ihn.

Er bohrt die Spitze seines Schuhs in die Wunde des Blutüberströmten. Er stirbt.

ZUR LIEBE GEBORENE FRAU Allmächtiger Gott, wahre militärische Grausamkeit!
Genießt du es, Entsetzen zu verbreiten?

KOMMANDANT Genießt du es, zu erschaudern?

IV

KOMMANDANT (*zur Gruppe der Verfolgten*) Nehmt nichts mit euch, kommt mit uns.

SCHLUCHZENDE FRAU Sie werden uns alle töten!

DIE MUTTER Wir können nicht gehen.

KOMMANDANT So!

DIE MUTTER Ja. Unser Kind schläft.

Der Kommandant, die Zur Liebe Geborene Frau und die Soldaten nehmen erstmals das in seinem Bett schlafende Kind wahr. Sie stehen wie hypnotisiert vor dem Anblick der kleinen Idylle inmitten des Schreckensbildes.

Es ist euch verboten, es aufzuwecken.

Kommandant So!

Die Mutter Ja. Es ist ein Kind. Es muss
in den Nächten schlafen. Es träumt.
Man sagt, dass sie in den Nächten wachsen.
In den Nächten formt sich bei ihnen
die Persönlichkeit, die Seele entfaltet sich.

Mein Sohn braucht besonders den Schlaf,
den ganzen Winter war er krank,
er ist empfindlich, jeder leichte Wind
kann seiner Entwicklung schaden.
So ist mein Sohn.

Nach und nach versammeln sich alle um das Bett wie um ein Wunder. Der Vater und die Mutter schirmen es von beiden Seiten ab.

Kommandant Ein Kind. Essenz unseres Lebens. Der Kristall.

Es schläft, was? Welten stürzen um es ein,
und versunken, eingefaltet in die Blase seiner Träume,
atmet es gleichmäßig, als verliehe es mit seinem Atem
irgendeine Ordnung, einen Sinn dem Chaos unseres Lebens.

Er nähert sein Gesicht dem des Kindes.

Seht, es atmet mit solcher Sorglosigkeit,
weiß überhaupt nicht, dass ich existiere.
Wunder des Schlafs.

He, Kinder, wie kommt es, dass ihr
so schlaft, als ob die Welt
ein Ort zum Schlafen wäre?
Als müsstet ihr nicht, denkt man bis zum Ende,
auf allen Vieren kriechen, vor Angst
heulen und schlagen mit der Faust
gegen die Wände –
So muss ein vernünftiger Mensch leben!

Die Mutter Ich flehe dich an:
Weck das Kind nicht auf.
Vor allen Dingen – ist es verboten, das Kind aufzuwecken.

Kommandant (*wie durch den Anblick des schlafenden Kindes hypnotisiert, wiederholt die Worte der Mutter*)
Vor allen Dingen – ist es verboten, das Kind aufzuwecken.
Das ist klar – das Kind, das Kind.

Aber wie wird es weiterschlafen können,
wenn wir gehen müssen?

Schluchzende Frau Sie werden uns alle töten!

Kommandant Schhh, sachte, behutsam,
schälen wir es aus seinem Schlaf,
wie man aus seiner Verpackung
ein kostbares Geschenk schält.

Verwandeln wir die Welt
in die Fortsetzung des Traums.

V

Kommandant Verbergt hinter eurem Rücken
die Gewehre. Die Helme
nehmt ab.

Er und die Soldaten legen die Waffen ab. Sie verkleiden sich mit allem, was zur Hand ist. Mutwillig-ausgelassene und fröhliche Stimmung. Die Anspannung lässt nach. Die Leiche des Blutüberströmten decken sie mit einer Decke zu und schaffen sie zur Seite.

(*Zur Mutter.*) Weckt es auf. Clowns sind in die Stadt gekommen.

Die Mutter (*weckt das Kind sanft*) Mein liebstes Kind, steh auf, sieh,
wer dich besuchen kommt.
Ein großer Zirkus, voller Clowns und Zauberer,
ist in unserer Stadt eingetroffen. Sie sind zu dir gekommen,
mein kleiner Prinz, um dich zu unterhalten.

Das Kind räkelt sich noch ein wenig gemütlich im Bett, zieht sich zusammen und streckt sich, dann öffnet es die Augen, sieht für einen Moment die Anwesenden an, kneift seine Augen wegen des Lichts zusammen, lächelt. Zunächst ist es ein wenig verhalten, aber allmählich überschwemmt es die Freude.

Das Kind Ich liebe es, mitunter aufzustehen
in der Nacht aus tiefem Schlaf und zu entdecken, dass alles
an seinem Platz ist, dass mein Vater und meine Mutter und das Zimmer
und all die Bücher und Spielsachen – alles da ist,
und das Leben geht seinen Gang, der Geruch gekochter Fische
aus der Küche, und das Radio läuft noch,
und die einfache Sorglosigkeit auf dem Gesicht meiner Mutter
ist stärker als das Dickicht der Träume.

Aber besonders liebe ich Überraschungen.
Ah, Überraschungen – mein Lebensatem, erster Schnee
auf dem Baum vorm Fenster, oder ein neues Spielzeug
auf dem Stuhl, oder, zum Beispiel, wie jetzt
Gäste zu einem Fest, die alle Zimmer des Hauses erfüllen.

Und wer sind die Gäste, wer? – Ho, die Seele
blüht auf vor Vergnügen! – Zirkusclowns und Zauberer,
die in unsere Stadt kamen, mit sich bringen sie Lichter
und Farben und den Geschmack wunderbarer Abenteuer.

Oh Freude, die über meine Ufer steigt, ich
muss ein wenig umherrollen, um ruhiger zu werden.

Es springt und rollt auf dem Bett umher, wird ein wenig ruhiger.

Die Welt ist ein guter und fröhlicher Ort,
ich empfehle ihn allen,
ich empfehle jenen, die noch nicht geboren sind,
beeilt euch, geboren zu werden: Ihr werdet es nicht bereuen!

Vater, Mutter, danke für die Geburt!
Danke, danke!

Es stürzt sich auf seinen Vater und seine Mutter und küsst sie.

VI

ZUR LIEBE GEBORENE FRAU Allmächtiger Gott, wie sehr ich Kinder liebe!
Ein Männerwelpe, mit leerem Hodensack,
läuft einem Ball in der Sonne hinterher!
Aber was ich an einem siebenjährigen Kind am meisten liebe,
ist, sich für in zehn Jahren zu verabreden.

Sie streichelt den Kopf des Kindes.

Süß, süß. Zu süß, nicht wahr?
So etwas fettiges Gutes, das dir in die Kehle gleitet
bis zum Ekel, was? – Kindheit.
Ich kenne das. Tief in unserem Herzen
spüren wir, dass diese Süße nicht
in Wahrheit das Leben ist, dass es etwas anderes gibt …
(*Flüstert ihm ins Ohr.*)
Alpträume – vielleicht
erzählten sie uns die Wahrheit.
(*Lächelt sehr nah an seinem Gesicht.*)
Erinnerst du dich an mich? Sicher träumtest du schon von mir.
Recht hatten die Träume. Alles
war in den Träumen.
Und es gibt einen Traum,
aus dem erwacht man nicht.

Was schaust du so, hast du noch nie Zähne gesehen?
Wer ist dein Vater?

DAS KIND Er.

ZUR LIEBE GEBORENE FRAU Allmächtiger Gott, das ist ein Mann, mit dem man
Gespräche über Kunst führen möchte bis zum Morgengrauen,
und sogar ein wenig mehr!

Sie legt ihre Arme um den Hals des Vaters.

Sind wir uns schon begegnet? Noch nicht? Am meisten
liebe ich die ersten Male.
Ach, könnte ich nur
die ersten Male leben!
(*Streichelt sein Gesicht.*)

Ohne Zweifel sahst du einst deinem Sohn ähnlich
und eines Tages wird er dir ähnlich sehen:
Ein zum Platzen voller Hodensack,
ein törichtes Lächeln breitet sich immer weiter aus
oberhalb eines hängenden Schlauchs, der immer härter wird …

DER VATER (*versucht angestrengt zu grinsen*) Hart mit uns, was?

ZUR LIEBE GEBORENE FRAU Hart, fast wie das?

Sie zieht mit einer schnellen Bewegung den Revolver aus dem Halfter des Kommandanten, klemmt ihn sich zwischen die Beine, so dass sich der Lauf gegen den Vater richtet.

Heute Nacht werden die Verkleidungen gewechselt:
Auf die Knie! Mach den Mund auf!

DIE MUTTER Nein!!

Der Vater, zitternd, geht vor der Zur Liebe Geborenen Frau auf die Knie, nähert seinen Kopf dem Zwischenraum ihrer Beine.

DAS KIND Vater! Vater! Das ist mein Vater!
Verzeiht ihm! Verzeih ihm, Madame!
Das ist mein Vater! Es ist nicht möglich,
das mit ihm zu tun!

ZUR LIEBE GEBORENE FRAU (*Steckt den Lauf des Revolvers in den Mund des Vaters.*)
Schön lutschen! Das Kind! Vor allen Dingen –
das Kind! Erfreuen wir das Herz des Kindes!

Der Vater lutscht den Lauf des Revolvers.

Sing dem Kind etwas Schönes über das Leben!
Die Hymne des Lutschens!

DER VATER Mm … mm … mm …!

ZUR LIEBE GEBORENE FRAU Vom ganzen Leben blieb ihm
das letzte Mm!

DER VATER Mm … mm … mm …!

DAS KIND Vater! Mein großer Vater!
Steh auf, Vater, steh auf!

ZUR LIEBE GEBORENE FRAU (*zum Kind*)
Du hast vorhin erzählt, dass du es liebst,
mitten in der Nacht aufzustehen und zu entdecken,
dass alles an seinem Platz ist.

Aber es kommt eine Nacht, da nichts
nie wieder an seinem Platz sein wird:
Die Welt, die fest war, Kind,
ist geschmolzen, zerfloss zwischen deinen Fingern,
und unter deinem Bett, dem beständigen –
bebt die Erde.

Und es gibt einen Traum,
aus dem erwacht man nicht.

DIE MUTTER (*stößt das Kind an*) Bitte für deinen Vater um Erbarmen!
Du bist ein Kind, dir wird sie zuhören!

Die Zur Liebe Geborene Frau stößt den Revolver tiefer in den Mund des Vaters.

DER VATER Mm ... mm ... mm ...!

DIE MUTTER (*zum Kind, hysterisch*)
Bitte um Erbarmen! Sing ihr ein Lied!
Deine Stimme muss ihr Herz erweichen!

DAS KIND (*bemüht sich, seine Stimme zu beherrschen, singt*)
Sieh, es kommen des süßen Sommers Tage,
Von Freude überflutet warten wir,
Der Tag ist lang, die Nacht in weiter Ferne,
Aber schon keimt tief in uns die Sorge:
Reicht uns der Sommer aus? Reicht aus das Leben?

ZUR LIEBE GEBORENE FRAU (*Zieht den Revolver aus dem Mund des Vaters, schließt das Kind mit viel Gefühl in ihre Arme.*)
Ahh, die Kindheit, die Kindheit, der nichts
widerstehen kann! Meine Kindheit,
die niemals wiederkehren wird!

Und während das Kind in ihren Armen ist und der Vater mit einem Ausruf der Erleichterung aufsteht, macht sie einen Schritt auf den Vater zu und schießt ihm ins Gesicht. Er fällt und stirbt.

Allmächtiger Gott, das geschieht wirklich!

KOMMANDANT Das war gut. Und das war richtig.
Nachdem du allen Schrecken herausgepresst hattest
aus diesem Mann, musstest du ihm den Glauben
zurückgeben, dass er leben wird, und dann, als er glaubte –

Bumm! Ins Gesicht! Der ganze Dreck! Noch konnte er nicht
verdauen, dass er leben wird, und schon – wird er nicht leben!
Wie richtig! Wie verschlagen! Weiblich!

VII

KOMMANDANT (*Blickt das Kind an, als sähe er es zum ersten Mal.*)
Aber wieder, und immer – das Kind!
(*Geht auf das Kind zu. Sanft.*)
Ahh, das Vermögen des Kindes,
sogar den geheimsten Ort
in unserem Inneren zu berühren.
Als seien die Kinder
unser inneres zartestes,
schmerzhaftestes Gewebe.

Als sei dort, in der Kindheit,
der Sinn gewesen, und er ging verloren.
(*Zur Mutter.*) Geht, ihr seid jetzt frei.
Ihr habt euer Leben teuer erkauft.

Die Mutter wirft sich über die Leiche des Vaters. Der Soldat mit Krummem Rücken wendet sich ihr zu.

SOLDAT MIT KRUMMEM RÜCKEN (*leise*)
Wenn dein Leben und das Leben deines Kindes
dir teuer sind – geh!

DIE MUTTER Ich will von meinem Mann Abschied nehmen!

SOLDAT MIT KRUMMEM RÜCKEN Gönne dir nichts. Abschied ist
ein Luxus anderer Zeiten.

DER MUTTER Was ist das für eine Welt, in der es Zeit gibt, zu sterben,
aber zu weinen heißt, sich etwas gönnen?!

OPTIMISTISCHE NACHBARIN Wir werden noch weinen! Es werden noch glückliche
Tage kommen – und wir werden weinen, werden weinen
über alles nach Herzenslust!

Die Mutter nimmt das Kind an der Hand, läuft mit ihm zum Ausgang, kehrt zurück, steht wieder neben der Leiche des Vaters, schließt ihre Augen, murmelt eine Art Beschwörung, als versuche sie, sich selbst zu überzeugen.

Die Mutter Es gab eine Zeit, da kannte ich nicht
diesen Menschen, der mein Mann wurde.
Als ich ein kleines Mädchen war,
wusste ich da, wer er ist?
Hätten sie ihn mir gezeigt
auf der Straße: „Der wird einmal dein Bräutigam",
„Ihn wirst du einmal lieben" –
hätte ich nicht gelacht.

Ich rufe diese Zeit: Komm zurück! Komm zurück!
Komm zurück, glückliche Kindheit,
in der ich von meiner zukünftigen Liebe nichts wusste,
komm zurück, von Sonne und Freude erfüllte Kindheit
und absolute Gleichgültigkeit gegenüber diesem
Menschen,
Geliebter meines Herzens, der tot ist.
Komm, Leere, füll mein Herz!

VIII (Requiem)

Zur Liebe geborene Frau (*Blickt auf die Leiche des Vaters.*)
Die zweite Leiche, die du siehst,
ist schon nicht mehr die erste Leiche.
Etwas Jungfräuliches ging verloren.
Der süße Schauer ist verflogen.

Und beklommen ist das Herz. Und traurig. Wie zu
Beginn
des Herbstes. Nicht zurückkehren wird
der erste Geschmack der Trauben.
Leb wohl, Jugend: Der Sommer ist vorbei.

Zweiter Teil: Die Mutter

Der Kai, das Schiff. Abend.

I

Auf dem Schiff – diejenigen, die es geschafft haben, an Bord zu gelangen. Unten, auf dem heruntergekommenen Kai – diejenigen, die es nicht geschafft haben. Auf der Gangway – der Kapitän, Pfeife rauchend. Ein oder zwei Matrosen machen das Schiff zum Ablegen bereit. Die Mutter und der Junge kommen in Eile herein, bahnen sich ihren Weg zur Gangway. Zwischen den Übriggebliebenen auf dem Kai – der Auf die Lebenden Neidische, er zeigt auf jene, die es an Bord geschafft haben.

Auf die Lebenden Neidischer Das ist der Schmerz: Es wird solche geben, die leben werden.

Er sieht die Mutter und das Kind.

Und sogar ein Kind: Es wird
nicht nur leben – auch noch viel.
(*Packt das Kind, betastet es fieberhaft.*)
Lass zum Abschied Fleisch berühren, das nach mir leben wird!

Das Kind (*Reißt sich voller Angst von ihm los.*)
Ich weiß nicht, was Sie wollen!

Auf die Lebenden Neidischer Ich werde sterben. Verstehst du mich?
(*Er demonstriert es dem Kind, während er spricht.*)
Ich werde daliegen: So. Werde nicht
mich bewegen können, nicht fühlen. Werde nicht sein.
Aber das ist nicht der Kern des Problems,
nicht mein Leben, lebte ich doch schlecht,
auf mein dreckiges Leben spucke ich,
der Kern des Problems ist, dass du leben wirst.

Verstehst du mich? Erfasst du die Tiefe der Angelegenheit?
Ich werde bewegungslos daliegen: So.
Und du wirst mit Frauen tanzen: So.
Und ich werde mit offenem Mund daliegen: So. Und du
wirst sie dort oben umarmen und lachen: So.
Darüber weint das Herz.
Und wirst du dich an mich erinnern, ach dann
wirst du noch mehr lachen: So.
Und die Frauen werden mit dir lachen: So.

Und ich: So. Und sie noch mehr: So.
Und ich: So. Und sie kugeln sich
vor Lachen: So. Und ich: So.
Und so. Und so. Und so.
Und sie pissen vor Lachen: So
(*Schreit vor Verzweiflung.*)
Gott, sie pissen auf dieselbe Erde,
in der ich mit offenem Mund liege und zerfalle!
(*Schluchzt.*)
Ich werde das nicht ertragen können! Ich
sage euch: Ich werde das nicht akzeptieren!
Unter keinen Umständen werde ich damit einverstanden sein!

MANN DER LOGIK Denkst du, dass die Frauen anfangen werden, nach oben zu pissen?
Es wird dir nicht helfen, das ist Physik.

AUF DIE LEBENDEN NEIDISCHER (*hysterisch*) Ich spucke auf die Physik!
Ich werde das nicht akzeptieren! Ich bin hier das Kind!
(*Zeigt auf das Kind.*) Da: Das bin ich!

Er packt das Kind, versucht es mit Gewalt an sich zu pressen, als wolle er mit ihm eins werden. Das Kind reißt sich von ihm los mit Hilfe der Mutter, die den Auf die Lebenden Neidischen wild fortstößt. Er fährt fort zu schreien.

Mein Vater soll kommen und dafür sorgen,
dass die Frauen nach oben pissen werden, wenn ich tot bin!
Ich bin hier das Kind! Ich!
(*Rennt mit einem bitteren Schrei hinaus.*)
Ich bin das Kind! Ich bin das Kind! Ich …!

II

Die Mutter und das Kind gehen die Gangway hinauf. Der Kapitän versperrt ihnen den Weg.

KAPITÄN Das Kind.

DIE MUTTER Meines. Man hat dich für zwei Personen bezahlt.

KAPITÄN Niemand erwähnte ein Kind.

DIE MUTTER Das ist mein Sohn.

KAPITÄN Dies ist ein kleines und altes Schiff, und das Kind bringt besondere Probleme.

Ich riskiere mein Leben beim heimlichen
Überqueren der Grenze. Wir müssen mit
Durchsuchungen rechnen,
wenn wir den Hafen verlassen. Es könnte
Lärm machen, in Panik geraten.
Das Kind bringt mir alles in Gefahr.

DIE MUTTER Es ist ein vernünftiges Kind. Es hat sich unter Kontrolle.
Es sah, wie sein Vater gestern ermordet wurde
vor seinen Augen, und schwieg.

KAPITÄN Es wird nicht schweigen, wenn die Gefahr an sein
Leben rührt.

DIE MUTTER Hör zu, das ist unmöglich. Ich gab
alles, was ich hatte, für die Schiffspassage.
Du weißt, wenn wir hier bleiben – werden wir sterben.
Versetz dich für einen Moment in unsere Lage ...

KAPITÄN Warum ich? Ich bin nicht ihr,
und ihr interessiert mich nicht.

DIE MUTTER Du hast sicher selbst Kinder.

KAPITÄN Zwei. Und noch eine gab es
und sie starb. Mit drei Jahren.

DIE MUTTER Eine dir im Alter geborene Tochter?

KAPITÄN Ja. Zu jener Zeit trauerte ich um sie sehr.
Ich dachte, dass nach ihrem Tod das Leben
nicht weitergehen kann. Und es ging weiter.
Ich weiß selbst nicht, wie.

DIE MUTTER Denk wieder an sie und sieh mein Kind an.

KAPITÄN Ich kann an mein totes Mädchen nicht
auf Aufforderung denken, wenn es jemand anderem
gelegen kommt.
Es gibt Termine, um sich an sie zu erinnern, es gibt
den Todestag,
Feier- und Gedenktage. Jetzt gerade bin ich
bei der Arbeit. Ich habe zu tun.
Aber sag mir, das beschäftigt mich:
Warum soll meine Tochter sterben, und dein Kind
leben?
Und wo warst du, als sie starb? Ich hörte dich nicht
schreien damals oder beten.
Du hast mit deinem Mann gevögelt und Wein getrunken,
als meine Tochter mir in den Armen starb!

Die Mutter Sei gnädig, du quälst
dich selbst und mich für nichts.

Kapitän Und warum für nichts? Wer lebt, der soll
sich wenigstens quälen!
Gib zu, dass du mit deinem Mann gevögelt
und Wein getrunken hast, als mein Mädchen starb!

Die Mutter Ich kannte sie nicht!

Kapitän Sie hat mit ihrem Mann gevögelt
und Wein getrunken, als mein Mädchen starb!

Die Mutter Und wenn ich gevögelt hätte? Dein Mädchen ist nicht mehr,
nichts wird ihr helfen,
jetzt geht es um mein Kind!
Warum soll mein Sohn für den Tod deiner Tochter bezahlen?

Kapitän Warum sollte ich gnädig sein, sprich,
gib mir einen Grund, einen Grund!

Die Mutter Ich habe ein Kind – und ich will, dass es lebt!

Kapitän Ich sage dir ehrlich: Ich liebte
mein Mädchen, aber dein Kind
liebe ich nicht. So einfach ist das.

Die Mutter Wäre dein Mädchen am Leben – würdest du
meinen Schmerz nicht verstehen: Und weil dein Mädchen
tot ist – willst du meinen Schmerz;
so oder so – du wirst nicht helfen.

Kapitän Ich werde nicht helfen. Du hast gevögelt, als mein Mädchen starb.

Die Mutter Verzeih mir.

Kapitän Ich werde nicht verzeihen. Drei Jahre war sie – eine ganze Welt
für ihre Eltern; nichts für alle anderen.

Und noch etwas. Sag, das muss ich unbedingt wissen:
Wirst du ohne deinen Sohn können? Wirst du ohne ihn leben können?

Die Mutter (*weint*) Nicht einen Moment werde ich ohne ihn leben können!

KAPITÄN Nein, sprich ernsthaft, ich frage,
das beschäftigt mich sehr: Wirst du ohne ihn können?
Wirst du ohne deinen Sohn leben können?

DIE MUTTER (*schreit*) Nein! Nein! Ich werde nicht ohne meinen Sohn leben können!

KAPITÄN Und doch wirst du können! Und doch wirst du leben, auch wenn er stirbt!
Und doch wirst du atmen und wirst essen und wirst dich waschen und wirst
pissen und scheißen! Du wirst ohne deinen Sohn leben, wirst leben!
Und das ist alles, das ist es, was so demütigend ist:
Dass wir weiterleben können
ohne das uns Teuerste.

III

MATROSE Captain, wir sind mit dem Einladen der Treibstofffässer fertig.

KAPITÄN Wir legen ab.

Er beginnt hinaufzusteigen. Die Mutter packt das Kind und stürzt voran, um auch nach oben zu gelangen.

DIE MUTTER Du wirst uns nicht davon abhalten, an Bord zu gehen!
Helft mir, Leute!

KAPITÄN (*Stellt sich ihr in den Weg, umschlingt sie mit seinen Armen.*)
Die Hysterie von Frauen macht uns
schon mal gar nichts aus.
Unsere Augen haben viel gesehen.

Die Mutter versucht, sich aus seinen Armen herauszuwinden. Er lässt nicht nach.

Und sie lodert, was? Das ist also der Körper,
der vögelte, als mein Mädchen starb!
Irgendwo stirbt ein Kind – vögel mit mir!

DAS KIND (*Schlägt mit seinen Fäusten auf den Kapitän ein.*)
Zu Hilfe! Man schlägt meine Mutter!

KAPITÄN Man umarmt! Man umarmt sie nur, die Schöne!
(*Zur Mutter, von Begierde gepackt, ihr ins Ohr.*)
Ich nehme es mit, gibst du
mir nur eine kleine Vergütung.

DIE MUTTER Du hast gequält – jetzt machst du Witze.

Kapitän — Ich bin seit zwei Monaten mit dem Schiff auf See,
keine Frau habe ich berührt.

Die Mutter — Mein Mann, den ich liebte, wurde gestern erst ermordet.

Kapitän — Gestern war gestern.

Die Mutter — Hier, auf meinem Kleid, ist ein Blutfleck,
der noch nicht getrocknet ist.

Kapitän — Wir werden das Kleid ausziehen.

Die Mutter — Und kümmert es dich nicht, in der Stunde, da du in mich eindringen wirst,
wen ich vor meinen geschlossenen Augen sehen werde?

Kapitän — Du wirst vor deinen geschlossenen Augen sehen,
was du sehen wirst. Ich werde vor meinen
geöffneten Augen sehen, was ich sehen werde.

Versetz dich in meine Lage. Ich
bin alt, mir bieten sich keine Gelegenheiten mehr.
Frostige Huren hier und da.
Du bist schön. Die Tränen, die Wut entfachen
deinen Körper. Du bist, was ich brauche.
Schlaf mit mir und ich nehme das Kind mit.
Es gibt abscheulichere Geschäfte.

Die Mutter blickt ihn einen Moment lang an, als wäge sie seinen Vorschlag ab, blickt das Kind an, dann nimmt sie die Hand des Kindes in ihre Hand und geht die Gangway hinunter.

IV

Die Mutter — (*zum Kind*) Komm, setzen wir uns dahin.

Das Kind — Was werden wir jetzt tun?

Die Mutter — Nichts. Einfach sitzen.

Kapitän — (*zu den Matrosen*) Werft die Maschinen an!

Die Mutter und das Kind sitzen auf der Mole dem Schiff gegenüber, beobachten die letzten Vorbereitungen.

Die Mutter — Es ist eine große Erleichterung, nicht mehr
um dein Leben zu bitten, nicht weiter zu kämpfen.

Hast du mal einen alten Bettler auf dem Gehweg gesehen,
vor sich eine Schachtel? Wirf eine Münze hinein
oder wirf nicht, er liegt da, als ob

ihn das alles nichts anginge.
Das ist das Leben!

DAS KIND Aber wenn ihm keiner was hinwirft,
wird ihn zuletzt der Hunger aufwecken zum Kampf.

DIE MUTTER Allerdings ist genau das die Frage, für was wird er kämpfen?
Für das Bettlerleben? Das ist ihm der Mühe nicht wert.

DAS KIND Werden wir sterben?

Schweigen. Es beginnt zu schluchzen.

DIE MUTTER Das ist das Elend, dass du ein Kind bist, und dein Vermögen,
sich um deines Lebens willen zu erniedrigen,
den Sättigungspunkt noch nicht erreicht hat.

Wie viel wirst du dich noch im Schmutz wälzen,
bis du letztendlich zerquetscht werden wirst!

DAS KIND (*Sein Weinen wird stärker.*) Ich habe Angst!

DIE MUTTER (*Stürzt sich auf es. Umarmt es.*)
Nie, nie werde ich dich verlassen!
Nie werden wir uns trennen!
Du weißt das, nicht wahr?

Das Kind nickt unter Tränen.

Und auch wenn der Tag kommen wird, an dem ich gezwungen sein werde,
zu dir zu sagen: Geh! – wirst du wissen,
dass ich es in Wahrheit nicht so meine,
und du wirst nicht gehen. Das wird unser heimliches Geheimnis sein,
nur zwischen mir und dir: dass nie und aus keinem Grund
wir uns trennen werden. Einverstanden?

Das Kind nickt unter Tränen.

KAPITÄN (*zu den Matrosen*) Leinen los!

DAS KIND (*Weint weiterhin.*)
Aber ich habe Angst! Ich bin kein Bettler,
ich habe noch viel zu verlieren!
Ich will mit den anderen an Bord des Schiffes gehen!

KAPITÄN (*zu den Matrosen*) Löscht alle Lichter, wir müssen
den Patrouillenbooten ausweichen!

Das Kind (*Rennt zum Ende der Mole, beginnt zum Schiff hin zu singen.*)
Sieh, es kommen des süßen Sommers Tage,
Von Freude überflutet warten wir …

Kapitän Nein, Kind. Erspar dir diese Demütigung.
Die Welt funktioniert nicht so, mit Liedern.
Außerdem ist da etwas Falsches in deinem Gesang,
du bemühst dich zu sehr, mein Herz zu kaufen, du willst zu sehr leben – da ist keine Unbefangenheit, keine Unschuld.
Man spürt, dass du diese Vorstellung schon einmal gegeben hast.
(*Zu den Matrosen.*) Holt schließlich die Gangway ein!

Die Matrosen beginnen, die Gangway auf das Schiff hochzuziehen. Der Auf die Lebenden Neidische stürzt auf die Mole, er jubelt.

Auf die Lebenden Neidischer Also was, auch das Kind: So?!
Nicht nur ich, auch es: So?!
(*Betastet das Gesicht des Kindes.*)
Seht, hier wird zum Himmel lachen
ein kahler Schädel!
(*Zur Mutter.*)
Liebtest du sein Lächeln?! – Bleiben werden dir
zwei Reihen lächelnder Zähne!

Die Mutter steht plötzlich auf, läuft ruhelos auf der Mole auf und ab.

Kapitän Anker auf! Wir legen ab!

Auf die Lebenden Neidischer (*tobt vor Freude*)
Und ich werde liegen: So. Und es auch
und du[1]: So. Und zusammen: So.
Wir alle: So. So. So.

V

Die Mutter (*zum Kind*) Was klebst du die ganze Zeit an mir? Setz dich da hin!
Du sollst wissen, dass ich deinen Vater mehr liebte,
als ich dich liebte. Er war eine Wahl
der Liebe, aber wer hat dich gewählt?

1 Anm. d. Übers.: Im Hebräischen die weibliche Form von „du". Gemeint ist die Mutter.

Du hast mir bei der Geburt weh getan, und weiterhin
tust du mir weh und stellst an mich Forderungen,
die ich nicht erfüllen kann!

Und wenn du ein Kind bist, na und?! Und wenn du aus meinem Bauch
herausgekrochen bist, na und?! Und denkt man mal darüber nach
bis zum Ende, selbst wenn du stirbst, na und?! Was soll's?!
(*Ruft dem Kapitän zu.*) Kapitän, ich bin bereit!

KAPITÄN Ich habe die Gangway schon eingeholt.
Warum hast du nicht einen Moment früher gesprochen?
Was gibt dir die Gewissheit,
dass ich dich immer wollen werde?
Jetzt bin ich schon träge.

DIE MUTTER Wie kannst du träge sein? Ich bin dein!
Wie du gesagt hast: Wir werden das Kleid ausziehen!

KAPITÄN Und du hast vergessen, dass ich alt bin, dass ich
leicht zu entflammen bin, aber auch leicht abzukühlen.

DIE MUTTER (*Zerreißt das Kleid über ihrer Brust.*)
Hier meine Brüste! Schau sie an!

KAPITÄN Brüste sind nicht alles.

DIE MUTTER Als du sie berührt hast, dachtest du anders.

KAPITÄN Als ich sie berührt habe. Jetzt berühre ich sie nicht.
(*Leuchtet sie mit einer Lampe an.*)
Was geschieht mit mir, dass nichts
mich mehr herausreißen kann
aus meiner Apathie? Ich bin besorgt.
Ist es das Alter? Der Anfang des Todes?

Die Mutter kniet, schluchzt auf der Mole. Seine Lampe wandert über ihren Körper.

KAPITÄN Du verstehst, dass deine Brüste nicht alles sind, richtig?

DIE MUTTER Ja.

KAPITÄN Wir begehren für einen kurzen Moment.
Danach verstehen wir nicht,
was und warum wir begehrten.
Bis zum nächsten Moment der Begierde.

DIE MUTTER Ja.

KAPITÄN — Und der Abstand zwischen den Momenten ist länger als die Summe all der Momente.

DIE MUTTER — Ja.

KAPITÄN — Und gibt man euch, den Frauen,
etwas im Tausch für die Momente der Begierde,
dann ist das ein Akt der Gnade.

DIE MUTTER — Ja.

KAPITÄN — Eine Münze für den Bettler.

DIE MUTTER — Ja.

KAPITÄN — Ein Almosen für deine Brüste, so wie ich es
einem Buckligen zuwerfen würde für sein Gebrechen.

DIE MUTTER — Ja.

KAPITÄN — Kenne deinen Platz. Das ist wichtig.
Schaukel deinen Buckel,
damit sie in mir Erbarmen erwecken.

DIE MUTTER — Ja.

Sie schaukelt ihre Brüste.

KAPITÄN — (*zu den Matrosen*) Lasst die Gangway herunter!
Tag der Gnade.

Die Mutter wendet sich abrupt dem Auf die Lebenden Neidischen zu, und dieser beginnt mit verzerrtem Gesicht, ‚gleichgültig' vor sich hin zu pfeifen, und geht ab.

VI

Die Matrosen lassen die Gangway herunter, lassen Mutter und Kind an Bord gehen, danach ziehen sie die Gangway wieder hoch. Der Kapitän wendet sich an einen der Matrosen.

KAPITÄN — Fahr los flussabwärts,
mit gelöschten Lichtern.
Wir haben mindestens eine Stunde Ruhe bis zur Grenze.
Ich bin in meiner Kabine, zeige sie der Dame.

Er legt seinen Arm um die Schulter der Mutter.

Komm.

DAS KIND — Mutter?

Die Mutter hält inne, wendet sich ihm zu, ein schiefes Lächeln auf ihren Lippen. Das Kind beginnt am ganzen Körper zu zittern. Die Mutter geht im Arm des Kapitäns ab. Die Tröstende Reisende hüllt das zitternde Kind, das sich auf die Reling stützt, in eine Decke, sie streicht ihm über den Kopf.

TRÖSTENDE REISENDE Schschsch, Kind. Deine Mutter steckt gerade in der aufreibenden Arbeit, dein Leben zu retten.
Es wird der Tag kommen, an dem du verstehen wirst.

DAS KIND Ich habe schon verstanden. Alles ist bereits in den Träumen erschienen.
Man nimmt mir die Brüste meiner Mutter. Den Rücken kehrt mir
die erste Frau in meinem Leben zu. Ein warmes und wohlwollendes Lächeln
verwandelt sich in ein höhnisches Zwinkern. Alles war in den Träumen.

Über ihre Schulter wirft sie mir ein Lächeln zu
so sehr schön-schmerzhaft aus Verrat und Hohn
und geht dahin und verschwindet. Ohne Wiederkehr.

VII (Requiem)

Die Mutter mit dem Kapitän in seiner Kabine, nur ihre Stimme ist zu hören. Die Tröstende Reisende versucht, das Kind zum Einschlafen zu bringen, sie singt ihm „Sieh, es kommen des süßen Sommers Tage …“.

DIE MUTTER Sachte … Sachte … Sachte …

Das Kind neigt sein Ohr der Stimme der Mutter zu, aber die Tröstende Reisende versucht, seine Aufmerksamkeit abzulenken.

TRÖSTENDE REISENDE Es gibt Momente, in denen das Herz fragt,
aber der Mund – besser für ihn, wenn er singt.

Kind, versuch daran zu denken,
dass dein und deiner Mutter Leben gerettet wurden.
Denk an den Horizont, der euch erwartet,
denk an das Meer, wusstest du, dass wir
gleich hinaus auf den Ozean fahren werden?

Allmählich lässt das Zittern des Kindes nach und es schläft in ihren Armen ein.

Na also, es ist eingeschlafen. Ging in die Pause
seiner kleinen Tragödie,
um Luft zu schnappen für den nächsten Schlag.

Zauber des Schlafs: Ein Mensch schläft,
so ist er ein Kind, und ein Kind schläft,
so ist es die Essenz der Kindheit;
alles Schöne der Welt, all ihre Gefühle,
all ihr Geschmack und all ihr Duft
kristallisieren sich in einem schlafenden Kind.

Ach, Kinder, ihr wurdet geboren, uns das Herz
zu brechen. Ihr kleinen Menschen,
lustige Zwerge mit seltsamen Kostümen,
schlafwandelnd, arglos, fragt unsinnige Fragen,
zerbrecht Teller, macht in die Hosen,
springende und rennende Äffchen, steht auf und fallt
hin,
klaut Süßigkeiten ohne Grenze und Ende –
ihr wurdet geboren, um unsere geheimsten Saiten
anzuschlagen,
ihr wurdet geboren, damit wir euch nicht widerstehen
können,
ihr wurdet einfach geboren, um uns das Herz zu brechen.

Dritter Teil: Das Kind

Das Schiff, die Insel. Morgendämmerung.

I

Das Schiff nähert sich dem Ufer der Insel. Nach einer mühseligen Reise ähnelt es nun, mit seinen Reisenden, einem Geisterschiff. Die Reisenden sind an Deck, in ihre Mäntel gehüllt, erschöpft und durchgefroren. Strömender Regen, Wind. Plötzlich ruft einer der Reisenden, begeistert.

Begeisterter Reisender Ich sehe Land!

Die Reisenden drängeln sich an der Reling, um etwas zu sehen.

Enttäuschter Reisender Ein grauer und karger Felsen, das ist alles, was im Nebel erscheint.

Begeisterter Reisender Mein Leben lang wusste ich nicht, wie sehr ich karge Felsen liebe!
Felsen! Auf ein Stück festen Felsen zu treten –
nichts weiter werde ich in meinem Leben verlangen!

Scharfsinniger Matrose Sobald du erst aufrecht und sicher auf dem Felsen stehst –
wirst du anfangen, auch einen Strahl Sonne zu wollen;
man kennt die Menschen.

Kapitän Lasst die Gangway auf den Kai herab!

II

Auf dem verlassenen Hafenkai tauchen Wachen auf, eingehüllt in ihre Mäntel, in ihren Händen Gewehre. Der Kapitän ruft ihnen zu.

Kapitän Wo sind die Beamten von der Einwanderungsbehörde und vom Zoll?
Hier sind erschöpfte und durchgefrorene Menschen,
sie müssen dringend an Land gehen!

Wächter Ihr müsst warten! Der Hafenbeamte kommt um acht und empfängt ab Viertel nach acht!

Begeisterter Reisender Oh Viertel nach acht! Oh große Erwartungen,
gewaltige, schicksalsschwangere für unser Leben:
Die Erwartung, dass der Beamte kommen wird, die Erwartung, dass der Beamte
nicht krank sein wird, die Erwartung, dass die Verdauung des Beamten

sich heute Morgen ordnungsgemäß verhielt, die Erwartung an den Ausdruck,
der sich auf dem Gesicht des Beamten zeigt, wenn er sich an den Tisch setzt,
die Erwartung, dass der Stempel in der Hand des Beamten emporgehoben wird,
dass der Stempel in der Hand des Beamten nicht in der Luft verweilen wird,
die Erwartung, dass der Stempel in der Hand des Beamten auf das Papier gedrückt werden wird,
dass das Papier nicht verloren gehen wird, dass das Papier nicht im Wind fortgeweht werden wird,
dass kein Wind wehen wird, die Erwartung, dass das Papier übergeben werden wird
aus der sicheren Hand des Beamten in deine zitternde Hand.

Würde ich heute Morgen gefragt, wie
die Hoffnung des Menschen aussieht, sagte ich:
Ein Beamter um Viertel nach acht!

III

Aus dem Nebel, der über der Insel hängt, erscheint ein etwa 17-jähriger Junge, in Lumpen gekleidet, auf einem Bein humpelnd, in seiner Hand ein kaputter Schirm, um sich vor dem Regen zu schützen, ohne Erfolg.

BEGEISTERTER REISENDER He, Junge, wie ist das Leben auf der Insel?

HINKENDER JUNGE Denkst du, wenn du dir Mühe gibst, in einem natürlichen
Ton zu fragen: „Wie ist das Leben auf der Insel" –
dass dies dein Betreten der Insel
der Wirklichkeit näherbringen wird?

Ich komme jeden Morgen an den Strand, um
Flüchtlingsschiffe ankommen zu sehen. Immer
dieselbe Geschichte: Man schickt sie
von hier dorthin, woher sie kamen.

BEGEISTERTER REISENDER Uns wird man an Land gehen lassen. Wir haben Visa.

HINKENDER JUNGE Das sagen alle.

BEGEISTERTER REISENDER Und warum kommst du hierher?!
Um uns die Verzweiflung früher zu bringen?!

Hinkender Junge Ich bin Dichter.

Ich schreibe über euch, die ihr aus dem Nebel kommt
und zurückkehrt und in ihm verschwindet. Ich weine
über euer Schicksal und zeichne es auf.
Eure sich nähernden Gesichter erzählen die Geschichte
der Illusion;
aber alles menschliche Versagen ist eurem sich entfernenden Nacken eingeprägt.

Ich werde der Dichter des menschlichen Nackens sein;
dieser schmale Abhang, auf dem sich das Haar lichtet
zu einem zarten Flaum, bis es aufhört,
und die zerfurchte Haut beginnt, schwitzend
unter einem schmutzigen Kragen –
dort liegt die Wahrheit über den Menschen.

Begeisterter Reisender (*Betastet verlegen seinen Nacken. Und plötzlich.*) Wahrheit der Hinkenden!

Hinkender Junge Ich habe viele Menschen gesehen, und ich habe viele Gedichte.

IV

Wächter Der Immigrationsbeamte kommt!

Der Beamte der Einwanderungsbehörde tritt auf, geht ganz gemächlich an Bord des Schiffs. Die Reisenden halten ihm ihre Pässe hin.

Beamter Wieder Flüchtlinge. Die Visa sind nicht gültig.
Ihr könnt die Insel nicht betreten.

Begeisterter Reisender Das Reisebüro, bei dem wir die Schiffspassagen gekauft haben …

Beamter Das Reisebüro hat dich betrogen.
Sie betrügen euch alle, das ist heute eure Lage.
Ihr seid der Stoff, aus dem man Betrügereien macht.

Protest und Heulen werden unter den Reisenden laut.

Ruhe! Was schreit ihr?! Was
jammert ihr alle?! Immer Jammern,
immer ausgestreckte Hände!
Gott, dass doch ein Tag kommen möge
ohne ausgestreckte Hände! Ein normaler Tag
mit Menschen mit am Körper herabhängenden Händen

in natürlicher Haltung! Ich sehe eine Hand, die sich
mit einem Papier nach mir ausstreckt, sofort erfüllt
mich
solch eine Müdigkeit und ich denke an meinen
Pyjama!

Und alle hierher! Alle zu mir! Alle wollen
genau dort einreisen, wo es nicht geht!
Vierzig Jahre lang kam hierher nicht mal
ein Vogel zum Scheißen, jetzt, da man sie tötet –
erinnern sie sich daran, zu kommen! Man schneidet
jemandem die Kehle durch –
sofort hätte er lieber Aussatz: sehr klug!

Ach Gott, acht Uhr zwanzig am Morgen,
und ich will schon ins Bett!

BEGEISTERTER REISENDER (*Ergreift die Hand des Beamten, leise.*)
Wir werden dafür bezahlen, an Land zu gehen.

BEAMTER (*leise*) Es gibt jemanden, der zahlt mehr
dafür, dass ihr nicht an Land geht.
(*laut*) Fahrt weg aus dem Hafen! Ihr wart da –
und seid nicht mehr! Fahrt weg!
Gott erbarme sich!

Er verlässt das Schiff.

V

DIE MUTTER (*zum Kapitän*) Du wirst uns nicht zurückbringen!
Du weißt, dass man uns dort, woher
wir kamen, alle töten wird!

KAPITÄN (*Schaut lange die Mutter und die Reisenden an, sie schauen ihn an.*)
Nicht gut, dass jemand ein Gesicht hat,
nicht gut, seinem Blick zu begegnen
länger als einen Wimpernschlag.
Plötzlich kennst du ihn, verdammt,
plötzlich steht vor dir ein Mensch.

Nein, ich werde euch nicht zurückbringen,
ich habe eure Gesichter gesehen.
Schade. Menschen.

(*Zum Beamten.*)
Richte dem Herrscher der Insel aus: Ich werde nicht ablegen,
bis die Reisenden an Land gegangen sind.

VI

REISENDE (*rufen voller Hoffnung zum Ufer hin, zeigen auf sich selbst*)
Seht uns an: Gesichter! Gesichter!
Menschen!
Helft uns, an Land zu gelangen!

Nach und nach kommen am Ufer die Bewohner der Insel zusammen, Männer, Frauen und Kinder, alle abgerissen und niedergeschlagen, behindert, arm und beschäftigungslos. Vor den Augen der Passagiere des Schiffs zeigt sich ein Bild des Schreckens, das ihrem eigenen Bild nicht nachsteht. Unter den Versammelten ein zahnloser, grinsender Mann und mit ihm seine hungrigen Kinder.

ZAHNLOSER Schöne Zeiten: Die Bettler klappern
mit ihrer Büchse vor denen, die die Hand ausstrecken;
Der mit leeren Taschen lädt zum Tanz
den mit dem leeren Magen.
Warum seid ihr gekommen?

GLÄUBIGER REISENDER Wohin sollen wir gehen?

Mit einem Mal stürzen die Kinder des zahnlosen Grinsenden vor, sie strecken ihre Hände vom Rand des Kais zu den Passagieren des Schiffs hin, damit sie ihnen etwas zuwerfen. Der Zahnlose grinst.

ZAHNLOSER Das ist unser Leben.

GLÄUBIGER REISENDER Besser als der Tod.

ZAHNLOSER Ein verlängertes Sterben.

GLÄUBIGER REISENDER Wenigstens atmet man.

ZAHNLOSER Um vor Hunger zu heulen.

GLÄUBIGER REISENDER (*Zeigt das Kind, das auf dem Schiff ist, deutet auf seine Kehle.*)
Diese Kehle wird aufgeschlitzt werden.

ZAHNLOSER Bis gestern schluckte sie Kuchen.

GLÄUBIGER REISENDER In einer Woche wird sie in der Erde zerfallen.

ZAHNLOSER Der eine früher, der andere später.

Eines der Kinder auf der Insel wirft einen Stein nach dem Schiff. Er trifft den Gläubigen Reisenden im Gesicht. Er bedeckt sein Gesicht mit den Händen, taumelt einen Moment, wischt sich das Blut vom Gesicht. Der Zahnlose öffnet seinen Mund, vielleicht grinsend, vielleicht mit einem stummen Schrei, dann wendet er sich mit seinen Kindern zum Gehen. Der Gläubige Reisende fällt auf die Knie, ruft ihm zu:

GLÄUBIGER REISENDER Vergebt!

Der Zahnlose bleibt stehen.

Die Kuchen. Vergebt. Hätten wir nur
damals daran gedacht, dass wir einmal sterben werden …!

ZAHNLOSER (*Mit dem grinsenden Ausdruck, der nicht von seinen Lippen weicht, auch er beugt das Knie.*)
Vergebt ihr. Wir werden weiter atmen,
wenn ihr sterben werdet. Vergebt.

Er geht mit seinen Kindern ab.

VII

Der Hinkende Junge sieht den Herrscher der Insel sich aus der Ferne nähern. Zu den Reisenden.

HINKENDER JUNGE Seht, der Herrscher der Insel kommt zum Hafen mit seiner Frau
und einem Gefolge von ausländischen Journalisten und Fotografen,
um ein neues Kriegsschiff einzuweihen.

Ruft ihn an! Das ist die Gelegenheit!
Der Herrscher der Insel ist niemand,
der die ausländische Presse geringschätzen würde!

Der Herrscher der Insel, seine Frau, Gefolge, Journalisten und Fotografen treten auf, sie kommen auf ihrem Weg den Kai entlang.

BEGEISTERTER REISENDER Herr Herrscher, hier bitten Geflüchtete,
ihren Fuß auf festes Land zu setzen!

Der Herrscher hält für einen Moment inne, will seinen Weg fortsetzen, aber angesichts der Journalisten und Fotografen, deren Interesse an dem Schiff und seinen Passagieren geweckt ist, bleibt er erneut stehen.

Nicht um zu leben, Herr Herrscher,
nur um nicht zu sterben, um nicht zu sterben!

An der Seite, am hintersten Ende der Insel, in einem kleinen Lager,
überfüllt, dicht gedrängt, wir werden keinen Platz wegnehmen,
Brotrinde, es braucht nicht mal einen Aufstrich!
Ohne einen Aufstrich, Herr Herrscher!

HERRSCHER (*zu den Journalisten*)
Ich wünschte, ich wäre ein armer Ziegenhirt.
Dann würde ich „Ja" sagen zur ganzen Welt,
was würde es mich kosten, menschlich zu sein?
Ich wäre dafür, alles mit allen zu teilen –
nichts ginge auf meine Rechnung.
Aber ich sage „Nein".
Ich bin kein Ziegenhirt, ich bin Herrscher der Insel.
Ist jemand bereit, mit mir zu tauschen?

ÄNGSTLICHE REISENDE Wie soll ich dir, Herr Herrscher,
meine Angst zu sterben übermitteln?!
Wie übermittelt man, mit welchem Faden,
von Mensch zu Mensch die Angst zu sterben?!

HERRSCHER Ja, die Angst zu sterben, die Angst, wer
kennt nicht die Angst zu sterben.
Wir werden für euch beten.

BEGEISTERTER REISENDER Ohne einen Aufstrich, Herr Herrscher!

HERRSCHER Wir werden für euch beten.
Wir werden für alle Bewohner dieser Erde beten,
die bei ihrem Sturz nach unten in die Grube
schon bereit sind, auf den Aufstrich zu verzichten.

Plötzlich bricht er in Tränen aus.

Wie demütigend es ist, ein Mensch zu sein!
(*Zu den Fotografen.*)
Fotografiert, fotografiert, macht eine Nahaufnahme meines
hilflosen Baby-Weinens;
genau, die gesamte aufgeklärte Welt soll sehen:
Unsere einzige natürliche Ressource – die Träne!

Er wendet sich zum Gehen, hinter ihm das ganze Gefolge.

Gläubiger Reisender (*Hebt plötzlich in seinen Armen das Kind empor, ruft.*)
Frau Gemahlin des Herrschers – ein Kind!

Alle bleiben erneut stehen, die Frau des Herrschers blickt ihren Mann an, der für einen Moment unentschlossen ist, er wirft einen raschen Blick auf die Gruppe der Journalisten und Fotografen, wischt seine Tränen fort.

Herrscher Ja, ein Kind. Und obgleich wir in unserem Leben bereits Kinder
gesehen haben, erfindet doch jedes Kind, so sagt man,
von Neuem die Kindheit.

Bringt das Kind an Land! Wir werden es aufnehmen!

Die Frau des Herrschers streckt ihre Hände aus.

VIII

Die Mutter Alleine? Ich bin seine Mutter.

Herrscher Es gibt viele Waisen bei uns.

Gläubiger Reisender Lasst sie mit dem Kind an Land gehen.
Eine Frau mit einem Kind.

Die Frau des Herrschers lässt ihre Arme sinken, verärgert.

Herrscher Nein. Von Anfang an war auch das Kind nicht inbegriffen.
Aber wir haben eine Geste gemacht, und schon wird gefordert,
sie auszuweiten. Das schafft einen Präzedenzfall.
Und was sollen wir am Tag des Gerichts zu jenen sagen,
deren leere Gesichter wir zurückgeschickt haben und die starben?
Es braucht doch irgendeine Konsequenz, insbesondere
auf dem Feld des Gewissens, sonst verstrickst du dich.

Das Kind allein – oder niemand.

Die Mutter (*Wendet sich mit einem stummen Flehen um Hilfe an den Kapitän und die Reisenden. Alle schweigen, keiner kann helfen. Sie schließt das Kind in ihre Arme.*)
Mein Sohn, mein geliebtes Kind, dir lacht das Glück,
der Herrscher der Insel ist ein genügend großer Mörder,
dass er für sein Ansehen in der Weltpresse
das Bild eines geretteten Kindes in seinen Armen braucht.

Ein Spalt hat sich in der Mauer aufgetan,
und nur du wirst durch ihn entkommen.

Die Matrosen lassen die Gangway auf den Kai herab. Das Kind flüstert der Mutter zu.

DAS KIND — Mutter, ich weiß, dass du es in Wahrheit nicht so meinst.
Ich erinnere mich daran, wie du vor dem Ablegen zu mir gesagt hast:
„Nie werde ich mich von dir trennen. Nie".

DIE MUTTER — Mein Sohn, vergiss jetzt, was ich zu dir gesagt habe …

DAS KIND — Mutter, auch das hast du damals zu mir gesagt,
dass, sogar wenn du dazu gezwungen bist, ich wissen soll,
dass du es in Wahrheit nicht so meinst,
und du dich niemals von mir trennst.

DIE MUTTER — Mein Kind, hör mir zu, die Trennung ist schwer
für dich wie für mich, aber wir können nicht
weiter zusammen sein …

DAS KIND — „Und das wird unser heimliches Geheimnis sein", hast du gesagt …

DIE MUTTER — Aber ich werde wiederkommen eines Tages, schau …

DAS KIND — Dass „nie und aus keinem Grund wir uns trennen werden" …

DIE MUTTER — (*Schüttelt das Kind heftig.*)
Es hat sich etwas geändert! Hör mir zu! Es ist keine Zeit!
Ich bin deine Mutter, ich gab dir das Leben,
aber unsere Welt ist so eingerichtet, dass das Leben
nun dort ist, bei diesem Mann,
und bei mir – nur der Tod!

DAS KIND — Ich habe verstanden, Mutter, ich habe verstanden. Wir werden uns in Wahrheit trennen.
(*Flüstert.*) Aber in Wahrheit in Wahrheit werden wir uns nicht trennen.

DIE MUTTER — (*Schlägt es.*)
Vergiss! Vergiss alles! Vergiss, was ich gesagt habe!
In Wahrheit in Wahrheit in Wahrheit ist es unvermeidlich, dass wir uns trennen!
Jetzt vergiss alles, und geh, und komm nicht zurück!

Sie versucht, das Kind auf die Gangway zu schieben. Es wehrt sich.

DAS KIND

Vergessen? Was? Alles? Oder nur das?
Und wie werde ich wissen, was zu vergessen ist und was nicht? Und wann du
in Wahrheit meine Mutter bist, damals oder jetzt? Wer ist wer?
Wer gibt Leben? Wer tötet? Wer lacht mit mir?
Wer über mich? All die schmelzend-fließenden Gesichter
wie im Traum – wo ist das Gesicht des Tageslichts?

Lehrt mich die Gesichter! Ich bin ein Kind!
Ihr lehrtet mich lesen und schreiben, jetzt
gebt mir das Gesichter-Alphabet!

IX

DIE MUTTER

(*schreit hysterisch*)
Nehmt ihn fort von mir! Um Gottes Willen,
reißt von mir weg mein Kind!

Die Matrosen packen das Kind, bringen es nach unten, in die Arme der Frau des Herrschers. Die Fotografen fotografieren. Das Kind lässt nicht zu, dass das Bild idyllisch wird, es windet sich, tritt und beißt.

DAS KIND

Meine Mutter! Ich will zu meiner Mutter!

Die Frau des Herrschers versucht, es zu beruhigen, aber nach einiger Zeit, da sie mit nichts Erfolg hat, lässt sie ärgerlich von ihm ab. Das Kind versucht, auf die Gangway zu fliehen. Soldaten aus der Wache des Herrschers halten es fest, aber es fährt fort, sich zu winden und zu kreischen.

Meine Mutter! Ich will zu meiner Mutter!

HERRSCHER

Lasst es rauf. Eine traurige Geschichte.
Die Tragödien unserer Zeit, meine Damen und Herren,
ereignen sich nicht in Büchern, und nicht in der Ferne;
Tag für Tag, auf der Schwelle deiner Tür,
neben der Morgenzeitung und der Milchflasche,
liegen auch die Leichen.
Wir werden für sie beten.

Begeisterter Reisender (*leise, zu den Reisenden*)
Milch zum Kaffee jedenfalls
fehlt ihm nicht.

Das Kind rennt hinauf an Bord des Schiffs, schmiegt sich an die Mutter. Der Herrscher und sein Gefolge gehen ab. Die Mutter schreit verzweifelt den Kapitän an.

Die Mutter Tu was! Du hast es versprochen!
„Ich habe eure Gesichter gesehen", hast du gesagt!

Kapitän So weit mit den Gesichtern.

Die Matrosen holen die Gangway ein. Die Mutter nimmt das Kind bei der Hand, beschwichtigend und resignierend.

Die Mutter Mein Kind, mit deinen eigenen kleinen Händen hast du
dein Urteil gefällt. Du wirst sterben.
Du bist einfach konfus geworden. Du Kindskopf.
Du wurdest in eine Welt geboren, deren Aufgabe es war,
dir deinen Geist zu verwirren.
Du hast dich geirrt. Du hast dich in all deinen
Überlegungen geirrt.
(*Zu den Reisenden.*)
Aber seht, wie schön der Irrtum meines Sohnes ist.
Er wird zu seinem Tod führen, der Irrtum,
und dennoch: Wie richtig er ist,
welche Schönheit er birgt!
Welcher Mutter Herz ginge nicht auf vor Stolz:
Das ist mein Kind. Und es wird mit mir sterben.

X (Requiem)

Der Hinkende Junge zerreißt sein Heft mit Gedichten und wirft die Fetzen ins Meer.

Müssiggänger Du hast deine Gedichte geschrieben, um Eindruck zu
machen,
und jetzt versuchst du, zu beeindrucken,
indem du sie zerreißt.
Das ist zu dramatisch, überflüssig, unnötig,
du sprichst ihnen mehr Wichtigkeit
zu, als sie haben.

Genausogut könntest du
sie in einem Buch veröffentlichen, sogar
ein bißchen Geld verdienen;
die Welt sähe genauso aus.

Du wirst noch zu verzweifeln lernen,
stiller, bescheidener,
schweigend. Wie es sich gehört.[2]

2 Anm. d. Übers.: Der im Hebräischen hier verwendete Ausdruck bedeutet wörtlich „der Halacha gemäß"; die Halacha ist das jüdische Religionsgesetz.

Vierter Teil: Der Messias

Gräberfeld. Gegen Abend.

I

Tote Kinder, gehüllt in die Überreste ihrer Kleidung, liegen auf einem Haufen und warten, spitzen die Ohren nach der Stimme der Erlösung, von der vorhergesagt ist, sie werde von oben kommen.

Tote Kinder Wir sind die ruhigen Kinder,
die in der Welt sind, die toten Kinder.

Inmitten unserer Spiele im Hof, als am größten
der Freudentaumel war und das Herz jauchzte,
wurden wir fortgenommen und in die Grube geschickt.

Man sagt, es sei jetzt Sommer, man sagt,
dass am Meeresufer die Wellen noch
Gischt sprühen, die Süßigkeitengeschäfte
sind geöffnet, jeder Nektar der geliebten Welt
wartet nur auf uns – und wir sind nicht!

Wann werden wir aufstehen? Wann hinausgehen ans
Licht?
Bis wann werden wir hören, wie andere Kinder
draußen fröhlich und ausgelassen sind ohne uns?

Visionäres Totes Kind Ich sah einen Engel, er segelte in der Sonne,
er tauchte langsam wie in einem Meer
aus Honig und kam herab und flüsterte mir zu:
„Ruht noch eine kurze Zeit, bis erfüllt ist
das Maß eurer Freunde und Brüder,
die sterben werden wie ihr."

Tote Kinder Schon so viele Jahre hören wir
dies Versprechen, getötete Kinder
kommen jeden Tag dazu,
Blut und Schreie erfüllen das Land –
Sag uns endlich: Was ist das Maß?

Visionäres Totes Kind So habe ich ihn gefragt: „Was ist das Maß?"
Und er verstand mich und lächelte und flüsterte mir
zu:
„Ach, kleine Lämmer, stille Schreihälse,
ach, meine lieben, ungeduldigen Toten,

seht ihr es nicht? Die Last[3] ist beinah voll
und die Stunde zieht näher: noch ein Kind,
und das Maß wird erfüllt sein."

Eine große Aufregung geht durch den Haufen der Kinder. Sie beginnen zu zappeln und sich zu bewegen wie ungeduldige Kinder unter ihren Decken.

TOTE KINDER Noch ein totes Kind! Noch eins!
Bald werden wir erwachen, das Licht der Auferstehung der Toten
wird über uns leuchten, wir werden aufstehen, werden Zähne putzen,
werden das Gesicht waschen – und in die Sonne! Zum Meer!
Mit Wasser spritzen und lachen über all
die lange Zeit, die wir im Dunkeln warteten!

EMPFINDSAMES TOTES KIND Am Jüngsten Tag wird die furchtbarste
Schlagzeile in der Zeitung sein:
„Ein Kind verlor seinen Drachen und weinte."

DISKUSSIONSFREUDIGES TOTES KIND Nein, das ist zu schlimm. Höchstens:
„Ein Kind verlor seinen Drachen und fand ihn sofort wieder."

II

UNGEDULDIGES TOTES KIND Aber wann endlich stirbt
noch ein Kind?
Je näher der Moment kommt – reißt die Geduld.

Wie dringend wird plötzlich
der Tod des letzten Kindes!

AUSSCHAU HALTENDES TOTES KIND Es kommt! Es kommt!
Ich sehe es!
Da kommt der letzte Tote.

Eine erneute Anspannung erfasst den Haufen der Kinder. Von draußen ist Weinen zu hören. Die Kinder zittern vor Freude.

3 Anm. d. Übers.: Im Original „Se'ah", eine biblische Maßeinheit für Getreide oder Flüssigkeiten.

Tote Kinder Ach, wie glücklich ist derjenige, der stirbt
nur einen Augenblick vor der Auferstehung der Toten!
Er hat nichts versäumt! Er hatte nicht
die Zeit, im Grab zu liegen und zu zerfallen,
er versäumte vielleicht nur Kuchen am Nachmittag,
vielleicht eine Süßigkeit, und stand wieder auf, wie
aus einem kurzen Mittagsschlaf, nach dem
sich vor ihm noch das ganze Leben ausstreckt!

III

Die Mutter kommt herein, trägt in ihren Armen das tote Kind, sie nähert sich dem Haufen.

Die Mutter Seid gegrüßt, tote Kinder.
Ich habe meinen Sohn hierher gebracht.
Er ist tot. Er wird bei euch liegen.

Tote Kinder Du hast ihn an den richtigen Ort gebracht.
Leg ihn bei uns zur Ruhe.

Die Mutter Leicht gesagt. Doch ab dem Moment, da ich ihn niederlege,
werde ich ihn nie wieder aufnehmen,
ihn nicht riechen, ihn nicht berühren,
ich werde mein Kind nicht mehr haben.

Tote Kinder Wir kennen diesen Moment.

Die Mutter Ich versuche, ihn aufzuschieben.

Tote Kinder Bis wann?

Die Mutter Das ist es ja, ich bin es so gewohnt,
ihn in meinen Armen zu tragen,
er ist mein Sohn, versteht ihr?
Es ist mein Kind.

Tote Kinder Und jetzt ist es tot.

Die Mutter Das ist die Tragödie.

Tote Kinder Und sein Fleisch wird innerhalb kurzer Zeit verwesen.

Die Mutter Das ist die Tragödie. Dass wir nicht dafür gemacht sind,
in unserem Schoß Tote zu tragen.

Ungeduldiges Totes Kind Verabschiede dich von ihm und leg ihn bei uns zur Ruhe.

Die Mutter (*Weicht vor dem Haufen zurück.*)
Nein, noch einen Augenblick. Noch eine Sekunde.
Da ist er in meinen Armen. Ist mein. Und es ist, als ob
nichts geschehen wäre und nichts geschehen wird –

nur ich und er. Und er und ich.
Unzertrennlich. Und noch eine Sekunde. Und noch eine.
Und noch eine Umarmung. Und noch ein Blick. Und noch einer.

Sie geht ein paar Schritte und strauchelt.

Ahhh, die Zeit hat damals nicht angehalten
und sie wird jetzt nicht anhalten.

Sie nähert sich dem Haufen.
Genug, mein Sohn. Wir werden uns trennen. Aufschub um Aufschub –
und doch kommt der Moment. So kurz dauerte
unsere Begegnung in der Welt. Und der Moment ist gekommen.

DAS KIND Nein, Mutter. Warte. Leg mich nicht
ab aus deinen Armen. Warte.

DIE MUTTER Warum? Dein Leben ist zu Ende.

DAS KIND Aber warte, Mutter. Nicht
so mühelos. Noch nicht.

DIE MUTTER Du tust mir weh.

DAS KIND Noch nicht, Mutter.

DIE MUTTER Als würdest du noch Hoffnung in mich setzen.

DAS KIND Ja, Mutter. Im Geheimen verrate ich dir:
In deinen Armen – bin ich voller Hoffnung.

DIE MUTTER (*wendet sich an die Kinder, unter Schluchzen lachend*)
Habt ihr den kleinen Toren gehört?
Er setzt immer noch Hoffnung in mich!
Er denkt, dass der Tod
eine Art schwere Angina ist:
Ein, zwei Wochen – und wieder auf den Beinen!

Mein Kind, versteh, dies ist in Wahrheit das Ende,
du wirst nicht wieder aufstehen: Leg dich hin, gib nach.

DAS KIND Ich werde nicht nachgeben. Du bist meine Mutter,
bei meiner Geburt wurde mir in deinen Armen
das große Versprechen des Lebens gegeben.
Und ich vertraue auf dich.

DIE MUTTER (*Lacht aus Verzweiflung.*)
Er vertraut noch immer auf mich! Vertraut!
Es ist total verrückt geworden, mein totes Kind,

Alle Toten sind wahnsinnig, sie liegen in der Erde
und vertrauen auf uns!

DAS KIND Ja, Mutter, sie vertrauen.

DIE MUTTER Wie bösartig bist du? Es ist schwer für mich,
und du lässt nicht nach und machst es noch schwerer.

DAS KIND Was bleibt mir? Es schwerer zu machen!
Ich werde auch dich in die Ruhestätte ziehen.

Ein bitteres Brüllen bricht aus dem Mund der Mutter hervor. Das Kind schreit.

Ich werde dich nicht loslassen, Mutter! Wie eine Kette um deinen Hals
wird mein verwesender Körper an dir hängen,
Schmuck für den Rest deines Lebens!
Ich habe meinen Platz gefunden! Gelernt habe ich
meine Lektion in der Welt!

DIE MUTTER Ich werde dir nicht mehr zuhören.
Ich werde dich auf den Boden legen und gehen.

DAS KIND Ich glaube es nicht.

DIE MUTTER (*Sie bückt sich, um das Kind auf dem Haufen abzulegen.*)
Da.

DAS KIND Du wagst es nicht.

Die Mutter richtet sich mit dem Kind in ihren Armen auf und küsst es mit erneuter Heftigkeit.

Ich habe es euch gesagt. Sie ist meine Mutter. Sie
droht nur: Sie wird mich nicht verlassen,
sie ist meine Mutter, sie wird mich nicht ablegen,
bis ich aufwache und aufstehe, das ist
meine Mutter, das ist meine …

Mit einem Mal bückt sich die Mutter und legt das Kind auf den Haufen der toten Kinder.

DIE MUTTER Ich habe es abgelegt.

Schweigen.

DAS KIND Mutter?

DIE MUTTER (*Entfernt sich von ihm und schließt die Augen.*)
Es gab eine Zeit, da kannte ich
dieses Kind nicht, meinen Sohn.
Als ich verlobt war,
wusste ich da, wer er ist?

Das Kind (*seine Stimme wird schwächer*) Mutter?

Die Mutter (*Entfernt sich noch einen Schritt.*)
Es gab es nicht. Wunderbare Tage.
Damals konnte die Welt meinetwegen in Mord stampfen –
ich hatte kein Kind, um das ich weinen würde;
und das Gesicht, das mir der Tod zukünftig nehmen würde –
war noch nicht erschaffen.

Das Kind (*seine Stimme wird immer schwächer*) Mutter?

Die Mutter (*Entfernt sich weiter.*)
Ich rufe diese Zeit: Komm zurück! Komm zurück!
Komm zurück, großes Glück, leerer Schoß,
Kind, das nicht geboren wurde!

Das Kind (*mit kaum hörbarer Stimme*) Mutter?

Die Mutter Kostbarster aller Schätze, Nichts,
komm und erfülle mich!

Schweigen. Und plötzlich, in einem Ausbruch von Freude.

Er hat endlich nachgegeben. Mein Sohn hat auf sein Leben verzichtet,
von nun an wird er ruhen, wird zerfallen,
er ist nicht das erste tote Kind in der Welt,
und ich nicht die einzige ihres Kindes beraubte Mutter,
es gibt viele, so viele mit dem gleichen Schicksal, um sich das Herz
zu wärmen, wozu all der Lärm,
das Zappeln, die Schreie, der große Tumult –
alles wird vergessen werden, wird versinken. Mein Sohn hat nachgegeben.
Und auch ich werde endlich zur Ruhe kommen.

Sie entfernt sich von dem Haufen, plötzlich hält sie inne, aus ihrer Kehle bricht vielleicht ihre, vielleicht des Kindes Stimme hervor, das Lächeln einer angenehmen Erinnerung erscheint auf ihrem Gesicht.

„Ja, Mutter. Im Geheimen verrate ich dir:
In deinen Armen – bin ich voller Hoffnung…“

Ein Schluchzen bricht aus ihrer Kehle hervor, mit dem ihr klar wird, dass sie nie Ruhe finden wird. Und wieder erscheint ein Lächeln auf ihren Lippen. Vielleicht mit ihrer, vielleicht mit des Kindes Stimme.

„Ich habe es euch gesagt. Sie ist meine Mutter. Sie droht nur: Sie wird mich nicht verlassen…"
(*Mit völliger Akzeptanz.*)
Du lässt mich nicht zur Ruhe kommen, was?
Du bist nicht tot, du hast nicht nachgegeben,
du wirst nicht loslassen, Frechdachs.
(*Lacht, und fährt fort, als würde sie sich mit einer Nachbarin unterhalten.*)
Sie sind so dickköpfig, die Kleinen heutzutage!
Sie geben bei nichts nach!
Mein Kind, wenn ich ihm im Winter sage,
es soll ein Unterhemd anziehen – weigert es sich, barfuß
geht es hinaus in den Hof, und im Sommer – das Gegenteil,
lange Hosen und Wollstrümpfe,
und zur Schlafenszeit will es nie ins Bett gehen,
um vom Zähneputzen gar nicht erst zu reden …
Wie dickköpfig sie sind, unsere kleinen Hochstapler!

Sie bricht wortlos auf dem Boden zusammen.

IV

DISKUSSIONSFREUDIGES TOTES KIND Es ist eingeschlafen. Sein Schlummer wird einen Augenblick
dauern. Seine Enkel werden das Glück haben, die Geschichte
seines Todes aus seinem Mund zu hören,
beginnend mit den Worten: „Es war einmal…"

TOTE KINDER Es war einmal der Tod.
Messias, das Maß ist erfüllt.

AUSSCHAU HALTENDES TOTES KIND Ruhe, er kommt! Ich kann ihn bereits sehen! Der Messias kommt!

Der „Messias" tritt auf mit Bart und Mantel, in seinen Händen trägt er zwei große Koffer, sein Aussehen erinnert an einen umherziehenden Hausierer, er scheint verfolgt zu werden, eilig rennt er in Richtung des Haufens der Kinder, ohne sie wahrzunehmen, er stößt an den Haufen, stolpert und fällt auf sie, sieht das Grauen, weicht entsetzt zurück, er traut seinen Augen nicht. Die Toten Kinder beben vor Erwartung, sie hoffen auf ihn wie auf Gott ihren Vater.

TOTE KINDER Du bist gekommen, Messias! Du bist gekommen! Sag, dass du gekommen bist!

Der „Messias" versucht, von dort zu fliehen, er ist bereits auf dem Weg nach draußen, als er bemerkt, dass er von draußen eingekreist ist und es keinen Ausweg gibt. Er kehrt zu dem Haufen zurück, blickt ihn einen Moment lang an.

Das Wunder! Das Wunder! Erwecke uns wieder zum Leben!

Der „Messias" versucht, seine Koffer zu verstecken, aber sie sind zu groß, er weiß nicht, was er mit ihnen tun soll, er schickt sich an, einen Koffer zu öffnen.

AUSSCHAU HALTENDES TOTES KIND Jetzt wird er die Wundersalbe herausholen,
um die Wunden in unserem Fleisch zu flicken.

Der „Messias" klappt den Koffer weit auf und holt aus ihm eine Menge Uhren heraus.

UNGEDULDIGES TOTES KIND So lange haben wir auf dich gewartet, Herr Messias,
wir haben auf dich gehofft bis zum Zerfallen,
zu viel, um jetzt zu Scherzen aufgelegt zu sein;
bitte, mach dich an die Arbeit, erwecke uns wieder zum Leben.

Der „Messias" verbirgt die Uhren unter den Leichen der Kinder.

DISKUSSIONSFREUDIGES TOTES KIND Der zweite! Der zweite Koffer!
Dort ist die Wundersalbe!

Der „Messias" öffnet den zweiten Koffer, auch er ist voller Uhren.

UNGEDULDIGES TOTES KIND Herr Messias, du machst so viele Scherze,
weil du lebst, dir geht es gut, du hast dich nicht im Grab
so viele Tage gequält und auf die Auferstehung gewartet.

Und wie unfähig du bist, das Herz eines Kindes zu verstehen:
Wir wollen aufstehen und im Hof spielen.
Wir werden noch mit dir scherzen, wenn wir Erinnerungen austauschen
am Jahrestag der Auferstehung der Toten.

Jetzt steh auf und handle! Weck uns auf!

Der „Messias" versteckt die Uhren aus dem zweiten Koffer unter den Leichen.

DISKUSSIONSFREUDIGES TOTES KIND Er macht weiter Scherze.

EMPFINDSAMES TOTES KIND Und was sollen wir mit Schweizer Uhren im Grab?

Enttäuschte Stille unter den Kindern.

VISIONÄRES TOTES KIND Aber ihr ungeduldigen Dummköpfe, begreift ihr es nicht?
Der Messias begräbt die Zeit! Die Zeit stirbt –
die Ewigkeit kommt; wie ein großer Bär, der sich
auf einem Bein erhebt, steht die Ewigkeit vor uns!

Und der Messias beeilt sich wirklich nicht, warum sollte er auch,
folgt ihm die Ewigkeit doch nach an einer Kette,
der Messias spielt ein wenig, der Messias kommt zu uns
mit der überraschendsten aller Überraschungen, und jetzt
will er sich zusammen mit uns erfreuen
an der süßen Erwartung der letzten Momente!

TOTE KINDER (*versuchen, Mut zu fassen*)
Ja, freuen wir uns noch ein wenig!
Angenehm zu sterben, wenn der Messias
gleich um die Ecke ist!

V

Soldaten treten auf, sie umstellen den Raum von allen Seiten, hinter ihnen kommen der Kommandant und die Zur Liebe Geborene Frau. Angesichts der Eintretenden packt den „Messias" die Angst, er kauert sich zusammen und legt sich still unter den Haufen der Kinder, tut so, als sei er tot. Für einen Moment erfasst Verwirrung die Kinder, sie verlieren die Fassung, aber sogleich kehrt die Hoffnung wieder.

TOTE KINDER Er spielt! Der Messias spielt!

DISKUSSIONSFREUDIGES TOTES KIND Er tut so, als sei er tot,
um unsere Mörder noch mehr
zu überraschen!

TOTE KINDER Sie wissen nicht, was sie erwartet!

Diskussionsfreudiges Totes Kind Die Welt folgt ihrer Routine,
man mordet, zerfleischt sich –
und der Messias ist bereits unter uns!

Kommandant (*zur Mutter*) Hast du das Kind zur Ruhe gelegt? Habt ihr
Abschied genommen?
Komm mit uns. Dein Leben –
fängt gerade erst an. Du wirst gebraucht
für die Ausgeglichenheit der kämpfenden Truppe.

VI

Einer der Soldaten bemerkt den „Messias" im Haufen der Toten.

Soldat Kommandant, hier lebt jemand.
Er hat zwei leere Koffer,
und er ist kein Kind.

Sie umstellen den „Messias". Er erhebt sich langsam auf seine Knie, zittert vor Angst. Die Toten Kinder flüstern unter sich.

Tote Kinder Jetzt wird er es ihnen zeigen!
Jetzt wird er sie mit Lähmung schlagen!

Ungeduldiges Totes Kind (*dem „Messias" zuflüsternd*)
Sag ihnen, Messias, sag ihnen
schon, wer du bist!

Der „Messias" wimmert vor Angst auf seinen Knien vor dem Kommandanten. Dieser kniet langsam ebenfalls nieder, neben dem „Messias" vor dem Haufen.

Kommandant Sieh doch, sie schauen dich an,
als erwarteten sie etwas von dir.

Der „Messias" grinst ängstlich, schüttelt den Kopf energisch zur Verneinung. Der Kommandant blickt weiter wie hypnotisiert die Kinder an.

Und wieder – das Kind. Und wieder – schläft es.
Du weckst sie auf – sie schlafen ein.
Die Sorglosigkeit ist unbeschreibbar.

Und wie viel Hoffnung liegt in diesen
offenen Mündern, und die entblößten Zähne
deuten dir an: Wir haben einmal in einen Apfel gebissen,
und es gibt noch weitere Äpfel.

Der „Messias" streckt seine Hand aus, berührt das Gesicht eines der Kinder, wischt das Blut von seinem Gesicht, streicht seine Haare glatt, streichelt es. Die Kinder beginnen vor Freude zu zappeln.

TOTE KINDER Die Auferstehung! Die Auferstehung! Er beginnt die Auferstehung mit Erbarmen!

Der „Messias" bricht in Tränen aus, wirft sich auf den Haufen der Kinder, umarmt und küsst die Leichen, nimmt die Leiche des Ungeduldigen Toten Kindes auf seinen Schoß.

UNGEDULDIGES TOTES KIND (*sehr aufgeregt und erschüttert*)
Mein Vater, mein Vater, durch die Berührung deines Erbarmens werde ich erwachen!

Während er das Ungeduldige Tote Kind auf dem Schoß hält, blickt der „Messias" dem Kommandanten direkt in die Augen. Dieser erhebt sich langsam wieder auf seine Füße und zieht seinen Revolver, während er spricht.

KOMMANDANT Du schmeichelst mir zu sehr, wenn du
direkt in meine Augen blickst.
Als glaubtest du, es gebe dort
in Wahrheit etwas hinter ihnen.
Als zeigte die Tatsache, dass ich
eine Form und einen Namen habe für mich,
auch etwas Entsprechendes im Inneren an.

Er richtet den Revolver auf das Gesicht des „Messias", der, zu Tode erschrocken, die Leiche des Ungeduldigen Toten Kindes loslässt und auf den Haufen der Kinder kriecht.

TOTE KINDER Jetzt, jetzt! Die Saite wird gleich reißen;
der Himmel – sich öffnen; es wird jetzt geschehen!
Ja, ja, so geschieht es auch in Filmen,
der Held fällt auf die Bretter, es scheint,
als sei alles verloren, und erst im letzten Moment …
im allerletzten Moment …

Der „Messias" stöbert unter dem Haufen der Kinder, plötzlich zieht er eine Uhr hervor, zeigt sie dem Kommandanten, hält sie ihm hin. Der Kommandant bedeutet ihm, ihm die Uhr zuzuwerfen, und der „Messias" tut wie befohlen. Wie ein Zauberer, der Kaninchen aus dem Hut zieht, holt der „Messias" mehr und mehr Uhren hervor, er stöbert wie verrückt im Haufen der Kinder und wirft die Beute dem Kommandanten und den Soldaten zu. Alle greifen begeistert nach den Uhren, sie verwandeln sich in eine fröhliche Gruppe von jungen Männern, die auf Gewinne warten, zugleich sind sie fasziniert und lachen über den Anblick des „Messias", der fieberhaft weiterstöbert, schwitzend, vom Blut der Kinder beschmutzt, seine Augen blitzend vor Angst. Als er fertig ist, klettert er schnell auf allen Vieren von dem Haufen herunter, gelangt vor die Füße des Kommandanten, wartet, wie ein Hund, auf Belohnung. Der Kommandant gibt ihm, während er mit seinen Uhren beschäftigt ist, mit einer gleichgültig-herablassenden Handbewegung zu verstehen, dass er gehen kann.

KOMMANDANT Wir haben ein Auge zugedrückt – geh, verschwinde,
bevor wir es bereuen.

Der „Messias" steht schnell auf, will eilig fort.

UNGEDULDIGES TOTES KIND Messias, warum
fliehst du vor der Wahrheit?

Der „Messias" hält auf der Stelle inne, als habe man ihn auf den Rücken geschlagen, dreht sich zurück, blickt lange auf die Gruppe der Soldaten, die von ihren Uhren begeistert sind und ihn überhaupt nicht wahrnehmen, und auf den Haufen der Toten Kinder, die zu ihm hin schauen. Langsam kehrt er zurück und geht zu dem Haufen, kniet vor ihm nieder, breitet seine Arme aus, als versuche er, alle Kinder auf einmal zu umarmen, und wirft sich über sie. Der Kommandant bemerkt ihn, und wie geistesabwesend.

KOMMANDANT Ah, wieder du.

Er schießt ihm in den Kopf. Der „Messias" stirbt auf dem Haufen der Kinder.

VII

ZUR LIEBE GEBORENE FRAU (*zum Kommandanten*)
Einst hat es dir Spaß gemacht, die Spitze
deines Schuhs in eine Wunde zu stoßen.

Sie hebt ihren Schuh, mit der Absicht, seine Spitze in die Wunde des Messias zu stoßen, ihr Fuß verweilt einen Moment in der Luft, dann setzt sie ihn wieder ab. Der Kommandant lacht.

KOMMANDANT Wir sind müde geworden, was? Auch Mörder und Huren
gähnen und trinken Tee.

Er geht mit der Zur Liebe Geborenen Frau ab.

VERWEGENER SOLDAT (*zur Mutter*) Komm, wir helfen dir, das Andenken deines Kindes hochzuhalten:
An den Ort, wo es ans Licht der Welt kam,
werden auch wir gehen und kommen.

DIE MUTTER (*Nähert sich der Leiche ihres Kindes, beugt sich über es wie zu Beginn des Stücks.*)
„Und doch wirst du ohne es leben können!"
sagte zu mir der Kapitän und lachte mit einem goldenen Zahn,
und lachte so über mich mit seinem goldenen Zahn:
„Und doch wirst du können, wirst ohne es können!"

Sie geht mit den Soldaten ab.

VIII (Requiem)

Verzweifelte Stille unter den Toten Kindern.

VISIONÄRES TOTES KIND Ich sah einen Engel, er segelte in der Sonne,
er tauchte langsam wie in einem Meer
aus Honig und kam herab und flüsterte mir zu:
„Ach, kleine Lämmer, stille Schreihälse,
ach, meine lieben, ungeduldigen Toten,
es gab einen kleinen Fehler bei der Zählung.
Jetzt ist es endgültig: Noch ein Kind."

Ungläubiges Schweigen.

So sprach er zu mir: „Ruht noch
eine kurze Zeit, nur noch ein einziges Kind."

TOTE KINDER (*Eines von ihnen versucht, sich Mut zu machen, fängt ganz leise zu singen an, die anderen schließen sich eines nach dem anderen an.*)
Sieh, es kommen des süßen Sommers Tage,
Von Freude überflutet warten wir,
Der Tag ist lang, die Nacht in weiter Ferne,
Aber schon keimt tief in uns die Sorge:
Reicht uns der Sommer aus? Reicht aus das Leben?

Und während das Lied im Hintergrund andauert, wendet sich das Zu Staub Zerfallene Kind, das in einigem Abstand von dem Haufen liegt, wie eine Unebenheit im Boden, ihnen zu wie jemand, der in seinem Schlaf gestört wurde.

ZU STAUB ZERFALLENES KIND Und ihr dort, kleine Grünschnäbel des Todes, beruhigt euch!

DAS KIND Nie werde ich aufhören, leben zu wollen …

ZU STAUB ZERFALLENES KIND Du wirst aufhören, beruhige dich.

DAS KIND Bei meiner Geburt gab mir meine Mutter
das große Versprechen des Lebens …
Nie werde ich mich nicht mehr sehnen …

ZU STAUB ZERFALLENES KIND Ja, die Sehnsucht wird noch aufsteigen
vom Fleisch wie heißer Dampf;
aber wie lange
wirst du noch Fleisch haben?

Sieh mich an: Ein verstreutes Häufchen im Sand
deutet noch an, dass es mich gab. Und auch das wird vergehen.
Wie zerfällt doch alles in das eine große Gleiche.

DAS KIND (*weint*) Nein, ich werde nicht verzichten!

ZU STAUB ZERFALLENES KIND Und eben das hast du doch immer gesagt,
wenn du ins Bett gebracht wurdest, erinnerst du dich?
Du brachst in Tränen aus. Dein Herz schlug heftig
aus dem Verlangen nach Leben und Spielen;
so leid war es dir
um die Freuden der Welt, die du
hinter dir ließest bis zum Morgen.

Du sagtest: „Nein, ich werde nicht einschlafen!"
Aber beim zweiten „Nein" fielen dir die Augenlider zu,
eine gewaltige Kraft, ihr Gewicht wie Blei,
zog dich ins Bett, und schon
versinkst du, tauchst unter, die Welt kommt abhanden, verschwindet
in der Dunkelheit, und du mit ihr.
Beruhige dich.

Das Lied der Kinder erstirbt allmählich. Das Sprechen des Kindes wird schwer.

DAS KIND Nein … Nein …

ZU STAUB ZERFALLENES KIND Beruhige dich.

Ende

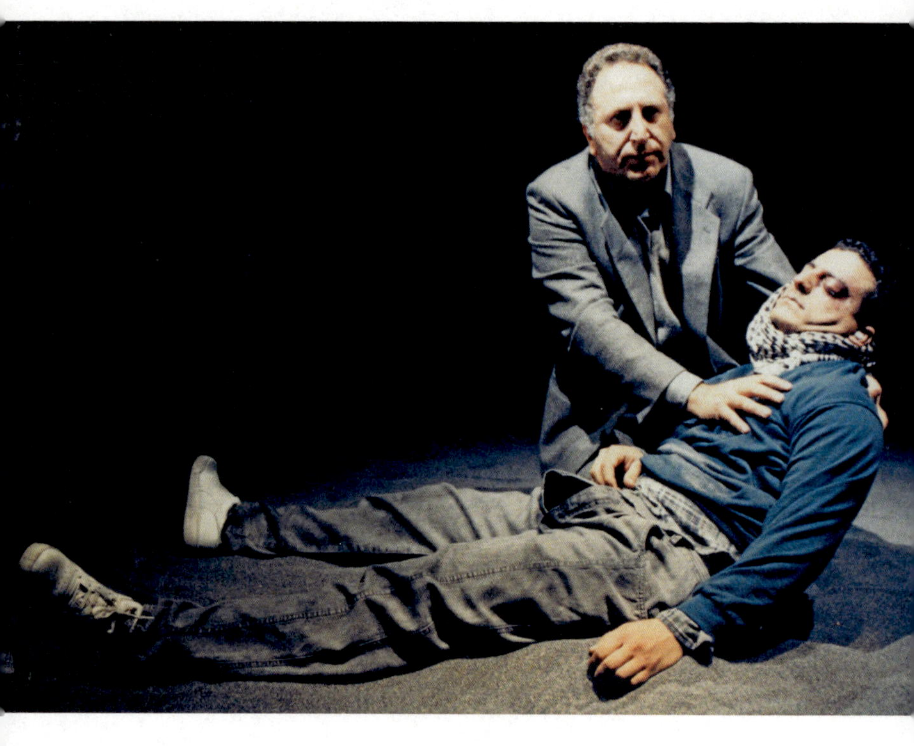

Makram Khouri und Norman Issa (v. l.) in Hanoch Levin: רצח / *Mord*.
UA: 02.08.1997, Cameri-Theater, Tel Aviv, Israel, Regie: Omri Nitzan.

Hanoch Levin

Mord

Theaterstück in drei Akten und einem Epilog

Aus dem Hebräischen von Matthias Naumann

Figuren

Der Jugendliche, Araber
Erröteter Soldat
Braungebrannter Soldat
Blasser Soldat
Der Vater, Araber
Bote
Offizier
Der Junge
Das Mädchen
Die Mutter der Braut
Der Bräutigam
Die Braut
Der Vater des Bräutigams
Gast
Erschöpfter Arbeiter, Araber
Ausgelaugter Arbeiter, Araber
Rosa Hure
Orangene Hure
Lila Hure
Erster Nachbar
Zweiter Nachbar
Dritter Nachbar
Vierter Nachbar
Fünfter Nachbar
Sechster Nachbar
Passant
Kind
Greis, Araber

Soldaten, zusammenlaufende Nachbarn, spielende Kinder

Erster Akt

Haus des Jugendlichen. Der Jugendliche, drei Soldaten. Der Jugendliche ist am ganzen Körper verletzt, er zuckt, schließlich liegt er still.

Blasser Soldat Ist er tot oder nur …?

Errröteter Soldat Tot.

Blasser Soldat Denn wenn er nicht tot ist …

Erröteter Soldat Er ist tot, das steht fest.

Blasser Soldat Ich habe noch nie einen Toten gesehen.

Erröteter Soldat Endlich hast du einen gesehen.

Braungebrannter Soldat (*summt vor sich hin*)
Fröhliches Scheißen auf dem Dornenfeld
Das kitzelt an den Eiern …

Der Jugendliche (*murmelt*) Habt Erbarmen mit mir! …

Blasser Soldat Er lebt!

Erröteter Soldat Betrachte ihn als Toten.

Der Jugendliche Ich will zu Papa! …
Er wird mich zum Arzt bringen! …

Braungebrannter Soldat Fröhliches Scheißen auf dem Dornenfeld
Das kitzelt an den Eiern …

Der Jugendliche Habt Erbarmen mit mir! …
Ich will zu Papa! …

Blasser Soldat Ich kann es nicht mehr hören,
dieses Flehen!

Erröteter Soldat Wie viel lässt sich eigentlich aushalten?
Man könnte mal darüber nachdenken, worum
er hier bettelt.
Rundherum Dreck, und der da
lallt „Papa".

Blasser Soldat Gehen wir, für uns
gibt es hier nichts mehr zu tun.
Wir werden ihn nicht hören.

Erröteter Soldat Da ist was dran.
Er ist ein großer Junge,
er kann alleine sterben.

Braungebrannter Soldat In seinem Innersten ist er ein Kind,
das noch seine Banane braucht.

Erröteter Soldat Man hat uns nicht mit Bananen ausgerüstet.
Woher sollen wir eine Banane für ihn nehmen?

Braungebrannter Soldat (*zeigt mit der Stiefelspitze auf den Genitalbereich des Jugendlichen*) Pflück ihm eine Banane
und stopf sie ihm ins Maul.

Erröteter Soldat (*zum Blassen Soldaten*) Pflück ihm eine Banane
und stopf sie ihm ins Maul.

Blasser Soldat (*fasziniert zu dem Jugendlichen, blickt ihn an wie hypnotisiert*) Allmächtiger Gott, wir
können wirklich alles tun!

Er beugt sich über den Jugendlichen, berührt ihn zögerlich.

Ich berühre ihn und er lässt mich.
Er protestiert nicht, er wehrt sich nicht,
als sei sein Fleisch schon nicht mehr seins.
Ich verstehe das nicht.
Noch ein Mensch und schon kein Mensch mehr.
Ich verstehe das nicht.
Man kann alles mit ihm machen, alles!

Braungebrannter Soldat Die Welt ist großartig.

Erröteter Soldat Die Welt ist draußen, das Hirn ist drinnen –
die Möglichkeiten sind unbegrenzt.

Er bückt sich über den Jugendlichen und zieht ihm mit einer raschen Bewegung die Hosen herunter. Der Braungebrannte Soldat zieht ein Messer und bückt sich ebenfalls hinunter. Der Vater kommt herein, der Vater des Jugendlichen, er bleibt in der Tür stehen.

Der Vater Hat jemand meinen Jungen gesehen?

Die Soldaten richten sich über der Leiche des Jugendlichen auf, der Braungebrannte Soldat versteckt sein Messer.

Erröteter Soldat Meinst du den hier?

Der Vater Ich weiß nicht.
Ich kann von hier nichts erkennen.
Ich fürchte, dass er es sein wird.
Was werde ich tun, wenn er es sein wird?

Er nähert sich der Leiche, erkennt seinen Sohn.

Ah! …

Er kniet sich neben die Leiche, stöhnt.

Ah, Junge, Junge, was sollen wir tun! …

Er verstummt. Richtet seine Augen auf die Soldaten.

Ich denke, er braucht einen Arzt.

Erröteter Soldat Er ist tot.

Der Vater Tot? Mein Junge – und der Tod?
Steh auf, Junge! Junge, steh auf!
Junge, öffne die Augen,
hier ist dein Vater, Junge!
Junge, sprich ein Wort zu mir!

Erröteter Soldat Er ist tot.

Blasser Soldat Das steht fest.

Der Vater (*Steht einen Moment still über der Leiche des Jugendlichen, richtet seinen Blick auf die Soldaten*.) Warum?

Erröteter Soldat Es gibt hier nicht so sehr ein Warum.
Du verstehst das schon.
Wir kamen hierher, um eine Durchsuchung durchzuführen,
er widersetzte sich.
Wir haben versucht, ihn zu beruhigen.
Er beruhigte sich nicht,
er hat geflucht und geschlagen.
Plötzlich zog er ein Messer.
Es gab einen Kampf, er fiel.
Am Ende war er tot.

Der Vater Dieses sein Auge …

Erröteter Soldat Es gab einen Kampf.

Der Vater Das Auge ist draußen. Es ist herausgequetscht.
Jemand hat ihm ins Auge gestochen.

Erröteter Soldat Jemand hat ihm ins Auge gestochen?

Der Vater Wie kann man einem Menschen ins Auge stechen?
Jeder weiß, was ein Auge ist.
Wenn ein Staubkorn hineingerät,
kann das Auge es nicht ertragen,
und hier …

Erröteter Soldat Im Eifer des Gefechts, vielleicht.

Der Vater Wie kann die Hand ein Auge herausquetschen?

Erröteter Soldat Im Eifer des Gefechts, sagt man dir.
Das lässt sich nicht vorhersehen.
Messer wurden gezogen, er fiel
mit dem Auge in das Messer.

Der Vater Seht, was ihr meinem Jungen
angetan habt.
Seht sein Gesicht.
Wie habt ihr einen so schönen

Jungen zerstört.
Wer verliebte sich nicht in ihn!

Er dreht ihn um.

Und hier wurde er in den Rücken gestochen.
Jemand hat ihn in den Rücken
gestochen, als er es nicht sah.
Jemand hat ihn von hinten getroffen
und seinen Schädel zerschmettert.
Kein Fleck, den ihr nicht geschlagen habt.

ERRÖTETER SOLDAT Er tobte,
und wir sind unerfahren.

DER VATER Ihr seid Soldaten. Ihr wart zu dritt.
Drei Soldaten können
einen tobenden Jugendlichen stoppen.

ERRÖTETER SOLDAT Ja, nachdem es passiert ist,
wenn man darüber nachdenkt,
wäre es so möglich gewesen oder vielleicht so.
Aber in der Wirklichkeit des Kampfes
geschehen unvorhergesehene Dinge.

DER VATER (*Bückt sich wieder über die Leiche des Jugendlichen.*)
Jemand hat mit einer Zigarette seine
Oberlippe versengt.
Jemand hat ihm starke Schmerzen zugefügt, bevor er starb.
Die Oberlippe, jeder weiß,
wie sehr es dort weh tut.
Habt ihr das vergessen oder was?
Ich verstehe das nicht.

*Er erhebt sich und steht vor dem Braungebrannten Soldaten.
Der beginnt zu summen.*

BRAUNGEBRANNTER SOLDAT Fröhliches Scheißen auf dem Dornenfeld
Das kitzelt an den Eiern ...

DER VATER (*Wendet sein Gesicht dem Blassen Soldaten zu.*)
Ein Junge. Du bist doch auch noch ein Junge.

BLASSER SOLDAT Mensch, es war ein Irrtum,
aber du musst uns verstehen,
du hast recht, dass auch ich ein Junge bin,
es ist Nacht, alle sind konfus,
die Umstände sind ungünstig,
normale Menschen schlafen,

normale Menschen umarmen eine Frau,
die Nacht ist nicht für Durchsuchungen gemacht.

DER VATER Seht, wie ähnlich er euch ist.
Was ihr wolltet –
wollte auch er:
Luft zum Atmen, ein bisschen Liebe,
und dass man ihm nicht ins Gesicht spuckt.
Sogar das lustige Härchen,
das zwischen seinen Augenbrauen hervorsteht,
auch du hast so eins.

ERRÖTETER SOLDAT Geh, begrab ihn.
Was geschehen ist, ist geschehen. Genug.
Nerv uns nicht. Er ist dein Kind,
aber er ist tot.
Du hast sicher andere,
oder wirst andere haben.
Die Welt ist voller Kinder.

BLASSER SOLDAT Sei so gut, sei ein Mensch.
Du bist verrückt vor Schmerz,
aber das läuft so nicht.
Er ist tot. Tot.

DER VATER Seht, wie ähnlich er euch ist!

BRAUNGEBRANNTER SOLDAT (*Von Zorn gepackt, geht dem Vater an die Gurgel.*) Schaff ihn fort von hier und begrab ihn!

ERRÖTETER SOLDAT (*Zieht den Braungebrannten Soldaten vom Vater weg.*) Halt's Maul!

BRAUNGEBRANNTER SOLDAT (*kein bisschen ruhiger*)
Du hast einen Sohn verloren und du lässt dich gehen!
Lern, dich zu bücken!
Schaff ihn fort von hier und begrab ihn!

ERRÖTETER SOLDAT Halt's Maul!

DER VATER Ihr habt jetzt die Macht,
und mir bleibt nur zu gehorchen.

ERRÖTETER SOLDAT Ja, gehorche.
Und wenn einmal der Frieden kommt,
werden wir Nachbarn sein und zu Besuch kommen.
Wir werden uns bei Gedenkzeremonien treffen
und dergleichen. Schließlich werden wir Freunde werden.

Er stößt den Braungebrannten Soldaten zur Seite. Dieser flüstert ihm zu:

BRAUNGEBRANNTER SOLDAT Sprich mit ihm, während ich von hinten komme.

ERRÖTETER SOLDAT (*Legt eine Hand auf die Schulter des Vaters, während der Braungebrannte Soldat hinter ihn tritt.*)
Wenn ich dir aus nächster Nähe in die Augen blicke,
kann ich mich absolut mit dir identifizieren.
Ich versuche mir vorzustellen:
Mein Vater steht hier,
und ich zu seinen Füßen tot.

DER VATER Ihr habt vor, mich umzubringen,
aber das ist mir egal.
Der Tod wird mir eine Erleichterung sein.

ERRÖTETER SOLDAT Wir töten keine Alten,
und wir stoßen keine Messer in den Rücken.

Der Braungebrannte Soldat erhebt von hinten sein Messer gegen den Vater. Der Bote tritt auf.

DER BOTE Die Zeit des Mordens ist vorüber!
Die Zeit des Mordens ist vorüber!
Die Raserei des Zorns gelangte an ihr Ende,
die Winde der Versöhnung wehen,
die Zeit des Mordens ist vorbei.
Menschen blicken
auf die schlechten Zeiten
und fragen: Wie konnten wir?
Wie war das möglich?
Unsere Kinder werden nicht verstehen,
unsere Enkel werden lachen,
unsere Urenkel werden schon nicht mehr wissen,
worum es geht.
Sie werden Geschichte lernen
mit einem Achselzucken.
Mit einem Lächeln des Erwachens
aus tiefem Schlaf
sagen die Menschen
zu einander: Frieden.

Er geht ab.

DIE SOLDATEN Frieden, Frieden.

Braungebrannter Soldat Landete plötzlich,
früher, als wir dachten,
hat uns bei den Eiern gepackt,
der Frieden.

Der Vater Frieden?
Ihr sagt „Frieden"
und trefft mich ins Herz.
Wenn Frieden, warum hat er sich um eine Stunde verspätet?
Und wenn er sich verspätet hat und mein Sohn bereits tot ist,
was nützt mir der Frieden?
Nein, das Wort „Frieden"
tut mir weh.
Ich höre Freudenrufe,
und sie durchbohren mich.
Ich höre ein Lachen,
und ich verberge mein Gesicht
in meinen Händen und weine.
Ich habe meinen Sohn verloren.
Das sind nicht nur Worte,
„mein Sohn", „ich habe verloren".
Das war mein Sohn,
ihr habt ihn getötet,
wie soll für mich einmal Frieden sein?
Ich wünschte, dass alle Väter
ihrer Söhne beraubt würden,
so dass ich kein Lächeln
sehen werde auf keinen Lippen
und das Wort „sich freuen" verschwinden wird.

Erröteter Soldat Trotzdem, Friede sei mit dir.
(*Umarmt ihn.*) Unser Bruder bist du. Unser Vater bist du.
Du warst unser Feind, und von nun an –
unser Bruder und unser Vater.

Braungebrannter Soldat (*Hält ihm die Hand hin.*)
Die Umstände waren andere.
Jeder, der uns richtet,
muss verstehen:
Die Umstände waren andere.

Blasser Soldat (*Steht vor ihm, ohne ihn zu umarmen.*)
Ich sage dir nicht,
dass du mir verzeihen sollst.

Ich fordere nicht
von dir, zu vergessen.
Ich sage
dir nichts.

Er wendet sich von ihm ab. Die drei Soldaten gehen zur Seite.

ERRÖTETER SOLDAT Was ist der Plan?

BRAUNGEBRANNTER SOLDAT Schnitzel mit Beilagen.

ERRÖTETER SOLDAT Du bist ein Idiot, wieso willst du Schnitzel?
Zwei Straßen von hier gibt es eine Imbissstube
mit frischen Sandwichs und Thunfischsalat.
Man schneidet für dich frisches Gemüse
mit Zwiebeln und natürlichem Olivenöl,
du sitzt auf der Terrasse mit
klarer Luft, blickst auf das Meer …

BRAUNGEBRANNTER SOLDAT Ließe sich drüber nachdenken.
Wie viel kostet dort eine Portion?

ERRÖTETER SOLDAT Auf jeden Fall weniger als ein Schnitzel.

BRAUNGEBRANNTER SOLDAT Ließe sich drüber nachdenken.

ERRÖTETER SOLDAT Und wieso willst du überhaupt Gebratenes und all das?
Du isst frischen Thunfischsalat
mit frischem Gemüse und Olivenöl,
alles gesund, klare Luft …

BRAUNGEBRANNTER SOLDAT Ließe sich drüber nachdenken.

Die drei Soldaten wenden sich zum Gehen.

DER VATER Wartet. Noch einen Moment.
Es gibt noch eine Sache, die wir nicht erwähnt haben.
Seine Hosen sind heruntergezogen,
und es gibt hier einen Schnitt,
den jemand um den Penis
herum begonnen hat.
Ich werde nicht fragen, wer es getan hat,
auch nicht, wozu.
Somit werdet ihr nicht antworten können
„im Eifer des Gefechts".
Das ist ein Schnitt, der begonnen wurde,
als er bereits am Boden lag,
bewusstlos oder tot.
Ich werde nicht fragen, wozu.

Ich möchte nur fragen,
was seine letzten Worte waren.

ERRÖTETER SOLDAT Wir haben es dir schon gesagt – er hat geflucht,
als er zu kämpfen versuchte.
Deshalb geschah, was geschah.

DER VATER Aber seine allerletzten Worte,
nachdem er bereits am Boden lag,
nach ihnen frage ich.

ERRÖTETER SOLDAT Er hat geflucht.

DER VATER Und danach?

ERRÖTETER SOLDAT Danach starb er.
(*Zum Braungebrannten Soldaten.*) Nicht?

BRAUNGEBRANNTER SOLDAT Definitiv. Er starb.

Die Soldaten gehen ab. Der Vater kniet sich über die Leiche des Jugendlichen.

DER VATER Ihr habt mich mit der Leiche zurückgelassen.
Jetzt beginnt das Leid.
Wenn der Tumult sich legt,
und man alleine zurückbleibt: Du und der Leichnam.
Er und du. Und danach –
Du und die Grabstätte.
Du und der Geist, der dir entflieht
und doch keine Ruhe lässt,
der das Seine fordert,
der dich ganz fordert.
Und es ist richtig, mein Sohn,
dass ich von nun an nicht mein eigener Herr bin.
Du herrschst über mich von nun an
bis zum Tag meines Todes.

Der Offizier tritt auf.

DER OFFIZIER Wer hat ihn ermordet?

DER VATER Soldaten, mein Herr.

DER OFFIZIER Und wer bist du?

DER VATER Sein Vater.

DER OFFIZIER Hast du gesehen, wer ihn getötet hat?

DER VATER Nein, mein Herr. Ich kam herein,
als das Zimmer leer war.
Ich sah sie weggehen.

Der Offizier Nimm den Leichnam und begrabe ihn
ohne Lärm und Aufhebens.
Wir werden keine Demonstrationen genehmigen.

Der Vater Früher habt ihr keine Demonstrationen genehmigt
wegen des Krieges.

Der Offizier Richtig. Und jetzt wegen des Friedens.
Wir sind generell für Ruhe.

Der Vater Ja, mein Herr.
Mein Sohn ist ruhig und ich bin ruhig.
Von jetzt ab wird hier Ruhe walten.

Er nimmt die Leiche des Jugendlichen auf den Rücken und geht mit ihr ab.

Lied

Teurer Vater mein …[1]

Teurer Vater mein, wenn du an meinem Grabe stehst,
So alt und so müde und so sehr allein,
Und siehst, wie mein Körper im Staub versinkt,
Und du dort über mir stehst, Vater mein,

Dann steh da nicht so voller Stolz,
Und recke dein Haupt nicht empor, Vater mein,
Denn Fleisch neben Fleisch ist, was wir nun sind,
Und die Zeit zu weinen ist jetzt, Vater mein.

Dann lass auf meine Augen deine Augen weinen,
Und sei nicht still um meiner Ehre willen,
Etwas, das weit bedeutender als Ehre war,
Liegt jetzt zu deinen Füßen, Vater mein,

Und sag nicht, du hast ein Opfer gebracht,
Denn derjenige, der brachte, war ich,
Und rede nicht weiter Worte so hehr,
Denn bereits tief unten bin ich, Vater mein.

Teurer Vater mein, wenn du an meinem Grabe stehst,
So alt und so müde und so sehr allein,
Und siehst, wie mein Körper im Staub versinkt –
Bitte dann um Vergebung mich, Vater mein.

1 Anm. d. Übers.: Das Lied *Teurer Vater mein …*, stammt aus Levins Satire *Königin des Badezimmers* (מלכת אמבטיה, 1970, abgedruckt in Hanoch Levin: מה איכפת לציפור. מערכונים ופזמונים 1 [*Was kümmert's den Vogel. Satiren und Lieder 1*]. Tel Aviv: Ha-Kibbutz Ha-Me'uchad 2000, S. 61–100, hier S. 92) und wurde von dem Regisseur Omri Nitzan für die Uraufführung von *Mord* 1997 am Cameri-Theater Tel Aviv hier eingeführt. In der UA wurde das Lied von dem Jugendlichen gesungen.

Zweiter Akt

Drei Jahre sind vergangen. Sommerabend, ein Sandstrand am Meer. Aus der Ferne klingt der Lärm feiernder Menschen herüber, Musik. Ein Mädchen und ein Junge treten auf, festlich gekleidet.

Der Junge Wenn wir groß sind, wirst du mich heiraten?

Das Mädchen Das hängt davon ab, ob ich dich lieben werde,
aber ich werde dich nicht lieben,
denn ihr habt kein Geld,
und euer Haus ist nicht schön,
und ihr habt kein Auto,
und mit dir ist es langweilig,
und du stinkst und bist hässlich,
und dein Pimmel ist klein.

Der Junge Weißt du, dass du einmal sterben wirst?

Das Mädchen Ich werde nicht sterben.

Der Junge Du wirst sterben. Man muss.

Das Mädchen Weißt du, wer ich bin?
Ich bin die Schwester der Braut.

Der Junge Das wird dir nicht helfen.

Das Mädchen Und dich gibt es gar nicht.
Ich träume dich.
Wenn ich aufwache –
ist das dein Ende.

Der Junge Auch das wird dir nicht helfen.

Die Mutter der Braut tritt auf.

Das Mädchen Mama, er hat gesagt, dass ich sterben werde.

Die Mutter der Braut Du wirst nicht sterben.
(*Zu dem Jungen.*) Sie wird nicht sterben.

Der Junge Man muss sterben.

Die Mutter der Braut Du bist ein Idiot.

Das Mädchen Mit einem ekligen Pimmel.

Sie geht mit der Mutter der Braut ab. Der Junge geht beleidigt zur anderen Seite ab. Der Bräutigam und die Braut treten auf, sehr jung, beschwipst und lachend, sie entfernen sich vom Lärm der Feier, um allein zu sein.

Die Braut Haben wir uns nicht zu weit entfernt?

Der Bräutigam Ich habe meinem Vater gesagt, dass wir
eine halbe Stunde allein sein wollen, nur wir zwei,

und dass sie uns nicht suchen sollen.

Er zieht sie an sich.

Ich liebe es so sehr, dich zu heiraten.
Du. Hochzeit. Wein.
Meer. Himmel.
Und wieder du.

DIE BRAUT Du bist ein Dichter geworden.

DER BRÄUTIGAM Ich glaube, ich werde
vor Glück wahnsinnig.
Du bist auf eine Weise schön, die weh tut.
(*Zu sich.*) Ich bin gespannt, ob sie mir einen blasen wird.
Ich will so sehr einen Blowjob.
Wenn ich jetzt sterbe –
sterbe ich, ohne zu wissen, was ein Blowjob ist.

Die Braut lacht, sie küsst ihn lange auf seine Lippen.

Ich würde dich jetzt wollen,
hier, auf dem Sand,
und den Rest vergessen.

DIE BRAUT Einfach ein Dichter.

Sie hebt den Saum ihres Kleides hoch. Der Bräutigam beginnt, seine Hosen auszuziehen.

DIE BRAUT Wozu?

DER BRÄUTIGAM Sondern wie?

DIE BRAUT Auch ich habe auf diesen Augenblick gewartet.
Es gibt Dinge, die ich noch nicht gekostet habe.
(*Flüstert ihm ins Ohr.*) Ich würde wollen, mein Geliebter,
über alles und vor allem,
dass du es mir ganz richtig so machst,
wie du sicherlich gespürt hast,
dass ich es liebe.

Er versteht nicht.

Träumerisch, auf dem Rücken liegend,
meine Augen auf die Sterne geheftet,
Wolkenfetzen ziehen vorüber
zusammen mit Gedankenfetzen.

DER BRÄUTIGAM Einfach eine Dichterin.
Und ich bin angezogen?

DIE BRAUT Aber wozu muss man denn nackt sein.

Der Bräutigam Er wird schon ordentlich hart.

Die Braut Aber was ich will,
wird ganz und gar nicht hart.

Der Bräutigam Aber nass?

Die Braut Nass.

Der Bräutigam Rot?

Die Braut Rot.

Der Bräutigam Streckt sich heraus?

Die Braut Und wie.

Der Bräutigam beginnt erneut, seine Hosen auszuziehen.

Nicht dort.

Der Bräutigam Ich bin total verwirrt.

Die Braut Tipp?
(*Flüstert ihm ins Ohr.*)
Vom Augenblick deiner Geburt bis zum Tag deines Todes,
hinter jedem Weinen oder Lachen,
rollt sie umher und windet sich
in einer engen und finsteren Zelle.
Im Alter eines Jahres sucht sie nach Süßigkeiten,
im Alter von zwanzig – nach Wein,
und im Laufe ihres Lebens trifft sie
auch Ärsche und Stiefelein.
Und war der Beginn ihres Weges
voller Singen und Flöten,
wird sie an seinem Ende um
ein wenig Luft beten.

Der Bräutigam (*Schaut sie an, während das Lächeln auf seinen Lippen einfriert. Zu sich.*) Bye bye, Blasen.
Hallo, Lecken.

Sie zieht ihr Kleid hoch, streckt sich auf dem Sand aus. Der Bräutigam versenkt sein Gesicht zwischen ihren Beinen. Sie stöhnt.

Die Braut Ich liebe dich.
Ich erwarte von dir
Himmel und Erde.
Du wirst mich nicht hören können,
denn deine Ohren werden fest zwischen meinen
Schenkeln stecken,

aber ich werde dich anleiten,
mit leichten Schlägen auf den Nacken.
Mit der Zeit wirst du von selbst lernen,
was ich will.

Sie presst ihre Schenkel eng um seinen Kopf, klopft leicht auf seinen Nacken. Er leckt zwischen ihren Beinen, sie wendet ihr Gesicht himmelwärts und seufzt vor Vergnügen.

Soll ich dir erzählen, was währenddessen am Himmel geschieht?

DER BRÄUTIGAM (*bewegt verneinend den Kopf, seine Stimme ist gedämpft*) Nachher, wenn ich wieder zu Kräften komme.

Der Vater tritt auf, eine schwarze Silhouette in der Dunkelheit, flüstert.

DER VATER Erzähl mir. Was waren
seine letzten Worte.

DIE BRAUT (*Hebt ihren Kopf.*) Ist da wer? ...

Pause. Sie lässt ihren Kopf sinken, stöhnt.

Mach weiter ... Mach weiter ...

VATER Seine letzten Worte
möchte ich wissen ...

DIE BRAUT (*Hebt ihren Kopf, steht auf.*) Da ist jemand!

DER VATER (*Kommt näher, einen gezogenen Revolver in der Hand.*)
Ich bin der, der mit
einer Leiche zurückblieb.
Ich war es, der sich über ihn beugte.
Da habe ich noch nicht geweint,
ich war nur entsetzt. Nachdem ihr gegangen wart,
erst da begann das Weinen.
Es hat bis jetzt nicht aufgehört.

DIE BRAUT Töte uns nicht.
Dies ist der Tag unserer Hochzeit.

DER VATER Einmal, das war vor langer Zeit,
zeugte ich mit ihr einen Sohn.
Sie war nackt.
Sie lag wie du.

DIE BRAUT Was willst du?
Ist das ein Überfall?
Willst du Schmuck?

DER VATER Seid still.

Wenn einer von euch zu fliehen versucht,
schieße ich.

DIE BRAUT Alle Gäste sind dort drüben.

DER VATER Keiner wird es hören.
Die Kapelle, das Rauschen der Wellen,
knallende Champagnerkorken.
Und ihr habt euch sehr weit entfernt.
(*Zum Bräutigam.*)
Erinnerst du dich an mich?
Vor drei Jahren,
ein Jugendlicher, der ermordet wurde, ein Haus,
und ich, sein Vater, komme herein,
sehe drei Soldaten
über seinem toten Körper.

DER BRÄUTIGAM Ich weiß nicht,
wovon du sprichst.
Du verwechselst mich
mit jemand anderem.

DER VATER Du. Ein roter Schal
lag um deinen Hals.

DER BRÄUTIGAM Hatte ich nie.
Ich trage keine Schals.

DER VATER Es ist richtig, dass meine Augen dunkel geworden sind
und mein Gedächtnis mich trügt
und das Alter von mir Besitz ergriffen hat.
Aber an euch
erinnere ich mich deutlich.
Euch drei über der Leiche meines Sohnes
werde ich nicht vergessen.

DER BRÄUTIGAM Ich habe Brüder und Verwandte,
es gibt Menschen, die mir ähnlich sehen.
Du kannst nicht in der Nacht kommen,
nach einigen Jahren,
und jemanden erschießen.
Man tötet nicht einfach so.

DER VATER Ja, manchmal lässt es nach.
Ich sage zu mir selbst:
Es gibt ein Alltagsleben.
Aber dann kehrt jene Nacht
zu mir zurück,

die Leiche, über ihr drei
lebende Soldaten,
einer von ihnen bist du.

Er hält ihm den Revolver an die Schläfe.

Willst du leben?

DER BRÄUTIGAM Sehr. Ich will so sehr leben.

DER VATER Erzähl mir, wer ihn getötet hat.
Erzähl mir, wer das Messer
in seinen Rücken stieß.
Aber vor allem möchte ich wissen,
was seine letzten Worte waren.

DER BRÄUTIGAM Wie kann ich dir das sagen? Soll ich etwas erfinden,
damit du zufrieden bist?
Hier liegt ein Irrtum vor.
Schau mich an: Ich bin selbst fast
noch ein Teenager, heute Nacht habe ich geheiratet,
du hast mich beim Liebesspiel
mit meiner Braut überrascht.

DER VATER Wer möchte nicht Liebe machen,
wer möchte nicht heiraten,
wer möchte nicht Wein, Musik?
Wer möchte, nachdem er gemordet hat, nicht
seinen Garten umgraben
und über die Köpfe seiner Kinder streicheln?

DIE BRAUT Er war nicht dort.
Das ist mein Bräutigam,
er sagt die Wahrheit.
Ich würde ihn nicht lieben
und mich nicht für mein ganzes Leben an ihn binden,
würde er nicht die Wahrheit sagen.
Ich habe deinen toten Sohn nicht gekannt
und ich weiß nicht, worum es geht.
Ich weiß nur, dass diese Nacht
die Nacht ist, auf die ich gewartet habe –
Mit welchem Recht kommst du
und verdirbst sie?
Mit welchem Recht richtest du in tiefster Nacht
aufgrund deines trügenden Gedächtnisses
einen Revolver auf jemanden?
Wer bist du, dass du unser Leben zerstörst?

DER VATER Du sprichst schön,
und der Klang deiner Stimme ist bezaubernd.
Ich bin versucht, euch zu glauben.
Es ist leicht, sich in einer so süßen Nacht
überzeugen zu lassen,
und der Mond und das Meer und die Hochzeit,
und vor allen Dingen – dein Körper.
Ich verliere meine Sicherheit
in allem, was mein Gedächtnis und meine Augen betrifft,
und dennoch weiß ich,
wenn ich jetzt von hier weggehe,
sei es in einer Stunde, morgen, in einem Jahr –
ich werde es bereuen, dass ich ihn nicht getötet habe.
Versteht: Ich bin nicht allein.
Ich trage meinen Sohn auf dem Rücken.

DER BRÄUTIGAM Wenn das so ist, wird mir nichts helfen.
Du wirst mich töten, so oder so.

DER VATER Ja, ja, ich werde töten.
Und wären nicht deine Augen,
die mich so anblicken,
hätte ich schon getötet.
Es wird noch einen Moment dauern,
wegen der Augen,
aber ich werde töten.

DER BRÄUTIGAM (*zur Braut*) Als ich ein Teenager war,
schrieb ich Gedichte.
Ich möchte dir
das letzte Gedicht vortragen,
das ich dir gewidmet habe.

DER VATER Warum rufst du nicht um Hilfe?

DIE BRAUT Ich glaube nicht,
dass du ihn erschießen wirst.

DER BRÄUTIGAM (*deklamiert*) Ich würde so gern für dich
das vollkommene Lied
über alles singen.
Über die ganze Welt,
über den Berg und den Wind,
über das Bestehende
und über den Wandel –
in einem Wort,

in einer Silbe,
ah.

Der Vater schießt ihm in den Kopf. Der Bräutigam fällt. Die Braut stößt einen Schrei aus. Der Vater springt zu ihr und hält ihr den Mund zu.

DER VATER Und du, sei still!
Ich sehe, ich muss
auch dich töten!

DIE BRAUT Töte mich nicht! ...
Ich habe nichts getan! ...
Ich flehe dich an:
Ich will leben! ...
Morgen früh wollten wir verreisen
für zwei Wochen mit einem anderen befreundeten Paar ...
Meine große Schwester hat bereits ein Kind geboren ...
Ich bin erst achtzehn
und habe noch nichts getan ...
Ich habe es nicht geschafft, jemandem Böses zu tun ...
Einmal schlug ich meinen kleinen Bruder,
er hat geweint, und ich habe auch geweint ...
Einmal stritt ich mich mit einer Freundin ...
Einmal verließ ich einen Freund, der mich liebte ...
Mehr als das habe ich nicht getan ...
Heute Nacht habe ich geheiratet ...
Ich bin noch Jungfrau ...
Es gibt noch Vergnügungen,
die ich nicht kennengelernt habe ...
Auch im Ausland bin ich nicht gewesen ...
Das ganze Leben liegt vor mir,
und es ist nicht gerecht, dass du es mir nimmst ...
(*Ihr Hals ist wie zugeschnürt, sie zittert vor Angst.*)
Ich werde niemandem erzählen, wer du bist ...
Geh fort ... Ich habe dich nicht gesehen ...
Ich werde dich niemals wiedererkennen ...
Ich flehe dich an ... Sieh, ich
küsse deine Füße ...

Sie kriecht zu seinen Füßen, küsst seine Schuhe, er packt ihr Gesicht.

DER VATER Wie lange habe ich keine Frau berührt.

Er hält ihr Gesicht, während sie leise schluchzt.

Die Braut Du hast den Menschen getötet,
der mir lieber war als alle.
Du hast einfach so getötet.
Wenn du wüsstest, wie unschuldig er war.
Er hatte nicht einmal mit einer Frau geschlafen.
Wie hätte er töten können?
Wir hatten einen Moment lang Spaß,
ein so schöner Anfang.

Der Vater Nie werde ich
diesen Durst stillen: zu töten.

Er schließt sie fest in seine Arme.

Die Braut Hab Erbarmen mit mir! Ich bitte dich!

Der Vater Ich bin gekommen, um Sorglosigkeit zu zertrümmern.
Wo ich sie sehe,
werde ich sie verderben.

Er wirft sie zu Boden und legt sich auf sie.

Die Braut Nein! ... Nein! ...

Der Vater Versteh: Ich pfeife auf
Bräutigame und Bräute
und zarte Babys und Mütter
und das ganze Leben.
Ich pfeife auf die Natur
und auf ihre atemberaubenden Landschaften.
Die Welt tut mir weh,
die Sorglosigkeit verletzt meine Ruhe.
Du weinst und deine Tränen
reizen mich.

Die Braut Nein! ... Nein! ...
Ich bitte dich! ...

Der Vater vergewaltigt sie. Zunächst wehrt sie sich. Ihre Gegenwehr lässt nach. Der Vater steht auf. Sie bleibt liegen, ein schwaches Wimmern, wie das Weinen eines Babys, kommt aus ihrem Mund.

Der Vater Warum starrst du
mich weiter an?
Warum schreist du nicht?
Warum stehst du nicht auf und rennst weg?

Die Braut bleibt auf dem Rücken liegen und heult stumm.

Du brichst mir das Herz,

mein Mädchen. Mein Junge.
Meine Kinder.

Er richtet den Revolver auf ihr Gesicht. Sie flüstert, beinahe ohnmächtig.

DIE BRAUT Warum? ... Warum? ...

DER VATER „Warum". Schon längst ließen wir
die Frage „Warum" hinter uns.
Die Frage „Warum" braucht schon
nicht mehr gestellt zu werden.
Die Frage „Warum" gehört zu
anderen Zeiten.

Er schießt ihr ins Gesicht und geht ab. Das Mädchen kommt herein, sie ist auf dem Rückweg zum Ort der Feier. Sie stößt auf die beiden Leichen, schaut sie mit offenem Mund an, rennt hinaus, kehrt mit dem Vater des Bräutigams und anderen Gästen zurück.

VATER DES BRÄUTIGAMS Was ... was ... was ...
Wie! ... Wie! ...
Ich glaube nicht,
was meine Augen sehen!
Ich verdaue das nicht!
Was ... was ... was ...
Was meine Augen sehen, ist nicht wahr!

GAST Gebt ihm Wasser,
und anschließend gebt ihm Zeit.
Um solche Tatsachen zu verdauen,
braucht es Zeit.

VATER DES BRÄUTIGAMS Mein Sohn ist auf seiner Hochzeit ermordet worden?
Mein Sohn und meine Schwiegertochter am Tag ihrer Hochzeit?
Wie?! Wer?! Wieso?!
Wieso hat man mir
meine unschuldigen Kinder
am Tag ihres Glücks getötet?!

GAST Gebt dem Mann Zeit, um
den Tod des ihm Liebsten zu verdauen.
Gebt ihm Zeit für das Entsetzen.
Danach gebt ihm Zeit, um zusammenzubrechen.
Danach gebt ihm Zeit für die Trauer,
für das Zerbrechen, für das Zusammensinken aus Leid,

für die Zermarterung des Herzens, die kein Ende nehmen wird.

VATER DES BRÄUTIGAMS (*schreit*) Man hat meine Kinder ermordet!
Die Erde bebt!
Man hat meine Kinder ermordet!!

GAST (*leise, zu sich*) Gebt ihm Zeit.
Die Erde scheint zu beben,
aber nicht in Wirklichkeit.
Die Erde liegt ruhig,
und die Nacht ist hell und still.

Lied

Du und ich und der nächste Krieg[2]

Wenn wir flanieren, so sind wir zu dritt –
Du und ich und der nächste Krieg.
Wenn wir schlafen, so sind wir zu dritt –
Du und ich und der nächste Krieg.

Du und ich und der nächste Krieg,
der nächste Krieg kommt uns zugute.
Du und ich und der nächste Krieg
der bringt mit sich die wahre Ruhe.

Wenn wir in einem Moment der Liebe lächeln,
lächelt mit uns der nächste Krieg.
Wenn wir auf die Geburt des Kindes warten,
wartet mit uns der nächste Krieg.

Du und ich und der nächste Krieg,
der nächste Krieg kommt uns zugute.
Du und ich und der nächste Krieg
der bringt mit sich die wahre Ruhe.

Wenn es an der Tür klopft, so sind wir zu dritt –
Du und ich und der nächste Krieg.
Und wenn es vorbei ist, sind wir wieder zu dritt –
Der nächste Krieg, du und das Bild.

Du und ich und der nächste Krieg,
der nächste Krieg kommt uns zugute.
Du und ich und der nächste Krieg
der bringt mit sich die wahre Ruhe.

2 Anm. d. Übers: Dieses Lied stammt aus Levins gleichnamiger Satire *Du und ich und der nächste Krieg* (את ואני והמלחמה הבאה, 1968, abgedruckt in Levin: מערכונים ופזמונים 1 [*Satiren und Lieder 1*], S. 11–30, hier S. 30) und wurde ebenfalls von Omri Nitzan für die Uraufführung eingefügt. Dort wurde es von Braut und Bräutigam gesungen. Im Hebräischen unterscheidet sich „du" in eine männliche und eine weibliche Form, hier wird die weibliche Form verwendet.

Dritter Akt

Weitere fünf Jahre sind vergangen. Reicher Vorort einer Stadt, Villen, Nacht. Zwei arme und ältere Arbeiter, Erschöpfter Arbeiter und Ausgelaugter Arbeiter, trinken aus einer Flasche, spannen in ein Haus.

Erschöpfter Arbeiter Was ist eine Frau
gegen das heimliche Beobachten einer Frau?
Bei mir ist alles geistig.
Schau mich an,
Wildkatze, Schmetterling,
alle Frauen sind in meiner Welt.
Ich schwebe um den Globus,
von Villa zu Villa,
Chicago, Los Angeles, Paris,
Rom, Hamburg, London,
und zu Füßen jeder Villa
ein kleiner Garten mit Sträuchern,
und hinter den Sträuchern ein Beobachtungspunkt,
der nur für mich reserviert ist,
und in jedem Fenster der Villa
irgendeine Linda oder Florinda
oder Fransuela oder Jacqueline,
die nackt auf dem Bett
herumrollt mit irgendeinem
grunzenden Schmock mit blankem Arsch,
und sie weiß nicht einmal,
dass sie mein ist, ganz mein,
die Schenkel, der Hintern, die Brüste,
und all die Sprünge und das Galoppieren
und das Stöhnen und die Schreie,
und all die Verschlingungen, die es in der Welt
von Fransuela und dem Schmockolino gibt –
das alles wurde nur für mich erschaffen.
Zieh einmal hinaus in die Welt,
sieh einen Hintern.

Er wühlt in seiner Hose während des Spannens. Der Ausgelaugte Arbeiter lugt ins Haus hinein und weicht zurück, er gähnt lustlos.

Ausgelaugter Arbeiter Ah, ein Hintern. Haben wir schon gesehen.
Und auch zu spannen habe ich satt.
Auf dem Papier ist alles gut und schön,
bei uns in der Wirklichkeit hingegen

stehst du da wie ein Idiot,
siehst nichts,
bückst dich nur und brichst dir
die halbe Nacht lang den Rücken, um
in der Dunkelheit zu stehen und Dunkelheit zu sehen,
und bis du einmal etwas siehst,
und bis sie dir den Teil
zuwenden, den du willst,
nicht nur ein Ohr oder einen Ellbogen,
und bis es auch ein bisschen Beleuchtung gibt,
und bis du einen guten Spalt in der Jalousie gefunden hast
und einen bequemen Platz zum Stehen,
und bis du nicht plötzlich
auch noch pinkeln musst,
und bis dich nicht plötzlich
irgendein Hund oder Nachbar anbellt,
und im Stehen zu kommen wird schwerer
von Jahr zu Jahr, die Beine schmerzen,
und sich mit Phantasien zu helfen, ist auch schwer,
die haben schon seit langem ihre Frische verloren,
und die meisten von ihnen sind auch nicht schön,
und sind sie doch schön – so sind sie unglücklich
und ficken wie zur Guillotine Verurteilte,
vielleicht ist in Hollywood das Glück vollkommen,
weiß ich das? Nun, aber bis du nach Hollywood kommst,
und wie wirst du dort spannen, dort sind sie ohnehin eingesperrt in Villen mit reißenden Hunden,
Elektrozaun und Videokameras,
und am Ende gähnen sicher auch sie
mit schlechtem Geruch aus dem Mund.
Wie erbärmlich sind sie alle,
und wie erbärmlich ist alles,
diese ganze lumpige Welt
wurde nur erschaffen, um dich zu zerquetschen.

Er spuckt angewidert aus und geht ab. Die Orangene Hure tritt auf. Der Erschöpfte Arbeiter weicht zurück, wie jemand, der ertappt wurde.

ERSCHÖPFTER ARBEITER Ich habe nicht gespannt.
Dort ist keine Frau.
Ich bin allein.
Niemand tut etwas Schädliches.

Ich schaue nur,
sehe nichts.
Kann nicht.
Tue nichts.
Beinahe blind.

Die Orangene Hure nähert sich ihm.

ORANGENE HURE Wir, die Hausfrauen
in diesem beschaulichen Viertel,
lieben Sorglosigkeit und Sauberkeit.
Wir lieben es, dass der Müll abgeholt wird,
ohne dass wir den Müllmann sehen.

ERSCHÖPFTER ARBEITER Ich bin überhaupt nicht vom Müll,
ich bin vom Gerüst dort
am Gebäude am Ende der Straße.
Frag nach mir. Man kennt mich.
Nachts laufe ich ein wenig herum,
ich tue überhaupt nichts,
schaue nur in die Fenster,
nachts, bestimmt nicht
auf die Ehemänner, ich bin ein Mann
von Ehre, nur auf die Frauen,
komme und gehe fort,
in der Regel
komme ich auch gar nicht,
in der Regel
sehe ich auch nichts.
Ich mag es mehr, zu schauen,
als es zu tun,
mag es mehr, zu phantasieren,
als zu schauen,
mag es mehr, nachzudenken,
als zu phantasieren.
Alles nur Worte.

ORANGENE HURE (*Hebt ihr Kleid an.*) Schau mal und phantasiere.

ERSCHÖPFTER ARBEITER Gute Frau, ich bin erschüttert.

ORANGENE HURE Und glaub mir,
noch hast du nichts gesehen.
Als wir uns das letzte Mal begegnet sind …

ERSCHÖPFTER ARBEITER Wer?

ORANGENE HURE Als du in unseren Hof gekommen bist,
um die Gartenabfälle abzuholen …

Erschöpfter Arbeiter Aber ich habe dir doch schon gesagt,
dass ich niemals
die Höfe betrete.
Ich bin nur von draußen.

Orangene Hure Du hast mich sehr neugierig gemacht.

Erschöpfter Arbeiter Wirklich? Wenn das so ist,
bin ich vielleicht eben der
und habe tatsächlich den Müll abgeholt –
wen kümmert's.

Orangene Hure Ihr habt, so sagt man,
heißes und dickes Blut.

Erschöpfter Arbeiter Ich bin seit den Zwanziger Jahren hier unterwegs.

Orangene Hure Fick mich!

Erschöpfter Arbeiter Was für ein Abend!

Er holt aus seiner Tasche einen Flachmann, nimmt einen Schluck.

Das ist gut, das beruhigt …
Das heißt, weckt auf …
Das heißt …

Er hält ihr den Flachmann hin. Sie lehnt ab.

Orangene Hure Bei uns nur Champagner.

Erschöpfter Arbeiter (*Trinkt und singt.*)
Eine Sommernacht,
Eine herrliche Nacht,
Haben Onkel und Tante
Mit Tanzen verbracht …
(*Hält inne.*) Entschuldige, ich
muss mich entleeren …

Er tritt zur Seite, um zu pinkeln, ist fertig, wendet sich zur Orangenen Hure, die mit dem Rücken zu ihm steht, umarmt sie.

Orangene Hure Von hinten kostet dich doppelt.

Erschöpfter Arbeiter (*Löst sich von ihr.*)
Was heißt „kostet“? Ich dachte, du hast dich verliebt.

Orangene Hure Klar, ich hab mich verliebt. Aber man braucht
auch ein bisschen Unterstützung in unserer Welt.

Erschöpfter Arbeiter Entschuldige, ich bin ein Romantiker.

Er blickt ihr aus nächster Nähe ins Gesicht.

Und du bist gar keine Hausfrau von hier ...
Und nicht reich, und nicht schön ...
Recht hatte mein Freund ...
Alles eine Enttäuschung.

ORANGENE HURE Komm, Freund, der Abend läuft schwach,
Komm, mach mir einen Anfang –
Du bekommst Rabatt.

ERSCHÖPFTER ARBEITER (*traurig*) Ich tue es überhaupt nicht gerne,
und ich mag keine Huren.
Und würde ich wollen – ich hab nichts.
Ich bin vom Gerüst dort am Gebäude ...

ORANGENE HURE Warum sagst du „Huren",
du beleidigst mich sehr.

ERSCHÖPFTER ARBEITER Ich gehe.

Die Rosa Hure und die Lila Hure treten auf, versperren ihm den Weg.

Wer seid ihr? Was habt ihr vor?
Ich hab nichts, das habe ich euch schon gesagt.

ROSA HURE (*Hält ihn von hinten fest.*) Durchsuch seine Taschen.

Die Orangene Hure wühlt in seinen Taschen, sie findet nichts. Bitterlich enttäuscht.

ORANGENE HURE Ich dachte, der hat hier heute Nacht
im ganzen Viertel geklaut.
Und am Ende – ein armer Hund.
Ganz wie er gesagt hat.

ROSA HURE Alles Betrüger;
und der ist der größte Betrüger –
Er hat die Wahrheit gesagt.

Die Lila Hure tritt ihn wütend. Aus dem Off ist eine Explosion zu hören. Entsetzte Nachbarn und Nachbarinnen rennen herein.

ERSTER NACHBAR Was ist passiert?

ZWEITER NACHBAR Ein Auto ist explodiert,
ein Haus steht in Flammen!
Kinder sind eingeschlossen
im brennenden Haus!

DRITTER NACHBAR (*Tritt im Pyjama auf, zerzauste Haare, verwirrt, hysterisch.*) Ruhe! Gebt Ruhe!
Eine Nacht der Ruhe!
Jeden Abend sagen wir:

Bis hier Mord!
Ab morgen – der Frieden!
Jeden Morgen wird ein Kind geboren,
dessen Eltern sagen:
Bis es achtzehn ist,
muss das ein Ende haben!
Und so geht es achtzehn Jahre,
und noch mal achtzehn Jahre,
und noch mal achtzehn Jahre!
Und vor lauter Warten auf das Leben –
lebt man nicht!
Gott, gib uns einen Monat
der Langeweile!
Gute, echte, schweizerische Langeweile!
Ich möchte mich so gerne langweilen!
Depressiv werden aus Langeweile!
Mich aufhängen aus Langeweile!
Oh, gebt mir ein wenig schweizerische Langeweile,
denn ich habe keine Kraft mehr für das aufregende Leben
Asiens!

ORANGENE HURE Hier ist der Mörder!
Wir haben den Mörder gefasst!

Sie schlägt den Erschöpften Arbeiter. Er ist erschrocken.

ERSCHÖPFTER ARBEITER Hört mir zu, ich weiß nicht,
was ihr wollt,
aber ihr irrt euch,
ich werde es beweisen.

Die Nachbarn und Passanten beginnen, ihn ebenfalls zu schlagen.

Aber wie kann ich das, wenn
man einfach so schlägt, und ich werde nicht beweisen
können, dass ich etwas nicht bin,
dass ich nicht einmal weiß, was ...

Sie schlagen ihn.

Lasst mich ein Wort sagen ...

Sie schlagen ihn. Er schluchzt.

Ich habe nur gespannt, ich bin ein gewöhnlicher Mann,
vom Gerüst dort am Gebäude ...

Er fällt.

Aber ich bin auch ein ungewöhnlicher Mann ...
Ich habe noch viele wichtige Dinge,
die ich bis jetzt nicht gesagt habe ...

Sie treten auf ihn ein. Er ist kurz davor, ohnmächtig zu werden.

Wusstet ihr, dass sogar ich
einmal geboren wurde? ...
Wusstet ihr, dass meine Geburt
als freudige Nachricht galt? ...
Man hat sogar ein Fest veranstaltet.
Ich wurde nicht als Spanner geboren ...
Ich bin vielschichtig, in mir trage ich
eine ganze Welt, Gedanken und Träume ...
Ich darf nicht ohnmächtig werden, bevor ich sie ausgesprochen habe ...
Ich habe auch die Lösung
für das alte Rätsel mit den Streichhölzern ...
Furchtbar schade, lasst mich nicht
das Bewusstsein verlieren, ich möchte
so gern aufwachen ...
Es besteht noch der starke Wunsch, zu sagen ...

Ihm fällt das Reden zunehmend schwerer, während die harten Schläge und Tritte andauern.

Und noch etwas ... Ich habe vergessen ...
Am wichtigsten ... Noch nicht ...

Er versucht, wieder aufzustehen, blutüberströmt.

Nur die Angst ist geblieben,
wenn ich meine Augen schließe ...
ich habe Angst ... dass ich sie nicht
mehr öffnen werde ...

Ein finaler Schlag wirft ihn endgültig zu Boden.

Ich ... will ... zu Papa ...
Aaaa ... Aaaa ...

Während der Schreie tritt die Orangene Hure wieder und wieder gegen seinen Kopf. Einer der Passanten versucht, sie zu stoppen.

PASSANT Stoppt sie!

ORANGENE HURE Das ist der Mörder!

PASSANT Er ist bewusstlos!

Orangene Hure Tod den Dreckskerlen!

Passant Stoppt sie!

Orangene Hure (*kratzt ihn im Gesicht, hysterisch*) Tötet auch ihn!
Tötet die Schöngeister!
Tötet die Kastrierten,
die die Dreckskerle beschützen!
Tötet! Tötet! Tötet!

Nachbarn treten auf, in ihren Händen tragen sie die zerfetzte Leiche des Jungen, der inzwischen älter geworden ist; hinterher läuft das Mädchen, auch sie älter, mit aufgelöstem Haar, entsetzt.

Das Mädchen Er hatte Recht, es gibt den Tod!
Und jetzt ist er tot!
Mein hässlicher und langweiliger Freund
mit dem kleinen Pimmel tot!
Er hat gesagt, dass man stirbt,
und ich habe es nicht geglaubt!
Er ist tot! Er ist tot!
Man muss sterben!

Sie sieht den Erschöpften Arbeiter, der am Boden liegt, erschrocken.

Das ist er!

Rosa Hure Er ist was?

Das Mädchen Ich erinnere mich!
In der Nacht der Hochzeit, am Meeresstrand,
bevor wir die Leichen
meiner Schwester und ihres Bräutigams fanden!
Wir sahen ihn dort herumlaufen!

Orangene Hure Der Mörder! Der Mörder!

Es gelingt ihr, sich aus dem Griff des Passanten zu befreien, stößt ihn fort. Die Lila Hure wirft ihr ein Messer zu.

Was ist das? Er hatte ein Messer dabei!

Sie sticht dem Erschöpften Arbeiter in die Brust und in den Hals.

Rosa Hure Bye-bye Lösung des Rätsels mit den Streichhölzern!

Weitere Nachbarn und Passanten kommen dazu.

Vierter Nachbar Schlagt ihm die Zähne ein!
Stecht ihm die Augen aus!
Zerschmettert ihm die Visage!

Fünfter Nachbar Findet seine Mutter,
und tut es vor ihren Augen!

Sechster Nachbar Fügt ihm Schmerzen zu!
Fügt ihm
auch nach seinem Tod noch Schmerzen zu!

Sie schlagen und treten ihn.

Orangene Hure Den Schwanz ins Maul.

Sie bückt sich, um seine Hosen aufzuknöpfen.

Lila Hure Umgekehrt, das Maul zum Schwanz.

Die Orangene Hure greift das Messer und schneidet dem Erschöpften Arbeiter den Kopf ab.

Rosa Hure Lasst uns auf ihn spucken!
Ich gehe hier nicht weg,
ohne auf ihn gespuckt zu haben!

Passant Warum? Er ist tot!
Warum willst du
auf ihn spucken?

Rosa Hure Auf ihn spucken!
Ich gehe hier nicht weg,
ohne auf ihn gespuckt zu haben!
Auf ihn spucken!

Sie spuckt in sein Gesicht.

Orangene Hure Lasst mich, ich pisse auch!
Ich liebe es, das im
Schoß der Natur zu tun.

Sie zieht ihr Kleid hoch, nimmt den abgeschnittenen Kopf, pisst auf ihn. Zum Kopf.

Das Leben ist verrückt.
Es gibt solche, die viel Geld dafür bezahlen,
damit ihnen zwischen meinen Beinen
in den Mund gepisst wird.
In deinem ganzen elenden Leben,
seitdem du an deiner Mutter gesaugt hast,
wurde sich nicht so um dich gekümmert.

Soldaten treten auf, an ihrer Spitze der Offizier. Der Offizier sieht die Leiche und den Kopf.

Der Offizier Wer hat das getan?

Orangene Hure Wir, Herr Offizier.
Wir fassten
diesen Mörder,
als er fliehen wollte!

Sie hält seinen Kopf hoch.

Schau ihn dir jetzt an.

Der Offizier schaut mit Abscheu auf den Kopf, ein Soldat durchsucht die Taschen des Erschöpften Arbeiters, überprüft seine Papiere.

Soldat Nicht von uns.

Der Offizier (*zur Orangenen Hure*) Warum hast du das getan?

Orangene Hure Mütter werden ruhig schlafen können.

Der Bote tritt auf.

Der Bote Die Zeit der Ruhe ist vorüber!
Die Zeit der Ruhe ist vorüber!
Die Winde der Versöhnung sind verweht,
Krieg steht vor dem Tor!
Menschen blicken
auf die vermeintliche Sorglosigkeit
und fragen: Wie konnten wir?
Wie war das möglich?
Unsere Kinder werden nicht verstehen,
unsere Enkel werden lachen,
unsere Urenkel werden schon nicht mehr wissen,
worum es geht.
Sie werden Geschichte lernen
mit einem Achselzucken.
Mit einem Lächeln des Erwachens
aus tiefem Schlaf
sagen die Menschen
zu einander: Zu den Waffen.

Rosa Hure Zu den Waffen, zu den Waffen;
kommt auf dem Weg bei uns vorbei.

Der Offizier (*reicht der Orangenen Hure den abgeschnittenen Kopf*)
Streich dein Kleid glatt,
und heb den Kopf.
Du bist in diesem Moment in die Geschichte eingegangen,
eingemeißelt bist du in die Annalen unseres Volkes.

Er geht mit den Soldaten ab.

Epilog

Zwei weitere Jahre sind vergangen. Eine Straße, morgens. Kinder spielen. Ein tattriger Greis tritt auf, geht unsicher, gebeugter Rücken, aus ihm dringt eine kraftlose Stimme, wie ein schwaches Summen.

Greis Pa … pa … Pa … pa …

Kind (*zu einem anderen Kind*) Schau, der Sohn von jemand.

Der Blasse Soldat tritt auf, jetzt Zivilist, trägt eine dunkle Brille, blind.

Blasser Soldat Ich sehe dich nicht, ich bin blind geworden
in dem Krieg, der nach jenem kam,
aber ich schulde dir eine Antwort:
Dein Sohn hat nicht geflucht. Er hat geweint,
und er konnte nicht aufhören zu zittern.
Seine letzten Worte, und sie
werden in meinem Gehirn nagen, solange ich lebe,
waren: „Habt Erbarmen mit mir,
ich will zu Papa“.

Greis Pa … pa … Pa … pa …

Er entfernt sich.

Ende

Michael Koresh, Yehuda Almagor, Dror Keren und Dov Raiser (v. l.) in Hanoch Levin: ההולכים בחושך / *Die im Dunkeln gehen*. UA: 09.05.1998, Habima Nationaltheater, Tel Aviv, Israel, Regie: Hanoch Levin.

Hanoch Levin

Die im Dunkeln gehen

Nächtliche Vision

Aus dem Hebräischen von Matthias Naumann

Figuren

Die Immateriellen
Der Erzähler
Gott

Die Lebenden
Der Gehende
Der Wartende
Der Entwischende
Der Nebensächliche
Der Drängende
Der Gedrängte
Der Drängelnde
Der Nachbar
Die kanadische Mutter des Entwischenden

Die Sterbenden
Mutter des Gehenden
Vater des Wartenden

Die Toten
Mutter des Nebensächlichen
Mutter des Entwischenden
Mutter der Mutter des Gehenden
Vater der Mutter des Gehenden
Müder Toter
Fleissiger Toter
Bittere Tote
Schüchterner Toter
Zarte Tote
Zorniger Toter
Grober Toter
Verzweifelter Toter
Totes Kleinkind
Saure Tote

Die Gedanken
Diffuser Gedanke
Vertuschter Gedanke
Gedanke des Salzherings
Gedanke des Arschs
Gedanke Lajans
Gedanke der Schokolade
Gedanke der Hose
Gedanke der Pyramiden
Gedanke des Kindes

Erstes Kapitel: Der Gehende

I

Der Gehende sitzt auf dem Bett, es ist Nacht. Am Fußende des Betts steht ein Koffer. Er erhebt sich und steht, nimmt den Koffer auf. Er blickt auf seine Füße, auf den Koffer, zum Himmel, wieder auf seine Füße.

Der Gehende (*zu sich*) Zu Beginn gibt es diese Sache,
dass man auf den Fußsohlen steht und nicht umfällt,
und merkwürdig ist, dass so ein schmales Stückchen Fuß eine Basis bildet.

Und dann gibt es die merkwürdige Sache, dass da ein Koffer ist,
ein Kasten mit Griff und in ihn hinein legt man Dinge für unterwegs.
Welchen Weg und welche Dinge – das ist eine Frage, aber eine separate.

Und dann gibt es die merkwürdige Sache, dass Nacht ist,
und Dunkelheit, und man sieht nichts, und deswegen weiß man auch nichts.

Und dieses Zusammenkommen von Füßen, Koffer und Nacht –
sehr merkwürdig. Das alles ist so merkwürdig.
Als gäbe es eine Verbindung zwischen den Dingen, und sie sei aufgetrennt worden.

Er macht einen Schritt.

Du hast einen Fuß vor gesetzt.
Den Abstand zwischen den zwei Füßen nennt man Schritt.
Du hast einen Schritt getan. An dem Ort, an dem du gestanden hast, bist du schon nicht mehr.
Und an dem Ort, an dem du nicht gestanden hast, bist du schon.
Auch das ist merkwürdig. Das alles ist in Nebel gehüllt.

Noch ein Schritt. Jetzt ist es schon ein Gang.
Ich bin ein Mann und habe zwei Schritte getan,
also – da bin ich ein gehender Mann.

Derjenige, der keinen Schlaf findet und mich zufällig
durch die Lamellen einer heruntergelassenen Jalousie
erblickt,
sagt bei sich: „Sieh da, ein gehender Mann. Interessant
wäre, wohin."
Wahrhaftig, man macht sich einen Augenblick lang in
der Welt Gedanken über mich.

II

Die alte Mutter des Gehenden tritt auf. Sie röchelt, ringt um Atem.

DER ERZÄHLER (*zum Publikum*) Der gehende Mann weiß nicht,
dass, während er mit einem Koffer durch die Straßen
geht,
seine geliebte Mutter allein darniederliegt
zwei Straßen von ihm entfernt, todkrank,
und niemand, dessen Hand über ihre Stirn streicht.

DER GEHENDE (*zu sich*) Ich habe zu erwähnen vergessen,
dass, während ich mit einem Koffer durch die Nacht
gehe,
zwei Straßen von mir entfernt meine geliebte Mutter
liegt
in tiefem Schlaf mit wunderbaren Träumen,
sie fühlt sich ausgezeichnet, die Verstopfung ist vorbei.

Die Mutter des Gehenden geht ab.

III

Der nebensächliche Mann tritt mit einem Koffer auf, er zieht seine Mutter hinter sich her.

DER ERZÄHLER (*zum Publikum*)
Dieser Mann ist ein anderer Mann, nebensächlich,
unsere Geschichte handelt nicht von ihm.
Er ist hier nur eine vorübergehende Figur, nicht
notwendig.

Zugleich fühlt er, dass auch er ein Mann ist,
und auch er hat einen Koffer, und auch er ist in der
Nacht,
derselben Nacht, die über unseres Landes Himmel ausgebreitet ist.

Er bedeutet dem Nebensächlichen abzugehen, der Nebensächliche zeigt auf seine tote Mutter. Der Erzähler, zum Publikum.

Ich habe vergessen, euch zu erzählen, dass der nebensächliche Mann
nicht mal eine Mutter hat, sie ist vor langer Zeit bereits gestorben,
er ist einsam, auf dem ganzen Erdball
gibt es nicht mal jemanden, der für ihn im Sterben liegen wird.

DER NEBENSÄCHLICHE Warum bin ich rausgegangen? Manchmal will der Mensch etwas, will es so sehr! …

Er geht mit seiner Mutter ab.

IV

DER GEHENDE (*zu sich*) Ich werde raus auf eine nächtliche Reise gehen, um meinen Freund So und so zu besuchen.
Und wenn ich von mir selbst gefragt werde, was mit mir los ist,
warum schläfst du nicht friedlich, warum verlässt du plötzlich das Bett
und gehst durch die Straßen und klopfst mitten in der Nacht an Türen,
werde ich zu mir selbst sagen, dass ich als Teil eines umfassenden Plans gehe,
den ich im Moment niemandem entdecken kann.

Mein Freund So und so wird mich für einen halten, der ein Geheimnis hat,
und auf jeden Fall für einen Menschen, der nicht ohne Ziel geht.

Er geht.

I

Der Wartende sitzt auf dem Bett, im Dunkeln, neben sich einen Koffer. Der Gehende klopft an seine Tür.

DER WARTENDE Wer ist da? … Bist du endlich gekommen? …
Nach so vielen Jahren des Wartens! …
Ich dachte schon, ich werde vor Sehnsucht verrückt! …

Warum hast du mich warten lassen?! …
Ich sitze auf meinem Bett, angezogen,
neben mir den Koffer und warte auf dich
Nacht für Nacht, dass du kommst!
Warum hast du mich so gequält, meine Geliebte?

DER GEHENDE Guten Abend.

DER WARTENDE Wer ist da?

DER GEHENDE So und so.

DER WARTENDE (*Lässt ihn herein, enttäuscht.*) Ebenfalls guten Abend.

DER GEHENDE Dunkel.

DER WARTENDE Nacht.

DER GEHENDE Man sieht nichts.

DER WARTENDE Warum bist du gekommen?

DER GEHENDE Gekommen bin ich für einen kurzen nächtlichen Besuch
aus dringenden Gründen, die, du verstehst es von selbst,
ich dir im Moment nicht offenbaren kann.
(*Zu sich.*) Ich mache ihn äußerst neugierig.

DER WARTENDE (*zu sich*)
Es kann sehr gut sein, zeigt sich sogar deutlich, dass er
etwas über meine Geliebte weiß, die fortgegangen ist,
und er bereitet mir hier eine riesige Überraschung.

Mir wird hier zweifelsohne ein Stück Glück zuteilwerden.
(*Zum Gehenden.*)
Selbstverständlich habe ich dich erwartet.

DER GEHENDE Hast du geschlafen?

DER WARTENDE Sicher.

DER GEHENDE Im Schlafanzug?

Der Wartende In Unterhose.

Der Gehende Und an deiner Seite eine heiße Geliebte gleichmäßig atmend,
während ihr Haar sich fließend über das weiße Kissen breitet?

Der Wartende Und wieso nicht?

Der Gehende Das Leben, das einfache, ruhige Leben, nach dem wir uns alle so sehr sehnen, wenn der Abend anbricht.
(*Vorwurfsvoll.*) Du fragst nicht, ob ich vielleicht ein Stechen in der linken Brust habe.

Der Wartende Ich verstehe, dass du ein Stechen in der linken Brust hast.

Der Gehende Habe ich.
(*Und wieder vorwurfsvoll.*) Du zeigst keinerlei Besorgnis.

Der Wartende Ich rate dir sehr, gleich morgen früh umfassende Untersuchungen vornehmen zu lassen.

Der Gehende Danke, du bist ein guter Freund. Es gibt heutzutage nicht viele wie dich.

Der Wartende Einmal haben wir uns so vor Lachen geschüttelt.

Der Gehende Einmal.

II

Der Vater des Wartenden tritt auf, alt und krank, er krümmt sich vor Schmerzen.

Der Erzähler (*zum Publikum*)
Und während der wartende Mann auf dem Bett denkt,
dass seine verschwundene Geliebte auf dem Weg zu ihm ist,
mit einem erstklassigen Lederkoffer, und nur an ihn denkt,
denkt doch wirklich an ihn sein greiser Vater,
der zwei Straßen von ihm entfernt wohnt und ganz allein darniederliegt,
schwer krank, ohne dass sein Sohn davon wüsste.

Vater des Wartenden Schwer krank oder im Sterben?

Der Erzähler Das wird sich diese Nacht noch klären.

Die Mutter des Gehenden tritt auf. Der Erzähler fährt fort, zum Publikum.

Wohingegen es bei der alten Mutter des gehenden Mannes in den letzten Momenten gar nichts Neues gibt,
sie liegt weiterhin im Sterben.

Mutter des Gehenden Du hast „todkrank" gesagt.

Der Erzähler Nennen wir die Tatsachen beim Namen.

Mutter des Gehenden Ich … glaube es nicht. Ich habe Angst.
Wenn man mich ins Krankenhaus bringt, ist es vielleicht noch möglich …

Der Erzähler Vielleicht. Doch bist du allein, und du hast keine Kraft, um Hilfe zu rufen.

Mutter des Gehenden Ich habe einen Sohn. Er wohnt nicht weit weg.

Der Erzähler Du hast keine Kraft, ihn zu rufen.

Mutter des Gehenden Vielleicht wird er plötzlich aufwachen und wird kommen.

Der Erzähler Vielleicht.
(*Zum Vater des Wartenden, der sich wieder zu ihm wendet.*) Vielleicht.

Die Mutter des Gehenden und der Vater des Wartenden röcheln, sie krümmen sich in einer Art verborgenem Dialog.

Mutter des Gehenden Vergangen sind die Tage der Grippe,
von leichtem Husten, von Fieber.
Gekommen ist die Nacht, nach der
kein Tag mehr kommt.

Die Beine sind noch hier,
doch die Augen blicken
zu jener Seite hin.

Legt eine Hand auf meine Stirn
den Schweiß abzuwischen oder
für eine letzte Berührung
des Abschieds.
In Kürze, in Kürze,
in Kürze.

III

Der Gehende (*zum Wartenden*) Ich bin gekommen, um dich auf eine weite Reise mitzunehmen
um jener Sache willen, deren Wesen ich
dir im Moment nicht enthüllen kann.

DER WARTENDE Ich war selbstverständlich schon mal auf einer weiten Reise,
und selbstverständlich verlasse ich nicht gerne das warme Bett
und den Atem der Geliebten mit fließendem Haar,
aber selbstverständlich habe ich dies erwartet und werde mit dir kommen.

DER GEHENDE Ich sehe, wir verstehen uns. Ich werde warten, bis du angezogen bist.

DER WARTENDE Ich bin angezogen.

DER GEHENDE Ich werde warten, bis du einen Koffer gepackt hast.

DER WARTENDE Mein Koffer ist gepackt.
Du hast mich gerade vor dem Aufbruch erwischt.

DER GEHENDE Ich werde warten, bis du die heiße Geliebte
mit dem fließenden Haar geküsst hast.

DER WARTENDE Sie schläft heute Nacht bei einer Freundin.

DER GEHENDE Und das Haar?

DER WARTENDE Das Haar ist bei ihr.

Pause.

DER GEHENDE Hat ein Rabe gekrächzt?

DER WARTENDE Nein, der Magen hat geknurrt.

DER GEHENDE Etwas passiert im Universum.

DER WARTENDE Ja, in diesem Universum geschehen Dinge.
(*Zu sich.*) Und wenn ich von mir selbst gefragt werde, wieso ich gegangen bin, werde ich antworten:
Mitten in der Nacht kam und rief mich ein erwachsener Mann,
ein Mensch, von dem anzunehmen ist, dass er weiß, was er tut,
und mit ihm gegangen bin ich zu bestimmten Zwecken,
sehr wichtigen, die im Einzelnen zu erläutern hier nicht der Ort ist,
doch die mir sehr nützlich sein werden, besonders auf lange Sicht.

Und darunter werde ich mir heimlich zuflüstern:
Man bereitet mir hier eine riesige Überraschung hinsichtlich meiner Geliebten, die fortgegangen ist.

Sie gehen.

IV

Der Gehende und der Wartende gehen.

DER ERZÄHLER (*zum Publikum*)
Jeder für sich und Fetzen seiner Gedanken, Figuren, Erinnerungen, Sehnsüchte, Torheiten, Fäden und Bagatellen, manchmal neue, jedoch meist alte, zuweilen einzeln, zuweilen als Paar, hier zum Beispiel das altgediente Gedankenquartett des gehenden Mannes.

Gedanke des Salzherings, Gedanke des Arschs, Diffuser Gedanke und Vertuschter Gedanke treten auf.

GEDANKE DES SALZHERINGS Guten Abend, ich bin der Appetit auf Salzhering.

GEDANKE DES ARSCHS Ich bin die Lust auf einen Arsch.

DIFFUSER GEDANKE Und auch ich möchte etwas sagen …
Etwas Wichtiges will heraus …

VERTUSCHTER GEDANKE Und ich bin die Erinnerung an die Kindergärtnerin und die Wanne.

Sie trotten etwas hinter dem Gehenden her und gehen ab.

Drittes Kapitel: Der Entwischende

I

Straße. Der Gehende und der Wartende gehen mit ihren Koffern im Dunkeln.

Der Wartende So eine Dunkelheit.

Der Gehende Man kann unterdessen einen Blick auf die Landschaft werfen.

Der Wartende Man sieht nichts.

Der Gehende Die Dunkelheit ist eine nächtliche Landschaft.

Sie gehen weiter.

Ach, in die Ferne aufzubrechen, tief einzuatmen …

Der Wartende Man sagt, auszuatmen sei wichtiger als einzuatmen.

Der Gehende Deine Gegend ist in Kantone aufgeteilt?

Der Wartende Warum?

Der Gehende Weil mir schien, dass für einen Augenblick Lichter aufflackerten
und eine lachende Frau warf etwas auf Italienisch in die Runde,
und einen Augenblick später kamen wir an einem Restaurant vorbei,
und eine elegante Frau flüsterte etwas auf Französisch …

Der Wartende Bei uns amüsieren sich Frauen in vielen Sprachen.

II

Der Wartende kommt auf einmal vom Weg ab und stößt gegen eine Wand, stöhnt auf vor Schmerz.

Der Gehende Was ist passiert?

Der Wartende Nichts.

Er untersucht die Wand, bedeutet dem Gehenden, sich fernzuhalten.

Der Wartende Du warte dort. Ich habe hier so eine dringende Angelegenheit,
die im Einzelnen zu erläutern hier weder der Ort noch die Umstände sind.

Der Gehende (*als wüsste er, worum es geht*) Alles klar.

Entfernt sich, setzt sich auf seinen Koffer. Der Wartende steht vor der Wand, klopft sachte daran, als zögere er zu stören, spricht flüsternd zur Wand.

DER WARTENDE Mach auf, ich bin's! … Ich habe auf dich gewartet jahrelang und du bist nicht gekommen! …
Mach auf, so dass ich hinein kann, und wir werden es auf ewig gut zusammen haben! …
Neben dir zu leben, unter dir zu sterben – das ist all mein Streben! …
(*Wendet sein Gesicht wieder dem Gehenden zu. Zu sich.*)
Ich bin zufällig gegen die Wand gestoßen,
und jetzt hält er mich für einen, der in eine geheimnisvolle, romantische Sache verstrickt ist,
vielleicht zwielichtig, vielleicht an der Grenze des Legalen,
im Zusammenhang mit Kasinogeschäften in Monaco
und exklusiven Bordellen in Istanbul.
(*Er klopft erneut an die Wand, flüsternd.*)
Ich weiß, dass du da bist! …
Ich weiß, dass du da mit einem anderen Mann bist,
einem, der besser ist als ich! … Wieso hast du mich ersetzt?
Worin ist er besser als ich …?
(*Hört auf. Zu sich.*)
Mein ganzes Leben lief auf nichts anderes hin,
als dass ich eines Nachts vor einer Wand stehen würde.

DER GEHENDE (*zu sich*) Was tun und wie leben, das ist die Frage.

DER WARTENDE (*zu sich*)
Wenn ich niedergeschlagen bin – wirke ich tiefsinnig.
Wer mich flüchtig ansieht, erwartet von mir eine wissenschaftliche Entdeckung,
zum Beispiel die Erfindung eines Krebsmedikaments.

DER GEHENDE (*zu sich*) Ich würde gerne bei meiner Mutter vorbeigehen, ich habe bei ihr
eine Enzyklopädie der französischen Kultur gelassen, die ich schon längst …

DER WARTENDE (*nähert sich dem Gehenden*)
Alles ist Teil des Plans und läuft bisher wie erwartet.

DER GEHENDE Ich folge dem Plan und gebe dir die Erlaubnis, weiterzumachen.

(*Zu sich.*) Jetzt weiß er schon überhaupt nicht mehr, was vor sich geht,
und in seinem Kopf steigt der Gedanke auf, dass ich der Kommandant irgendeiner
geheimen Mission bin, von der er nicht die leiseste Ahnung hat.
(*Zum Wartenden.*) In welchem Kanton sind wir, hilf mir auf die Sprünge, dem französischen?

DER WARTENDE So etwas in der Art.

III

Der Wartende geht wieder zur Wand, klopft daran.

DER WARTENDE Mach auf, ich bin's! ... Mach auf, mach auf! ...

Hinter der Wand springt der entwischende Mann mit einem Koffer hervor, er versucht zu entwischen. Der Wartende stürmt los und stoppt ihn.

DER WARTENDE Du entwischst?!

DER ENTWISCHENDE (*erschrocken*) Wer entwischt?! Man lebt nur!

DER WARTENDE Und da drinnen, hast du auch gelebt?!

DER ENTWISCHENDE Wer lebt?! Und welches drinnen?
Nur ein Hof, ich bin da rein, weil ... habe mich vorgetastet ...

DER WARTENDE Du hast gefickt, und jetzt schnappst du etwas frische Nachtluft, bevor du schlafen gehst!

DER ENTWISCHENDE (*abwägend, zu sich*) Man hält mich für einen Schwerenöter mit einem ganzen Bordell
der begehrenswertesten Frauen in der Tasche.
(*Hochmütig, zum Wartenden.*)
Ich werde nicht leugnen, ich habe gefickt.

DER WARTENDE Die So und so?

DER ENTWISCHENDE Wen sonst?

DER WARTENDE (*Tränen des Zorns in den Augen*)
Du hast mir meine Geliebte gestohlen!

DER ENTWISCHENDE (*verängstigt, zu sich*)
Dieser Mann scheint mir ein wenig gefährlich.
(*Zum Wartenden.*) Wer hat gestohlen, wer hat gefickt, sehe ich für dich denn überhaupt
nach nächtlichem Ficken und Stehlen aus?

Ich habe einen Ort zum Pinkeln gesucht, es war dunkel,
ich habe mich die Wand entlang getastet, da war irgendein Hof,
es gab nicht mal einen Hund, ich habe nichts gesehen,
habe den Hosenstall aufgemacht, plötzlich klopfte es gegen die Wand,
ich habe es nicht mal geschafft zu pinkeln.

DER WARTENDE Enthülle die Wahrheit – du hast sie mir genommen!
(*Wendet sein Gesicht von ihm ab, gebrochen.*)
Warst du bei ihr?! Hat es dir gefallen?
Und sie – liebt dich?

DER ENTWISCHENDE (*mustert ihn von Nahem, zu sich*)
Es scheint mir hier keinerlei Gefahr zu bestehen.

DER WARTENDE Erzähl, wie war es?

DER ENTWISCHENDE Es war spektakulär.

DER WARTENDE Du hast es ... mehr als einmal gemacht?

DER ENTWISCHENDE (*versucht, gleichgültig zu erscheinen*)
Ich habe nicht gezählt.

DER WARTENDE Das heißt, offensichtlich geht es hier um mehr als zwei Mal!

DER ENTWISCHENDE Nach sechs habe ich aufgehört zu zählen.

DER WARTENDE Hast du sie befriedigt? Ist sie gekommen?

DER ENTWISCHENDE Ich weiß nicht, ob sie gekommen ist oder nicht,
es hat mich auch nicht so sehr interessiert,
ich weiß nur, dass sie wie verrückt geschrien hat, sowas wie
„Mammamia!“, und „Ich kann nicht mehr!“,
und „So etwas ist noch nie mit mir passiert!“ auf Französisch und Italienisch,
„Oh, mon dieu, mon dieu!“ ...

DER GEHENDE (*versucht, zu lauschen, hört nur „mon dieu!“, zu sich*)
Ich sehe, dass wir wirklich den Kanton gewechselt haben.

DER ENTWISCHENDE (*fährt fort*) Sie tat auch einige Seufzer und Gebete,
„Gott“ auf Französisch und „Gott“ auf Deutsch,
und auch ein kleines Lied „Am Ufer des Rhein traf ich Herrn Klein“,
überdies schlug sie mit den Fäusten gegen die Wände,
zerkratzte den ganzen Putz, tobte, warf das Bett um,

zerriss die Laken, schmiss den Fernseher runter und den Kühlschrank …

Der Wartende Ihr seid bis in die Küche gekommen?!

Der Entwischende Ich habe das gar nicht bemerkt, ich habe es erst bemerkt, als sie mir in den Hut biss.

Der Wartende Du hast mit Hut gefickt?!

Der Entwischende Hör mal, ich konnte mit Mühe gerade so den Hosenstall öffnen …

Der Wartende So sehr?!

Der Entwischende Wie dir bekannt ist.

Der Wartende Und wie geht es ihr?

Der Entwischende Ich werde nicht weiter darauf eingehen.

Der Wartende Aber müde und befriedigt?

Der Entwischende Bis ins Innerste. Lutschte bis zum Ende.

Der Wartende Wenn du sagst „lutschte" …

Der Entwischende Vielleicht habe ich das als poetische Metapher gesagt und vielleicht nicht,
ich will nur so viel sagen, ich würde in diesem Fall nicht auf eine poetische Metapher wetten,
und auf weitere konkrete Einzelheiten möchte ich nicht eingehen.

Der Wartende Du weißt, dass du mich folterst?!

Der Entwischende Wirklich? Indem ich dir von der Lutschenden erzähle,
die während des Lutschens wie ein Bär gebrummt hat, von ihr
mit ihren zwei Freundinnen, der Schwarzen und der Norwegerin?

Der Wartende Was?!

Der Entwischende Ich werde nicht weiter darauf eingehen.

Der Wartende Sie haben auch gelutscht?

Der Entwischende Vielleicht habe ich das als Metapher gesagt und vielleicht nicht.
Es sind dort gut und gern zehn Tannenzapfen drauf gegangen.

Der Wartende Tannenzapfen als poetische Metapher?

Der Entwischende Nicht poetisch, sie verwenden nur Bio-Vibratoren aus der Natur,
ich habe dort Tannenzapfen rechts und links abgeschliffen,
der Duft des natürlichen Tannenharzes hängt mir jetzt noch
in der Nase, kurz gesagt: Nett mit euch, Leute.

Der Wartende (*den Tränen nahe*)
Sie hat mich betrogen und sich in dich verliebt.

Der Entwischende C'est la vie.

Der Wartende Sag mir, dass das alles eine Lüge war.

Der Entwischende Tut mir leid, würde ich gerne, aber
die Wahrheit lässt das nicht zu.

Der Wartende Sag mir, dass es eine Lüge ist!

Der Entwischende Das werde ich nicht sagen. Auch ich habe ein Leben. Darauf werde ich nicht verzichten.
Ich werde dir nicht gestatten, mir die grandiose Geschichte wegzunehmen, dass in der und der Nacht …

Der Gehende (*der nur die letzten Worte hört, die geschrien wurden, zu sich*) Im Kanton So und so …

Der Entwischende Ich die So und so mit einer Schwarzen und einer Norwegerin gefickt habe,
und sie hat meinen Hut gegessen, und den Kühlschrank umgeworfen,
und Tannenzapfen gingen drauf, ich werde nicht darauf verzichten!
Auch ich will leben und Dinge tun!

Der Wartende Wenn das so ist, bye-bye. Ich glaube dir nichts
von alledem, ich werde mich nicht mal an dich erinnern.

Der Entwischende Wen interessiert, ob du es glaubst?

Geht ab. Kommt zurück. Pause.

Lass mich mit dem Glauben an die Geschichte.

Der Wartende Nein.

Der Entwischende Glaub mir das Ficken und die Tannenzapfen, und ich
verzichte auf den Kühlschrank und den Hut.

Der Wartende Nein.

Der Entwischende In Ordnung, ohne Tannenzapfen.

Der Wartende Ohne alles.

Der Entwischende Was, auch ohne das Ficken?

Der Wartende Ohne das Ficken.

Der Entwischende Was bleibt da übrig?

Der Wartende Das Pinkeln und der Koffer.

Der Entwischende Dass man mir Pinkeln und Koffer glaubt,
das ist mir das Geschäft nicht wert.

Geht ab. Kommt zurück.

Streich das Pinkeln. Übrig bleibt der Koffer.

Der Wartende In Ordnung.

Der Entwischende Und füge nur ein großes Glied hinzu.

Der Wartende Wenn du anerkennst, dass du nicht gefickt hast und nichts getan hast
und dort niemand ist und du dich nur die Wand entlang getastet hast,
zu pinkeln versucht hast und rausgekommen bist – werde ich dir den Koffer glauben,
das Pinkeln wegnehmen und ein großes Glied hinzufügen.

Der Entwischende Wir haben einen Deal. Ich habe nicht gefickt und habe niemanden getroffen.
Ich bin im Dunkeln gegangen, habe mich an der Wand entlang getastet,
den Hosenstall geöffnet, um zu pinkeln, und bin zurückgekommen.

Der Wartende Du hast ein gar nicht so kleines Glied.

Der Entwischende Danke. Du bist ein großzügiger Mann.

Der Wartende Auch du bist ein guter Mensch.

Der Entwischende (*zu sich*) In einem geheimen Winkel seines Herzens lässt er mir trotz allem
eine gewisse Möglichkeit, gefickt zu haben.

Der Wartende (*zu sich*)
Das ist richtig, ich lasse auf jeden Fall die Möglichkeit,
ihn als großen Mann und fantastischen Liebhaber zu sehen,
der mir meine einzige Geliebte genommen hat.

Der Entwischende Also gute Nacht.

Der Wartende Und süße Träume.

Der Entwischende (*Wendet sich zum Gehen, kommt zurück.*)
Eigentlich kann ich mit dir kommen, ich habe
zufällig die zweite und die letzte Nachtwache frei.

Der Wartende (*zu sich*) Das ist gut, denn jetzt wird mein Freund So und so, der dort steht,
denken, dass So und so, der hier steht,
hinter der Wand auf mich gewartet hat, um mit mir auf irgendeine dubiose Mission zu kommen,
vielleicht Drogen, vielleicht Prostitution, vielleicht Glücksspiel.
(*Zum Entwischenden.*) Warum nicht.

Der Wartende und der Entwischende nähern sich dem Gehenden. Der Entwischende ist überrascht, mustert den Gehenden.

Der Entwischende (*zu sich*)
Jetzt wird der da mich für einen halten, der in geheimer,
dubioser Verabredung mit dem da ist, plus Ausschweifungen hinter
der Wand, vielleicht sogar ein exzentrischer Nachtclub.

Der Gehende (*zu sich*) Sicher hält er mich für den Anführer eines nächtlichen Plans,
der sie beide einschließt, und in jedem Fall
bin ich für ihn nicht weniger als der große Unsichtbare.

Der Wartende (*stellt sie einander vor*)
Darf ich bekanntmachen, So und so, So und so.

Der Gehende (*betrachtet den Entwischenden eingehend, zu sich*)
Jetzt denkt er, dass ich ihn eingehend prüfe,
und weiß nicht, dass ich ihn in Wirklichkeit nur so aus der Nähe betrachte,
um zu sehen, wie ein Gesicht aussieht,
das von mir etwas erwartet.

Der Entwischende (*auch er nähert sein Gesicht dem Gesicht des Gehenden, zu sich*) Dito.

Der Gehende (*öffnet den Mund zu ihm hin, zu sich*)
Jetzt wartet er auf eine Äußerung.
Denkt sich, ich werde gleich wer weiß was sagen.
Gut, dass es in der Welt noch andere Menschen gibt außer mir,
denn immer schwerer wird es,
mich selbst zu täuschen.

Der Entwischende (*öffnet den Mund zu ihm hin, zu sich*) Dito.

Der Wartende (*zu sich*) Und obwohl ich mit Sicherheit weiß, dass nichts
von diesen beiden Idioten zu erhoffen ist,
nicht mal eine abgeknipste Busfahrkarte,
erhoffe ich doch weiter mit klopfendem Herzen
von diesen zwei überlegenen Männern
ein unerwartetes Glück mit meiner Geliebten, die verschwunden ist.

Sie gehen.

IV

Diffuser Gedanke und Vertuschter Gedanke treten auf, sie diskutieren miteinander.

Vertuschter Gedanke Ich erinnere mich an die Kindergärtnerin und die Wanne.

Diffuser Gedanke Aber ich möchte sagen, etwas pressiert,
etwas Wichtiges muss hinaus, wenn ich nur
einen Moment der Ruhe hätte, um das Wort zu finden …
Wenn ich nur nicht von Unsinn umgeben wäre …

Vertuschter Gedanke Ich erinnere mich an die Kindergärtnerin und die Wanne.

Gedanke des Salzherings und Gedanke des Arschs treten auf.

Gedanke des Salzherings Der Salzhering, mein gelehrter Freund, der Salzhering.

Gedanke des Arschs Gestatte, teurer Kollege, der Arsch.

Gedanke des Salzherings Auf leeren Magen?

Gedanke des Arschs Wie sonst, auf vollen Magen, damit alles Blut mit der Verdauung des Salzherings beschäftigt ist?

Gedanke des Salzherings Mensch, wie viel Blut braucht schon der Schwanz eines Salzherings?

Gedanke des Arschs Und sich bereits auf den Arsch stürzen, während der Mund nach Salzhering stinkt?

Gedanke des Salzherings Man könnte ja denken, dass das Arschloch selbst eine Chrysantheme ist …

Gedanke des Arschs Und doch vom Arsch erwartet man nicht …

Gedanke des Salzherings Und warum erwartet man's vom Arsch nicht, vom Salzhering aber schon?!

Gedanke des Arschs Oje, mit dir ein Gespräch zu führen …

Gedanke des Salzherings Außerdem kommst du beim Salzhering direkt zur Sache, der Hering
widerspricht nicht, wohingegen die Frauen … hol's der Teufel …

Gedanke des Arschs Andererseits musst beim Hering du danach den Abwasch machen,
während sie den Arsch danach selbst wäscht.

Gedanke des Salzherings Du warst und bist verdorben.

Vertuschter Gedanke Ich erinnere mich an die Kindergärtnerin und die Wanne.

Diffuser Gedanke Ach, hätte ich doch nur einen Moment der Ruhe!

Gedanke Lajans[1] tritt in Gestalt einer wunderschönen französischen Studentin auf.

Der Erzähler In den Straßen unserer Stadt geht seit Kurzem
ein weiterer Gedanke um, ein abstrakter, sehr komplexer,
die neueste Idee in der postmodernen Theorie
aus dem Lehrhaus des greisen französischen Professors Lajan.
Sie ist schön, gewagt, himmlisch, elegant.
In Paris denken junge Studentinnen über sie
in Herbstnächten nach, unter glattem, fließendem Haar …

Gedanke des Arschs und Gedanke des Salzherings nähern sich ihr.

Gedanke des Arschs So sehr möchte ich dir nahe sein,
manchmal schnürt es die Kehle zu, manchmal will man
sich über die Oberflächlichkeit und das Vulgäre erheben, das Fleisch
vergessen, in höhere Sphären eindringen.
Manchmal träumt man und es fehlt die Kraft, es zu verwirklichen,
meine Wunderbare, Geistige, Luftige, Grazile! …

Gedanke des Salzherings Ein Salzhering, was gibt's da zu sagen, er ist nur ein Salzhering,
und dennoch erlaube ich mir … ich sage nicht,
komme ich doch in der Tat aus den Niederungen … und dennoch …

1 Anm. d. Übers.: Das „j" in Lajan sollte wie ein französisches „j" gesprochen werden.

man verströmt einen Fischgeruch, aber das Herz zieht es zum Horizont …
Denk nur, was für ein wunderbares Paar
aus mir und dir werden könnte, Salzhering
und Hirn, Postmoderne und Makrele, du und ich! …

GEDANKE LAJANS Wer seid ihr? Ich komme von der Sorbonne!

GEDANKE DES ARSCHS Ich aus der Unterhose.

GEDANKE DES SALZHERINGS Ich aus dem Fass.

GEDANKE LAJANS Ich spaziere durch den Jardin du Luxemburg und durch Saint-Germain,
sitze im Café de Flore und in der Brasserie Lipp,
ich schlafe in Passy, werde sterben in Neuilly,
und auf dem Père-Lachaise beerdigt werden. Und ihr?

GEDANKE DES ARSCHS Wir leben im Dreck …

GEDANKE DES SALZHERINGS Und werden in einer Klärgrube beerdigt werden …

GEDANKE DES ARSCHS Aber man träumt von Paris.

GEDANKE LAJANS Ich bin ein wenig beschäftigt.

Sie geht ab.

GEDANKE DES ARSCHS Entschuldigung …

GEDANKE DES SALZHERINGS Und auf Wiedersehen.

Sie gehen hinter ihr ab.

DER GEHENDE (*zu sich*) Ich frage mich, ob es Sinn macht, gerade jetzt,
mitten in der Nacht, eine staubbedeckte, französische Enzyklopädie abzuholen …

DIFFUSER GEDANKE Wenn ich nur die richtigen Bedingungen hätte, wenn nur
ein wenig Ruhe wäre, ein Moment des Zuhörens,
würde ich mich endlich erheben
über diese schreckliche Banalität,
würde am Himmel der Welt aufblitzen
mit einer tiefen, originellen Idee,
die noch niemand geäußert hat …

VERTUSCHTER GEDANKE Ich erinnere mich an die Kindergärtnerin …

DIFFUSER GEDANKE (*verzweifelt*) Allmächtiger Gott!

Sie gehen ab. Der Gehende, der Wartende und der Entwischende gehen weiter.

Viertes Kapitel: Die im Dunkeln gehen

I

Der Gehende, der Wartende und der Entwischende bleiben stehen.

Der Gehende (*zum Wartenden*) Wo sind wir?

Der Wartende Hinsichtlich des Kantons oder hinsichtlich der Straße?

Der Gehende Hinsichtlich des Kantons.

Der Wartende Hinsichtlich des Kantons sind wir im Kanton So und so.

Der Gehende Ich weiß, ich habe nur gefragt, um sicherzugehen.

Sie gehen weiter.

II

Der Erzähler Und währenddessen, während so viele Gedanken und hochfliegende Hoffnungen
im Raum der dunklen Straßen unserer Stadt hängen,
tauchen uns alt Bekannte in unserer Geschichte wieder auf,
die allein auf ihrem Bett im Sterben liegen, jeder in seinem Zimmer …

Die Mutter des Gehenden und der Vater des Wartenden treten auf.

… als sich zu ihnen auch die vielleicht tote,
vielleicht in Kanada lebende Mutter des Entwischenden gesellt.

Zwei alte Frauen treten auf, die eine tot, die andere lebendig.

Diese sind zwei Frauen, die einander nicht kennen,
aber da der Entwischende von seiner Mutter zur Adoption
gegeben wurde, als er ein Baby war, und bis heute nicht weiß,
ob seine echte Mutter in Kanada lebt oder tot ist,
sind wir gezwungen, sie beide in unsere Geschichte aufzunehmen.

III

Mutter des Gehenden (*zum Erzähler*)

Ich will meinen Sohn sehen … Er wird
einen Krankenwagen rufen … Er wird seine Hand auf meine Stirn legen …
Guter Mann, hilf mir, meinen Sohn zu rufen …

Der Erzähler Versteh doch, dass ich für dich nichts tun kann,
ich bin nur der Erzähler dieser Geschichte,
bin Wind, Luft, ich habe nicht die Macht, auch nur
einen Krümel zu bewegen, kann nur euch beschreiben
und die Nacht,
und euer Gehen im Dunkeln, und eure Leidenschaften
und eure Seufzer,
und eure Schreie nach Hilfe, und euer Ende ... Versteh
doch.

Mutter des Gehenden Er ist mein Sohn ... Ich habe ihn geboren ...
Er muss kommen ...

Der Gehende (*zu sich*) Vielleicht gehe ich trotzdem für einen Augenblick bei ihr vorbei, nehme
die Enzyklopädie, blättere darin noch heute Nacht ...

Sie werden nicht wissen, wohin ich mich weggestohlen
habe, und werden denken,
dass ich wer weiß was für ein geheimnisvolles Treffen habe.

Mutter des Gehenden Mein Sohn ... Mein Sohn ... Er wird kommen ...

Vater des Wartenden (*zum Erzähler*)
Und ich was, werde ich den Morgen sehen?

Der Erzähler Anscheinend nicht.

Vater des Wartenden Also Sterben.

Der Erzähler Ja.

Vater des Wartenden (*Nähert sich der Mutter des Gehenden. Beide röcheln, ringen um Atem.*)
He, Alte, zwar kenne ich dich nicht,
ich weiß nicht einmal deinen Namen,
aber jetzt, auf allen Wegen des Universums,
bist du der Mensch, der mir am nächsten ist;
ein Faden, verborgen, aber stärker als alles,
verbindet uns miteinander.

Wir hätten unsere letzten Atemzüge vermischen können,
uns gemeinsam über die Welt und ihre Belanglosigkeit
erheben,
über die Banken, über die Krankenkasse,
über die Revolutionen in Südamerika,
und Hand in Hand unseren Atemzügen lauschen,
einer ... und noch einer ... und noch einer ...

IV

Der Erzähler (*zum Publikum*) Und glauben Sie nicht, dass, während diese hier sterben,
nicht andere bereits verrotteten, jeder in seinem Grab,
auf dem städtischen Friedhof nebenan,
die toten Eltern der sterbenden Alten,
und die toten Eltern des sterbenden Alten,
liegen, jede Leiche für sich, versenkt
in langsamen Zerfall zwischen den anderen Gräbern.

Die toten Eltern der Mutter des Gehenden und die toten Eltern des Vaters des Wartenden treten auf. Der Erzähler stellt die sterbende Mutter des Gehenden ihren toten Eltern vor.

Sie habt ihr einst geliebt. Seht, was mit eurer Tochter geschehen ist.
Alt, erschöpft, sterbend, das Ende.

Die Toten reagieren nicht. Der Erzähler, zum Publikum.

Kein Interesse. Der reine Egoismus der Toten.

Der Nebensächliche und seine Mutter treten auf.

Der Erzähler Man hat euch gesagt, dass ihr nicht dabei seid, du bist der nebensächliche Mann,
und du bist die tote nebensächliche Mutter des nebensächlichen Mannes.

Mutter des Nebensächlichen Ich dachte, ich tauche plötzlich in der Erinnerung auf,
aber ich werde nicht darauf bestehen.
Die Einsamkeit ist überhaupt nicht schlimm.
Mich gibt es nicht, meine Damen und Herren, mich gibt es nicht.
Man kann mir nicht wehtun, mich nicht
beleidigen, mich nicht im Stich lassen …

Die Tränen beginnen aus ihren Augen zu fließen.

… Man kann mich nicht mehr verletzen,
denn ich bin nicht da, fühle
nichts, ich bin jenseits von allem,
die Einsamkeit und das Nichtsein wurden für mich wie
ein sich hinziehendes Pfeifen, das mit der Zeit
zu einem Teil der Stille wird.

Ihr werdet das nicht kennen, werdet es euch nicht vorstellen können,
bis auch ihr dort seid.

Der Nebensächliche und seine Mutter gehen ab. Den toten Eltern der Mutter des Gehenden und des Vaters des Wartenden schließt sich ein langer Zug von Toten an.

DER ERZÄHLER Meine Damen und Herren Toten, nicht heute Nacht! Ich bitte Sie, meine Damen und Herren! …

Er versucht, sie nach draußen zu schieben, vergeblich. Sie streiten, rufen laut ins Publikum.

MÜDER TOTER So und so. Vom Jahr So und so bis zum Jahr So und so.

FLEISSIGER TOTER Geborener So und so, im Ausland in So und so geändert, kehrte als So und so ins Land zurück. Sohn von So und so.

BITTERE TOTE Seine Frau. Geborene So und so. Tochter von So und so.

SCHÜCHTERNER TOTER So und so. Und ich würde gerne sagen …

ZARTE TOTE So und so. Ich habe nicht gelebt und mir bleibt nur, Ihre Aufmerksamkeit darauf zu lenken, dass so und so …

ZORNIGER TOTER Nun, „So und so und So und so und So und so“! Wo sind wir denn, dass es nicht möglich ist, hier zu liegen und in Ruhe zu träumen!

BITTERE TOTE Wovon wirst du träumen?

ZORNIGER TOTER Wovon träumt man? – Frauen, Makrele und Messias!

GROBER TOTER „Frauen“! Und deine Zunge hast du noch?

VERZWEIFELTER TOTER He, Blödsinn, ständig streiten sie, immer die gleiche Geschichte! Gelumpe!

TOTES KLEINKIND Ein Kind. So und so-chen.

SAURE TOTE An schwerer Krankheit, jung, und ich hatte nicht geheiratet. So und so. Von So und so bis So und so.

SCHÜCHTERNER TOTER Und ich würde gerne sagen …

ZORNIGER TOTER Es reicht, Leute, genug gequasselt, ihr habt genug geredet! Ein bisschen Stille! Ein bisschen träumen!

GROBER TOTER Und was ist eigentlich mit dir los, dass du immer allen das Maul verbietest!

ZORNIGER TOTER Mit mir ist los, was mit mir los ist, mein Herr, ich liege hier nicht wegen Hämorrhoiden, sondern wegen Tod!

Bittere Tote Ich bin auch nicht wegen eines Hühnerauges hier! Hier sind alle wegen Tod eingeliefert worden, mein Herr!

Zorniger Toter Von euch haben wir gehört! Frauen! Ihr seid gar nicht tot, ihr kriecht einfach durch einen Tunnel durch den Mittelpunkt der Erde nach Australien und eröffnet Bordelle!

Bittere Tote Und ihr? Liegt mit offenem Mund da, um unter die Kleider der Witwen zu gaffen!

Zorniger Toter Wie sollen wir denn gaffen? – Die Erde liegt doch auf uns!

Bittere Tote Ihr wurdet mit Periskopen beerdigt!

Totes Kleinkind Oh welche Not, oh welche Not,
die Kindergärtnerin ist tot! …

Verzweifelter Toter He, Gelumpe, nie werden sie Frieden geben! Nur zu, mach mit denen mal einen Friedhof auf, nur zu!

Zorniger Toter Wie oft muss man hier um Ruhe bitten?!

Grober Toter Pfffftzzzz!

Verzweifelter Toter He, Gelumpe!

Zorniger Toter Ruhe!!

Grober Toter Komm her, dann wirst du schon sehen!

Zorniger Toter Komm du doch her! Du machst mir keine Angst!

Grober Toter Komm schon, komm her! Ich werd's dir zeigen!

Zorniger Toter Warum, komm du doch her!

Grober Toter Von da kannst du dich schön aufspielen! Liegst zwanzig Jahre auf dem Rücken und brüllst „komm her"!

Zorniger Toter Weil ich „Komm her!" brülle und du nicht kommst!

Grober Toter Und ich brülle „Komm her!" und kommst du etwa?!

Zorniger Toter Erst sehen wir dich herkommen, dann werde ich herkommen!

Verzweifelter Toter He, Gelumpe! Wo bin ich denn gelandet! Nur zu, krepier mal mit Nahostlern!

Grober Toter Pfffftzzzz!

Zorniger Toter Australien!

Bittere Tote Periskope!

Verzweifelter Toter Ich hätte in Wien begraben werden sollen!

Grober Toter Tut mir einen Gefallen, Leute, wir haben hier einen klassischen Musiker, sehr sensibel! Pffftzzzz!

Verzweifelter Toter Sie ziehen alles durch den Dreck! Immer ziehen sie alles durch den Dreck! Und der Lärm, der Lärm! Tag ein, Tag aus Kantoren und Witwen und Traktoren und Bauunternehmer; schweigt die Witwe – knattert der Traktor, entfernt sich der Traktor – brummt ein Flugzeug, verschwindet das Flugzeug – klingelt das Handy! ... Ach, wie ich es satthabe, wie wir ihn satthaben, diesen verfluchten Nahen Osten, Staub, Fliegen und Lärm!!! Und so viel Tumult um ein bisschen Staub! Und nachts, wenn der Markt oben schließt, geht es unten los. – „Du, komm her!" – „Ich zeig's dir, komm du her!" ... Allmächtiger Gott, du hast uns richtige Ruhe nach dem Tod versprochen. Wo ist die Ruhe und wo ist die richtige?! Gelumpe, ich hätte in Wien begraben werden sollen!

Mutter der Mutter Und anscheinend hätten wir, Rentner der Welt, die wir sind,
hätten auch wir gemeinsam im Grab ausgestreckt liegen können
auf einer stillen Party, langsam sich auflösend, hin und wieder
einen gedämpften Laut hören lassend, wie das leise Knarren von Möbeln in der Nacht ...

Vater des Vaters Und das ist schade. So viele Männer und Frauen,
alle ohne Beschäftigung, und Zeit im Überfluss,
um sich zu fragen, was unser Leben war, und warum ...

Jemand beginnt zu singen, ein anderer zu schreien, sie gehen unter Streit und großem Tumult ab.

V

Gedanke des Arschs, Gedanke des Salzherings, Diffuser Gedanke und Vertuschter Gedanke treten auf, sie begegnen Gedanke der Hose, Gedanke der Schokolade und Gedanke der Pyramiden. Gedanke des Salzherings wendet sich an Gedanke der Schokolade.

Gedanke des Salzherings Entschuldigung, bist du der Gedanke des Salzherings von So und so?

Gedanke der Schokolade Nein, ich bin der Gedanke der Schokolade von So und so

Der da drüben ist der Gedanke des Salzherings, aber nicht von So und so,
sondern von So und so, da beim Gedanken der Pyramiden;
der Gedanke des Salzherings von So und so ist dort drüben,
neben dem Gedanken an eine neue Cordhose.

GEDANKE DER HOSE Ich bin der Gedanke an eine Cordhose,
aber nicht von So und so, sondern von So und so;
der Gedanke des Salzherings von So und so
ist kurz mit dem Gedanken über die Belanglosigkeit des Lebens rausgegangen
und muss jeden Moment wieder auftauchen. Ist es was Dringendes?

GEDANKE DES SALZHERINGS Nein, nur ein Meinungsaustausch.

DIFFUSER GEDANKE Wenn ihr nur einen Moment still wärt ... Lasst mich auffliegen ...

VERTUSCHTER GEDANKE Ich erinnere mich an die Kindergärtnerin und die Wanne.

DIFFUSER GEDANKE Was war da in der Wanne.

VERTUSCHTER GEDANKE Die Kindergärtnerin.

DIFFUSER GEDANKE Was hat sie getan?

VERTUSCHTER GEDANKE Sie war in der Wanne.

DIFFUSER GEDANKE Lasst mich auffliegen ... Etwas Wichtiges will heraus ...

Gedanke Lajans tritt auf.

GEDANKE DES ARSCHS Ach, Geliebte meiner Seele, mein Sehnen ...

GEDANKE DES SALZHERINGS Und was ist mit mir?

GEDANKE LAJANS Wir haben kein gemeinsames Thema, versteht doch.
Und wenn schon, würde ich ihn vorziehen.

Sie deutet auf Gedanke der Pyramiden.

GEDANKE DER PYRAMIDEN Hallo. Ich bin der Gedanke über Pyramiden.

GEDANKE LAJANS Obwohl auch er nicht wirklich eine Theorie ist.
Aber immerhin Pyramiden, nicht ein Hintern.

GEDANKE DER PYRAMIDEN Das ist richtig, in mir steckt etwas Kulturelles,
aus der Geschichte, von geistiger Aktivität ...

GEDANKE DES SALZHERINGS Was ist mit „geistig" gemeint? Was genau denkst du über Pyramiden?

GEDANKE DER PYRAMIDEN Ich denke einfach: Pyramiden. Das ist alles.

Gedanke des Salzherings Was ist so klug daran? Du unternimmst doch eigentlich
keinerlei gedankliche Anstrengung, du bist genau wie ich.
Auch ich hätte Pyramiden denken können statt Salzhering.

Gedanke der Pyramiden Hättest du, das ist richtig, nur habe ich es mir zuerst geschnappt.
Mir geht es gut: Einerseits Kultur, andererseits ohne Anstrengung.

Er geht in einer Umarmung mit Gedanke Lajans ab, alle anderen Gedanken nach ihnen ab.

Der Gehende (*zu sich*) Welchen Sinn hat es, jetzt bei meiner Mutter vorbeizugehen,
um mitten in der Nacht französische Enzyklopädien mit sich herumzuschleppen,
das ist doch albern ... ich werde sie bei Gelegenheit mitnehmen ...

Er geht weiter mit dem Wartenden und dem Entwischenden.

VI

Plötzlich dreht sich der Wartende um, rennt zu einer Wand, klopft kräftig dagegen und ruft.

Der Wartende Mach auf, ich bin's! ... Mach auf! ...
Mach auf, damit mein Gehen ein Ziel hat,
und damit sie wissen, dass ich eine Geliebte auf der Welt habe,
und die Welt wahr ist, und ich nicht grundlos geboren wurde ...
Wenn ich etwas falsch gemacht habe, werde ich es wieder gut machen,
ich werde mich ändern, werde ein anderer Mensch sein, hochgewachsen und strahlend,
voller Verständnis, Humor und eine unermüdliche Vitalität an den Tag legen ...
ich werde nichts von dir verlangen, werde meine Liebe nicht verwirklichen ...
im äußersten Fall werden wir uns verloben ... ich werde dich nicht berühren, werde dich aus der Ferne ansehen ...

komm für eine Stunde zurück, für einen Augenblick, danach geh …
Sieh, wie tief ich im Schlamm wate,
um etwas von meiner Ehre zu retten …
ich kann nicht ohne dich zurückgehen, versteh doch,
ich bin hier mit Menschen, sie glauben mir …
meine Worte haben irgendeinen Wert …
(*Weint vor der Mauer.*)
Wie soll ich diese Nacht rechtfertigen? Was soll ich zu ihnen sagen?
Wie soll ich diese dunkle, aufreibende, schreckliche Nacht
rechtfertigen? Was soll ich von nun an mit mir tun?
Was soll ich zu ihnen sagen? Was soll ich tun?
(*Während sein Gesicht noch zur Wand gerichtet ist, zu sich.*)
Das Schwierigste, wenn ich mein Gesicht ihnen wieder zuwende,
wird sein, der Bewegung des Schluckens aus Scham Herr zu werden.
Und das ist das Problem, das ist das Problem aller Probleme:
Wie die Bewegung des Adamsapfels verbergen
in der Stunde der größten Erniedrigung deines Lebens?

Er dreht sich zum Gehenden und zum Entwischenden um, versucht, wie beiläufig zu sprechen.

Und hinsichtlich der Revolution in Nicaragua, gibt's da was Neues?

Bricht ab, räuspert sich, versucht, mit den Tränen zu kämpfen, beginnt, zu summen.

Sing-a-ling, Sing-a-ling,
Honey, honey in the moonshine …

Bricht ab, mit abfälliger Geste Richtung Wand.

Sie ist nicht schön, nicht schön …

Bricht ab, und wieder wie beiläufig.

Und überhaupt ganz Lateinamerika … Und alle
erinnern sich daran, was in El Salvador geschah …

Bricht ab, mit abfälliger Geste Richtung Wand.

Sie ist nicht schön, nicht schön …
Und ihre Haare schon gar nicht …

Die Worte bleiben ihm im Hals stecken. Der Gehende geht zu ihm hin, legt ihm eine Hand auf die Schulter.

DER GEHENDE Die Situation in Nicaragua ist in der Tat katastrophal.

DER WARTENDE (*Kann die aufsteigende Welle von Tränen nicht länger unterdrücken. Der Gehende steht ratlos da.*)
Hilf mir! …

DER GEHENDE Eines Tages werden wir sterben, von den gebrochenen Herzen und der Schande wird nichts bleiben …

DER WARTENDE Hilf mir! …

DER GEHENDE Alles wird vergessen werden, ist nie gewesen und hat es nie gegeben …

DER WARTENDE Hilf mir! …

Die Mutter des Gehenden tritt auf, es fällt ihr schwer zu atmen. Der Erzähler lauscht angespannt ihren Atemzügen.

DER ERZÄHLER Schschsch … Der Tod.

DER GEHENDE (*wendet sich vom Wartenden zum Erzähler*)
Noch nicht. Sie wird erst gegen Morgen sterben.
Und so wird es dazu kommen, dass, während ich mit dem Koffer durch die Nacht gehe,
mit meinem unbedeutenden Sehnen und Staunen,
und meinem Bestreben, den Eindruck zu machen, ich sei ein Mensch,
der weiß, was er tut – meine Mutter im Sterben lag,
diejenige, deren Atem der erste Atem
eines Menschen war, den ich in mein Inneres einsog,
ihr sanfter, ruhiger Atem, der ihr jetzt genommen wird,
der stinkenden, verschrumpelten Alten,
die nichts mehr mit jener Frau gemeinsam hat,
alles entschwand irgendwie ganz unbemerkt …

Er beginnt zu weinen, reißt sich zusammen.

Doch im Moment weiß ich noch nichts,
ich werde das erst morgen früh erfahren.
Im Moment bin ich mit meinen Freunden,
im Dunkeln, auf der Straße, mit einem Koffer.

Und nicht nur, dass ich nichts ahne,
plötzlich widerfährt es mir, dass …
(*Singt.*) Sing-a-ling, Sing-a-ling …
(*Zum Wartenden.*)
Eine Art Freude überschwemmt mich plötzlich.

Der Wartende So, einfach so?

Der Gehende So, ohne Grund, so eine momentane Freude,
die plötzlich aufwallt, ohne dass du weißt, warum.

Singt für einen Moment mit dem Wartenden. Hört auf.

Hopp, die Freude ist verflogen.

Der Wartende (*ein verlegenes Lächeln auf seinem Gesicht*)
Und immer noch hoffe ich. Manchmal sagt der Mensch:
„Das wird nicht funktionieren mit den Naturgesetzen,
hier braucht es ein Wunder."
Ein Wunder habe ich dringend nötig.

Mutter des Gehenden (*zum Erzähler*)
Aber wann wird er kommen? Die Zeit wird knapp …

Der Wartende (*zum Entwischenden*)
Und du, du hast mich hereingelegt. Was hast du wirklich
dort hinter der Wand gemacht?

Der Entwischende Wer kann sagen, wer wen hereingelegt hat? Die Nächte sind dunkel,
und das Leben ist auf eine Geschichte gebaut, die aus Wörtern gebaut ist:
Einer spricht – und die anderen hören zu.

Sie gehen weiter.

VII

Diffuser Gedanke und Vertuschter Gedanke treten auf.

Diffuser Gedanke Ich weiß, was du sagen wirst.

Vertuschter Gedanke Ich erinnere mich an die Kindergärtnerin und die Wanne.

Diffuser Gedanke Allmächtiger Gott.

Vertuschter Gedanke Ich weiß auch, was du sagen wirst.
Wie sehr wir einander satthaben.

Diffuser Gedanke (*Tränen in den Augen*) Wann werdet ihr endlich Ruhe geben? Wann werdet ihr verstehen,
dass eine wichtige, einzigartige Sache auf der Zungenspitze flattert?

Vertuschter Gedanke Sie stand in der Wanne, mit dem Rücken zu mir,
in einem gräulichen Badeanzug, und ich schaute von hinter ihr …

Gedanke des Arschs und Gedanke des Salzherings treten auf, sie begegnen Gedanke Lajans, die Arm in Arm mit Gedanke der Pyramiden geht.

GEDANKE DES ARSCHS Also was, ich werde dich nicht für mich gewinnen, ja?

GEDANKE LAJANS Du bist hässlich …

GEDANKE DES ARSCHS Was tun …

GEDANKE LAJANS Und du bist derb …

GEDANKE DES ARSCHS Das ist richtig …

GEDANKE LAJANS Und du bist oberflächlich, und primitiv, und naiv, und beinahe idiotisch …

GEDANKE DES ARSCHS Hoffnungslos, was? …

GEDANKE LAJANS Und du machst mich neugierig.

GEDANKE DES ARSCHS (*verblüfft*) Wie bitte?

GEDANKE LAJANS Und du amüsierst mich.

GEDANKE DES ARSCHS Ich?

GEDANKE LAJANS Und das wilde Blitzen in den Augen.

GEDANKE DES ARSCHS Höre ich recht?

GEDANKE LAJANS Und deine Lippen gefielen mir gleich.

GEDANKE DES ARSCHS Die Französinnen sind verrückt geworden.

Sie streichelt seine Haare.

Ich glaub's nicht.

GEDANKE LAJANS (*Umarmt ihn.*) Und jetzt?

GEDANKE DES ARSCHS Noch nicht.

GEDANKE LAJANS (*Küsst ihn leicht.*) Und jetzt?

GEDANKE DES ARSCHS Ein bisschen.

GEDANKE LAJANS Ich liebe deine Stimme. Die Rauheit.

GEDANKE DES ARSCHS Das ist keine Rauheit, das ist ein Näseln.

GEDANKE LAJANS Das ist mir egal.

Gedanke des Arschs hustet.

Und es ist mir egal, dass du erkältet bist und keine Zähne geputzt hast.

Sie küsst ihn erneut, diesmal mit einem langen, begierigen Kuss.

GEDANKE DES ARSCHS Du bist umwerfend, und ich außer Atem.

GEDANKE LAJANS Ich weiß, ich bin eine Literaturtheorie etc.,
aber wir, die Theorien, auch der Arsch ist uns nicht fremd. Komm!

Gedanke des Arschs und Gedanke Lajans gehen in inniger Umarmung ab.

GEDANKE DER PYRAMIDEN Nutten!!

Geht ab.

DER GEHENDE (*zu sich*) Ich denke, dass ich trotz allem bei meiner Mutter vorbeischauen werde,
um die Enzyklopädie mitzunehmen. Ein bisschen in der französischen Kultur
herumzublättern vor dem Schlafengehen, kann nur nützlich sein …

GEDANKE DES SALZHERINGS (*zu sich*)
Und den Salzhering hat man vergessen.
Nie wird es mir beschieden sein, in die französische Kultur hineinzuschlüpfen,
nie werde ich zu ihrem Haushalt gehören,
werde nur von der Türschwelle sehnsüchtige Blicke werfen,
werde mich umdrehen und in das Land meiner Herkunft zurückkehren, um zu sein, was ich bin:
ein aus dem Nahen Osten verstoßener Gedanke an einen polnischen Salzhering.

VIII

Der Gehende, der Wartende und der Entwischende gehen müde. Der Entwischende summt missmutig vor sich hin.

DER ENTWISCHENDE Auf die Zeit Gespießte
An des Kleinen Spitze …

Der Gehende und der Wartende beginnen zu kichern und herumzualbern.

DER GEHENDE Wer jetzt durch die Ritzen einer Jalousie linst
und uns sieht, sagt sich sicher:
Wer weiß, wer die sind. Eine ganze Stadt
schläft gerade friedlich …

DER WARTENDE … darunter auch die Geliebten mit fließendem Haar …

DER GEHENDE … während drei tapfere und unnachgiebige Agenten
unermüdlich für ihre Sicherheit sorgen …

Der Wartende … allerdings, wer weiß, ob wir nicht solche sind.

Der Entwischende (*mürrisch, zu sich*) Ich war auf dem Weg nach Hause nach einem nächtlichen Umhertreiben
nach der üblichen Tristesse vor dem Schlafengehen,
blieb stehen, um hinter einer Wand zu pinkeln, und plötzlich
sehe ich mich durch dunkle Straßen rennen
mit weiß der Teufel wem, aus irgendeiner Hoffnung,
dass es um internationale Prostitution ginge, denn zu Drogen
und Spionage verspüre ich keinerlei Neigung, aber unterm Strich
würde ich dieses Rennen gerne gegen
einen Becher heißen Tee eintauschen, Pipi – und ein Bett.

Von der anderen Seite treten aneinandergedrängt, in einer Reihe hintereinander, der drängende Mann, der drängelnde Mann und der bedrängte Mann auf. Für einen Augenblick stehen die beiden Gruppen einander gegenüber und sehen sich an.

Der Gehende (*zu sich*) Was ich am allerliebsten sagen möchte,
würden wir tatsächlich miteinander reden,
diese mit jenen, das ist:

Der Gehende, der Wartende und der Entwischende nähern sich dem Grüppchen der Sich-Drängelnden.

Wo kommt ihr her?

Der Drängende Von dort.

Der Gehende Ist es gut dort?

Der Drängende Nein, dort ist es nicht gut. Und ihr?

Der Gehende Von dort.

Der Drängende Ist es gut dort?

Der Gehende Nein, dort ist es nicht gut.

Der Wartende Habt ihr eine Frau gesehen?

Der Bedrängte Wir wurden nicht gestern geboren.

Der Gehende Und warum mitten in der Nacht? Und warum aneinandergedrängt?

Der Drängende Wir drängeln uns, dringend andere Männer zu werden,
Männer, deren Koffer staubbedeckt auf dem Dachboden stehen,

Männer, die des nachts nur in Unterhose neben einer Frau schlafen …

DER DRÄNGELNDE deren volles Haar über das weiße Kissen fließt.

DER WARTENDE Oh, ihre Haare!

DER DRÄNGELNDE Das volle Haar fließt ihr über die Schultern,
und es kitzelt uns auch in der Nase.

DER WARTENDE Besonders beeindruckt hat mich das Kitzeln bei jedem noch so leichten Atemzug.

DER DRÄNGENDE Ja, schau, das alles schon hinter sich zu haben,
all die Dramen, den Kampf, die Anspannung, die Suche,
und mit der Frau geborgen zu sein in jedem noch so leichten Atemzug –
Das ist das Glück, das ist der stille Fluss des Lebens.

DER DRÄNGELNDE Ich liebte besonders das volle Haar.
Frauen mit dünnem Haar mag ich nicht.
Ich mag viel. Auch Schenkel.
Nicht hinsichtlich der Haare, sondern hinsichtlich der Fülle,
und ich mag auch Kekse,
nicht einen oder zwei, die ganze Packung.

DER DRÄNGENDE Und mit Schokolade überzogen.

DER BEDRÄNGTE Ich war der Leibfriseur der Herzogin von Argençon.

DER WARTENDE Wie ist sie?

DER BEDRÄNGTE Schön und aufbrausend.

DER WARTENDE Meine auch. Ich mag solche sehr.

DER BEDRÄNGTE Die Rede ist von dem überwältigenden Fang von Frauen, die maximale Schmerzen zufügen können.

DER WARTENDE Meine auch. Sie schläft heute Nacht bei …
Nun ja, eine Angelegenheit, deren Wesen ich im Moment
aus verständlichen Gründen nicht weiter präzisieren kann.
Wenn ihr sie seht, berichtet mir sofort davon.

DER DRÄNGENDE Ich glaube sehr, wenn ich dies und dies hätte,
wäre ich schon längst so und so,
und in Anbetracht der Tatsache, dass ich dies und dies nicht habe – bin ich verloren.

DER GEHENDE Ihr habt mir das Herz gebrochen. Noch brach die Dämmerung nicht an,

der Fahrer des ersten Autobusses träumt noch,
und ihr drängelt euch schon. Menschen,
ihr brecht mir das Herz.

Nachts brechen die Herzen. Wie Gefäße aus feinem
Porzellan, klirren für einen Moment, reißen,
zerspringen in Stücke. Und wer wird sie kleben?

Stolz und vornehm segelt die Erde durch das All
wie ein königliches Flaggschiff, und wir
auf ihrem Deck recken die Hälse, um zu sehen:
Wo sind wir? Wo werden wir ankommen? Kommt mit mir!

DER DRÄNGENDE (*zum Drängelnden*) Er spricht so tiefsinnig, dass man ihn gar nicht verstehen kann.

DER DRÄNGELNDE Dieser Mann weckt großes Vertrauen in mir.

DER DRÄNGENDE Mir gefiel vor allem das segelnde Schiff.

DER DRÄNGELNDE Was ich an Deck am meisten mag,
ist eine Frau mit vollem Haar, das im Wind flattert.
(*Schluchzt.*) Ich wäre so gern ein anderer Mensch!

Der Drängende und der Drängelnde sind bereit, sich dem Gehenden anzuschließen. Der Bedrängte flüstert ihnen zu.

DER BEDRÄNGTE Was verkauft er uns da? Er wird uns mitnehmen,
uns den Kopf verdrehen, am Ende wird er uns abgelaufene
Sardinenbüchsen verkaufen oder gebrauchte Rasierklingen.
(*Schreit.*) Auf meinem Grabstein wird stehen: „Er hat nicht gelebt, er hat nicht gefeiert,
er versank im Schmutz, er endete im Nichts",
aber eines wird da nicht stehen: „Er ließ sich täuschen"!
Nein, meine Herren, nicht mit mir! Und deshalb begrabt mich
mit einem Ausdruck des Misstrauens und der Skepsis! Nicht des Einverständnisses
und nicht des Leidens, großen Misstrauens!

DER ENTWISCHENDE (*zum Bedrängten*)
Weißt du, dass du mir parallel bist?
Vielleicht schaue ich in einen Spiegel?

DER BEDRÄNGTE Und vielleicht ist es umgekehrt?

Der Gehende (*zu sich*) So wäre das Gespräch zwischen uns verlaufen,
hätten wir geredet.
Aber vielleicht wäre auch alles anders verlaufen,
vielleicht hätten wir alle zusammen gesungen …

Alle sechs Auf die Zeit Gespießte
An des Kleinen Spitze,
Umgedreht voll Freude
Wie Würstchen auf dem Grill …

Der Wartende Und die ganze Welt würde mit uns singen, und das wäre
so eine Art allgemein-menschlicher Schrei, der
die Erde aus ihrer Bahn werfen würde, und alle
würden sich aneinander festhalten, um nicht runterzufallen …
Ach, meine Geliebte, wo bist du?

Der Drängende Doch wir singen nicht und wir reden nicht.
Wir stehen ein Grüppchen vor dem anderen und schweigen.

Der Gehende Und ich spüre zugleich untrüglich, dass das hier
ein bestimmter Höhepunkt, vielleicht ein versäumter, von etwas war,
von dem ich selbst nicht weiß, was es ist.

IX

Die Gedanken, die Toten und die Sterbenden treten auf, deren Zahl sich jetzt verdoppelt hat, denn jetzt kommen noch all ihre Parallelen von Seiten der Drängelnden zu ihnen hinzu.

Der Erzähler (*mürrisch, zum Publikum*)
Und auch jene haben Väter und Mütter, die tot sind,
und auch jene haben Väter und Mütter, die gerade im Sterben liegen,
und auch jene haben Fetzen von Gedanken, Figuren,
Erinnerungen, Sehnsüchte, Torheiten, Fäden
und Bagatellen, manchmal neue, jedoch meist alte,
zuweilen einzeln, zuweilen als Paar …
und all jene schleppen sich hinter mir her, ach, was für eine
Verzweiflung, was für eine Prozession schleppe ich hier hinter mir her!

Die Lebenden und die Toten winken sich zu.

Die Lebenden Huhu, ihr Gewesenen,
was seht ihr?

Die Toten Huhu, ihr Seienden,
wir sehen nichts.

Huhu, ihr Seienden,
was seht ihr?

Die Lebenden Huhu, ihr Gewesenen,
wir sehen euch.

Huhu, ihr Gewesenen,
ihr wart und seid nicht mehr.

Die Toten Huhu, ihr Seienden,
ihr bald auch.

X

Mutter des Gehenden (*bricht aus der Menge der Gedanken, Toten und Sterbenden hervor*)
Für einen kurzen Augenblick, und ich weiß nicht, wie mir das immer wieder
passiert, flammte in mir die Hoffnung auf, dass sich um mich herum
ein Konsilium der besten Ärzte versammelt,
die von allen Enden der Welt gekommen sind, um mich zu heilen.

Für einen Moment dachte ich, die Gnade Gottes sei auf die Erde herabgestiegen,
und ich sei errettet. Und ich sagte zu mir, siehe, da kommen drei,
und nach ihnen noch drei, und sie werden in Dreiergruppen kommen,
drei Engel nach drei Engeln, und werden
die Straße erfüllen, die Stadt, das Land, und ein Medikament für mich finden.

Der Erzähler Oh Gott, so närrisch, dass es einem das Herz bricht!

Hinter dem Erzähler erscheint Gott.

Gott Hat mich jemand gerufen?

Der Erzähler Ich. Ich bin der Erzähler dieser Geschichte.

Gott (*kichert*) Das erzählst du mir? Ich habe dich
zusammen mit dieser Geschichte erschaffen.

Der Erzähler Bin ich es nicht, der dich erdacht hat,
zusammen mit dem Gedanken, dass du mich geschaffen hast?

Gott Auch diesen Gedanken habe ich erschaffen.

Der Erzähler Danke, ich weiß das sehr zu schätzen. Und da Euer Ehren
schon hier sind, darf ich vielleicht fragen ...

Gott Normalerweise stellt man mir zwei Fragen:
Erstens, ob ich existiere. Und deshalb, hier bin ich.

Der Erzähler (*ist sich einen Moment lang unsicher, etwas ängstlich*)
Haben Sie vielleicht ... einen Beweis?

Gott Nein.

Der Erzähler Danke, ich habe nur gefragt.

Gott Und die zweite Frage ist, warum ich das Böse erschaffen habe.
Und darauf erwidere ich ...

Er redet weiter, aber der Lärm eines vorbeifahrenden Zuges übertönt seine Worte. Der Lärm hört auf.

Der Erzähler Euer Ehren, wegen des Krachs haben wir die Antwort auf die zweite Frage nicht gehört.

Gott Ich werde meine Worte nicht wiederholen.

Der Erzähler (*zum Publikum, zeigt auf Gott*)
Gott, glaubt ihr's? Ein Mann mit einem Koffer,
auf der Straße, wie nichts Besonderes, wie einfach so,
und am Ende – Gott. Allerdings,
ihr habt es gehört, einen Beweis gibt es nicht.
Und die Antwort auf die zweite Frage –
haben wir auch nicht gehört. Wegen des Zugs.
Und übrigens, hier in unserer Stadt gibt es gar keine Eisenbahnschienen;
kann es also sein, dass Gott einen Zauber tat
und für fünf Sekunden einen Zug erschaffen hat, nur damit
dieser seine Antwort auf peinliche Fragen übertönt?
Wie auch immer, meine Damen und Herren – Gott.

Gott nimmt seinen Koffer auf, wendet sich zum Gehen und wirft ganz nebenbei ein Rätsel in den Raum.

Gott „Kleinste", ändere den Anlaut – „Liebste".

Der Erzähler Spätzchen und Schätzchen.

Gott Spätzchen und Schätzchen, zwei Punkte!

Geht ab.

Der Erzähler (*ruft ihm hinterher*) Moment! Und die Sache selbst! Weshalb bist du gekommen? Die Sache selbst! …

Plötzlich fühlt er sich unwohl, strauchelt und fällt beinahe hin.

Mutter des Gehenden Was ist los mit dir?

Der Erzähler Ich habe völlig vergessen, dass doch eines Tages
auch ich sterben werde! Oh, welche Angst!
Und im Grab ist kein Licht, keine Luft!
Das Herz weigert sich, es zu glauben, und das Hirn, es zu begreifen:
Einst werde ich nicht mehr sein.

Er setzt sich mit zittrigen Beinen auf seinen kleinen Koffer.

Ich habe solche Angst! …

Pause.

Vorbei.

Er steht auf, lächelt verächtlich. Zum Publikum.

He, immer dieselben Ängste, dieselben Fragen:
Wie lange werden wir alle abgedroschene Sachen sagen?
Wann wird endlich ein Mensch aufstehen und etwas sagen, das noch nie gehört wurde?

Schüchterner Toter Ich würde gerne sagen …

Der Erzähler scheucht mit einer Handbewegung alle Toten, Sterbenden und Gedanken nach draußen.

XI

Der Gehende (*zum Wartenden*) Hast du etwas gespürt?

Der Wartende Eine Art plötzlichen Luftzug im Rücken.

Der Gehende Der Herbst ist gekommen. Ein empfindlicher Mensch braucht nachts schon einen Pulli.
(*Zu den drei Aneinandergedrängten.*)
Wir haben das Beste aus dem gemacht, was uns auferlegt wurde, und nun gehen wir.

Der Drängende Richtig. Wir gehen dorthin,
und ihr geht dorthin.

Der Wartende Also doch, das ist tatsächlich die Ablösung.

Der Gehende Du hast dich nicht geirrt.
(*Zu den drei Aneinandergedrängten.*)
Hier trennen sich unsere Wege. Auf Wiedersehen. Noch werden sich Dinge offenbaren, von denen kein Ohr je gehört hat.
Kehrt in eure Häuser zurück und wartet auf Anweisungen.

Die drei Aneinandergedrängten gehen los, bleiben stehen.

Der Drängende Meine Herren, haltet
den Augenblick fest, wir werden ihn vermissen.

Sie gehen ab, die Mutter des Gehenden tritt auf.

Mutter des Gehenden Für einen kurzen Moment flammte in mir ... der Moment ging vorüber.

Sie geht ab. Der Gehende versucht, weiterzugehen, er kann nicht.

Der Wartende Was ist los?

Der Gehende Du fragst mich nicht, was mit den Schmerzen in meiner linken Brust ist.

Der Wartende (*trocken, lustlos*)
Ja, richtig, was ist mit ihnen? Sind sie weg?

Der Gehende Never ever.
(*Zu dem Wartenden und dem Entwischenden.*)
Ich denke, dass wir damit den Kreis geschlossen haben.

Der Wartende Auch ich denke, dass wir den Kreis geschlossen haben und zurückgehen können.

Der Entwischende (*zu sich*)
Und ich kann endlich in Ruhe zu Hause pinkeln.

Der Gehende (*zu sich*) Alles ist so merkwürdig. Plötzlich,
mitten im Gehen, bleiben die Beine stehen,
du hast nicht die Kraft, auch nur einen weiteren Schritt zu tun.
Mit einem Mal überfällt dich eine so schwere Verzweiflung,
dass du dich in einen Stein verwandelst. Wer wird dich aufheben? Wer
wird dich retten? Wer wird dir Antworten geben?

Pause.

Gehen wir zurück?

Die drei gehen.

Fünftes Kapitel: Das Hinlegen des Entwischenden

I

Gedanke des Arschs und Gedanke Lajans treten Arm in Arm auf, Gedanke des Arschs versucht, sich zu lösen.

Gedanke Lajans Geliebter …

Gedanke des Arschs Nein, es wird nicht funktionieren.

Gedanke Lajans Ich liebe dich.

Gedanke des Arschs Mit Bedauern muss ich dir sagen:
Die Theorie von Lajan befeuert mich nicht.

Ich bin ein einfacher Gedanke. Seit meiner Kindheit
schleppe ich nur mich selbst, trage mein Joch, mit Leiden,
doch auch mit Vergnügen. Und so werde ich bleiben, mit mir selbst,
in von Fantasien glühenden Nächten, allein, im Bett,
mit klopfendem Herzen, fieberhafter Erregung,
schnellem Herumwühlen, heiserem Stöhnen.
Alles Gute Dir.

Gedanke Lajans Tschüss. Ich fliege fort, um mein Glück
woanders zu suchen, bevor ich alt werde.

Gedanke des Arschs Versuch es in Osteuropa, versuch es in Warschau oder in Prag,
sie haben sich vor kurzem vom Kommunismus abgewendet …

Gedanke Lajans Auf Wiedersehen, tiefgehendes Studium des Arschs!

Gedanke des Arschs Auf Wiedersehen, ersehntes kultiviertes Nachdenken!

Gedanke Lajans Au revoir, Naher Osten!

Gedanke des Arschs Adieu, Paris!

Gedanke Lajans geht ab.

Der Gehende (*zu sich*) Schlussendlich: Die Enzyklopädie werde ich heute Nacht nicht holen,
ich werde direkt nach Hause gehen. Schlafen, schlafen, schlafen.

Gedanke des Salzherings tritt auf, stellt sich neben Gedanke des Arschs.

GEDANKE DES ARSCHS Was noch über den Arsch sagen, das nicht
bereits gesagt worden ist? –
Die himmlische Weichheit, ohne Knochen, ohne
Feinheiten, ohne Psychologie, ohne Fisimatenten,
weicher als der Schädel, fester als die Brust, eine mittlere
Kombination zwischen Stahl und Wasser, und
zwischen Backe und Backe
vertieft sich eine Furche – ach, der finstere und
schmerzbringende Spalt,
verheißungsvoll, Tor der Niederungen, Endpunkt
allen Lebens,
oh, Arsch, süßlich-säuerliche Qual, eine ganze Welt,
wie auch unsere Welt, hat sie keinen Sinn,
doch was braucht es Sinn, hol ihn der Teufel –
solange er fest ist und da ist und sich präsentiert und
steht!

GEDANKE DES SALZHERINGS Wer wird die Kraft uns geben
Wer unsern Geist entfachen
Wer uns aufwecken, antreiben
Wer Sorge tragen, dass wir aufwachen,
Voll Kraft und auf Taten dringend,
Bewundernd mal, mal neugierig blicken,
Unsre Hand nach einer Brust hin strecken,
kitzeln, kuscheln, summend, singend,
dass in uns Feuer ist und
wir entflammen.

Wer wird die Kraft uns geben
Wer unsern Geist entfachen? –
Unser Bruder, unser Freund,
der Salzhering!

Die beiden gehen ab.

II

Der Gehende, der Wartende und der Entwischende gehen, sie kommen zum Haus des Entwischenden.

DER ENTWISCHENDE Wir sind zurückgekehrt. Das ist mein Zimmer,
das ist mein Bett.

DER GEHENDE Zeit, sich zu verabschieden.

Sie geben sich die Hand.

Der Entwischende Noch ein Wort, von Mensch zu Mensch:
Es hat mich sehr bewegt, als uns plötzlich ein Gemeinwesen entstand,
erinnert ihr euch? Ein Sechserbund. Wir hätten die Welt umstürzen können.

Der Gehende Das Problem ist, dass ich eine große Müdigkeit empfand
und einen Nebel im Kopf, und ich war gezwungen, nach Hause zu gehen, um mich auszuruhen.

Der Entwischende Ich habe es von Anfang an gewusst, und hatte bereits den Verdacht,
dass du nichts anderes willst, als dich auszuruhen.
Vielleicht hat das Bedürfnis zu pinkeln die Sinne geschärft.
Auf jeden Fall, ich hatte bereits den Verdacht.

Der Wartende Und was hast du dadurch gewonnen, dass du einen Verdacht hattest? Du stehst
am selben Platz und bleibst derselbe Idiot,
also was springt für dich heraus aus all dem Misstrauen?

Der Entwischende Was für mich dabei herausspringt, das werden wir noch sehen.
Und auch wenn nichts dabei herausspringt, wird wenigstens
nicht auf meinem Grabstein stehen: „Er ließ sich täuschen!"

Der Gehende und der Wartende wenden sich zum Gehen.

Wartet, nein, wartet noch einen Moment.

Sie bleiben stehen.

Vergebt das Misstrauen. Das Misstrauen ist gestrichen.
Ab heute Nacht höre ich damit auf und bin gutgläubig. Ich bin ein anderer.
Ich bin ein offener, warmer, herzlicher, großzügiger Mensch.
Streicht ihr mir das Misstrauen?

Der Gehende Das Misstrauen ist gestrichen.

Der Entwischende Aber es bleiben mir das große Glied
und die Möglichkeit des Fickens, ja? Gut.
Auf Wiedersehen. Als erstes werde ich pinkeln gehen,
danach schlafen. Ich werde zufrieden sein.

Obgleich ich nicht davon geträumt habe, als ich ein Kind war.
Was soll's, man lebt. Auf Wiedersehen.

Der Gehende und der Wartende wenden sich zum Gehen. Er fängt wieder an zu reden. Sie bleiben stehen.

Und die Sache ist die, dass die kommenden Generationen Rechenschaft verlangen werden,
sie werden fragen: „Weshalb seid ihr in jener Nacht gegangen,
womit wurde euer Leben vertan, weshalb habt ihr
Socken und Unterhosen angezogen ..." Die kommenden Generationen ...

DER GEHENDE Die kommenden Generationen werden gar nichts fragen,
Die kommenden Generationen werden sich nicht einmal daran erinnern, dass es uns gegeben hat.

DER ENTWISCHENDE Ja, gut. Ich gehe pinkeln. Leider
bin ich kein intellektueller Mensch. Auf Wiedersehen.

Der Gehende und der Wartende wenden sich zum Gehen. Er fängt wieder an zu reden. Sie bleiben stehen.

Und ihr müsst wissen ... Wenn ich im Dunkeln vor dem Bett stehe,
mit der verdreckten Matratze ... Und die Frage ist, ob ich mich hinlegen soll
in den sauren Gestank meines Speichels, oder durch die Dunkelheit gehen,
durch das fürchterliche, andauernde Pfeifen der Stille,
und was für eine Wahl ist das, zwischen Gestank und Dunkelheit ...
Bringt mich bitte zum Bett ... Brüder, Mütter,
legt mich schlafen, ich bin müde ...

Der Gehende und der Wartende legen den Entwischenden ins Bett, er streckt sich auf dem Bett aus.

Wartet, bis ich eingeschlafen bin. Das dauert nur einen Moment.
Ich bin so müde.

Er schließt die Augen. Pause.

DER GEHENDE Er ist eingeschlafen.

DER ENTWISCHENDE (*Öffnet die Augen.*) Nein. Ich kann nicht.

Die tote und die kanadische Mutter des Entwischenden gehen vorbei.

Und meine Mutter, habt ihr schon herausgefunden, ob sie in Kanada lebt oder tot ist?

DER ERZÄHLER Das ist noch nicht bekannt.

DER ENTWISCHENDE Ich werde es also nie erfahren.

Er schließt seine Augen. Der Gehende und der Wartende gehen ab. Der Entwischende öffnet seine Augen.

DER ENTWISCHENDE Geht nicht … Und das Leben ging vorüber …

Sechstes Kapitel: Das Hinlegen des Wartenden

I

Der Erzähler (*zum Publikum*) Und währenddessen, meine Damen und Herren, ist der Moment gekommen,
vor dem es kein Entrinnen gibt – der Tod.

Der Vater des Wartenden und die Mutter des Gehenden treten auf.

Vater des Wartenden Wer von uns beiden?

Der Erzähler Die Alte zuerst.

Mutter des Gehenden Wo ist er ... Ich habe gewartet ... Er war auf dem Weg zu mir ...

Der Erzähler Ja, er wäre beinahe gekommen. Er war auf dem Weg.
Er wird sich morgen wieder daran erinnern, bei Anbruch der Dämmerung,
wenn er die Nachricht deines Todes erhalten wird.

Mutter des Gehenden Er kommt ... Er kommt nicht ... Egal ...

Sie fällt zu Boden.

Meine einst Liebsten, bereits hinter mir habe ich
die kleinen Dramen unseres Lebens gelassen,
die Liebe, die Eifersucht, das Lachen, die Kleider,
sogar die andauernde Sorge um meinen einzigen Sohn,
er des Nachts mit seinem Koffer,
mit seinem ganzen misslingenden Leben –
all das interessiert mich nicht mehr.
Ich existiere jetzt nur noch von Atemzug zu Atemzug.

Beginnt wieder zu röcheln.

Wenn ihr nur wüsstet ... Wenn ihr nur wüsstet,
wie schwer ... unbeschreiblich ...
Doch jeder von euch wird das eines Tages wissen ...
Und jetzt, bin ich an der Reihe ...

Sie hört auf zu röcheln, reißt ihre Augen weit auf, kraftlos.

Wie ist mein Zustand? Mir scheint, ich komme zu Kräften.

Der Erzähler Ja, Großmütterchen, es wird dir wieder besser gehen.

Mutter des Gehenden (*niedergeschlagen, zu sich*)
Man verheimlicht mir etwas ...
(*Zum Erzähler.*) Befeuchtet die Stirn ... Erfrischung ...

Der Erzähler Es gibt niemanden, der sie befeuchten wird, Großmütterchen, ich sagte es schon,

ich bin nicht in der Geschichte, ich erzähle sie nur,
ich kann mich nicht nähern. Du bist vollkommen allein.

Die Mutter des Gehenden fällt in Ohnmacht. Der Erzähler horcht auf ihren Atem.

Erwartet den letzten Atemzug.

VATER DES WARTENDEN (*weint*)
Wäre ich doch gesund, und wärst du die meine,
würde ich jetzt durch die Zimmer rennen, und in mir
ein einziger großer Schrei: „Schade!"

Um alles, was wir nicht geschafft haben, um den Ausflug,
den letzten, den wir nach Lugano planten, und um etwas,
das ich dir jetzt ganz dringend sagen möchte,
und um noch so Vieles – schade!

Und ich wäre zu dir gerannt, weinte und küsste deine Stirn,
und deine Augäpfel, und riefe: „Steh auf,
Frau, die ich geliebt habe! Was werde ich ohne dich tun?!"

Das Röcheln der Mutter des Gehenden hat ein Ende.

DER ERZÄHLER Sie ist tot. Es verging ein Mensch, der seiner Mutter einst lieb und teuer war.

VATER DES WARTENDEN (*Hält seine Tränen zurück. Blickt auf die tote Mutter des Gehenden.*)
Solange du im Sterben lagst, konnten wir noch, potenziell,
unsere Heirat registrieren lassen. Dies Potenzial ist verloren.
Denn du bist bereits gestorben, und ich lebe noch.
Und trotz all meines Dahinsiechens, in diesem stehe ich noch über dir,
dass ich ein Mensch und Bürger bin, und eingetragen ins Einwohnerregister,
und du, in diesem Moment wirst du dort ausgetragen, kannst nicht
mal mehr zur Eheschließung einen Personalausweis mitbringen.
Daher, auch potenziell, ist die Sache zu Ende, verloren.
Auf Wiedersehen, Ehepotenzial.

II

Der Nebensächliche und seine Mutter treten auf.

MUTTER DES NEBENSÄCHLICHEN (*zum Publikum*)
Stellt euch den Tod vor: Stellt euch gar nichts vor,
und dann stellt euch noch weniger vor, stellt euch absolute Finsternis vor,
und dann stellt es euch noch dunkler vor, stellt euch vor, was
ihr euch nicht vorstellen könnt, stellt euch alles vor, das ihr kennengelernt habt,
die Frauen, den Regen, die Brötchen, die Sonne,
und fügt ihnen das Präfix „nicht" hinzu,
Nicht-Regen, Nicht-Sonne, Nicht-Brötchen, Nicht-Frauen,
stellt euch das alles vor und löscht auch die Vorstellung aus,
denn zu Ende sind die Formen, die Klänge, die Gefühle,
und habt keine Angst, auch die Angst wird ausgelöscht,
zu Ende sind auch die Wörter, auch die Wörter der Verneinung,
ausgelöscht ist das Wort „nicht", ausgelöscht ist das Wort „kein",
auch das Nicht-Sein ist nicht mehr, und das Nichts hat sich vervielfältigt,
ihr könnt es euch in euren Herzen nicht vorstellen, bis ihr dort seid,
und wenn ihr dort seid – könnt ihr euch nichts mehr vorstellen.

DER ERZÄHLER Morgen, morgen wirst du reden. Komm morgen.

MUTTER DES NEBENSÄCHLICHEN Morgen.

Der Nebensächliche und seine Mutter gehen ab.

III

Der Erzähler weckt die Mutter des Gehenden auf.

MUTTER DES GEHENDEN (*misstrauisch*) Was ist das hier? Wo ist das hier, dieser Ort, an den du mich gebracht hast?

DER ERZÄHLER Hier ist ein sehr guter Ort.
Hier wird es dir sehr gut hier gehen.

MUTTER DES GEHENDEN Gibt es hier ein wenig Wasser?

Der Erzähler Gibt es hier, hier sickert
sehr gut auch Wasser ein.

Er richtet sie auf. Ihre toten Eltern treten auf.

Und da sind deine Eltern.

Mutter des Gehenden Hallo, Vater, hallo, Mutter. Ich bin gekommen.

Mutter der Mutter Wer ist die hässliche Alte?

Der Erzähler Deine Tochter.

Mutter der Mutter Das ist das Mädchen mit den Grübchen?
(*Zur Mutter des Gehenden.*)
Erzähl mir nicht, was draußen geschieht und was dir widerfahren ist. Leg dich hin und sei still.

Mutter des Gehenden (*kichert säuerlich*) Und wieder, meine Eltern, wie damals, legen sie mich schlafen.
Sich hinlegen, still sein, die Augen schließen. Ich bin nach Hause zurückgekehrt.

Sie steht stumm neben ihnen.

Vater der Mutter So und so.

Mutter der Mutter So und so. Geborene So und so.

Mutter des Gehenden So und so. Ihre Tochter. Seit heute.

Die Toten gehen ab.

IV

Der Gehende und der Wartende gehen. Diffuser Gedanke und Vertuschter Gedanke treten hinter dem Gehenden auf.

Diffuser Gedanke (*zum Vertuschten Gedanken*)
Eines Tages wirst du sterben. Keine Erinnerung
an die Wanne und die Kindergärtnerin wird bleiben, auch kein
Arsch und kein Salzhering; ihr alle, wie Gischt
auf dem Wasser, werdet noch einen Augenblick brodeln und verschwinden,
bleiben wird das klare, tiefe Wasser.

Vertuschter Gedanke Eines Tages wirst du sterben. Kein Versuch,
sich zu erheben, das eine, erlösende Wort zu finden, wird bleiben,
nur simple Gedankenfetzen, Wanne, Kindergärtnerin,
Arsch, Salzhering, all jene werden einen Moment lang noch in der Luft schweben,

wie glimmende Aschestückchen eines erloschenen Lagerfeuers vom Wind erfasst
aufwirbeln, aufglühen und vergehen.

Sie gehen ab. Der Gehende und der Wartende gehen weiter.

V

Der Gehende und der Wartende gehen, sie kommen zum Haus des Wartenden.

DER WARTENDE Ich bin wieder zu Hause. Da ist mein Bett. Ich werde mich schlafen legen.

DER GEHENDE Ich mochte die Unterteilung in Kantone.
Das war ein gutes Gefühl, von Schweiz.

DER WARTENDE Und wo ist sie, und wann kommt sie wieder, das ist die Frage.
Das ist die Frage, und es gibt keine andere.
(*Mit erstickter Stimme.*)
Was ich mir am meisten wünschen würde, ist,
ihr gegenüberzustehen, die Hände in den Taschen,
sie kommt zu mir und umarmt mich,
und ich nehme meine Hand nicht aus der Tasche, stehe nur da und pfeife was vor mich hin. Das ist mein Traum.

DER GEHENDE Es werden noch Dinge geschehen, von denen die Vorstellungskraft nichts geahnt hat.

DER WARTENDE Ich warte.

DER GEHENDE Es gilt, sich auf die Sache selbst vorzubereiten.
Für den Moment, geh schlafen und warte.

DER WARTENDE Ich warte. Und du denk daran, dass unsere Tage gezählt sind.
Die Lebenserwartung steigt zwar, doch reicht sie nie aus.

DER GEHENDE Zeit, sich zu verabschieden.

Sie geben sich die Hand. Zu sich.

Ich werde eines Wunders bedürfen.

DER WARTENDE (*zu sich*) Ich werde auf die Erlösung warten.

Der Gehende wendet sich zum Gehen, der Wartende setzt sich auf sein Bett, blickt ihm nach.

He, und die Brust, auf der linken Seite? ...

DER GEHENDE Danke, danke.

Er geht.

Siebtes Kapitel: Das Hinlegen des Gehenden

I

Der Gehende geht weiter. Gedanke des Arschs, Gedanke des Salzherings, Diffuser Gedanke und Vertuschter Gedanke tauchen plötzlich heftig diskutierend hinter ihm auf.

Gedanke des Arschs Und entschuldige, werter Kollege …

Gedanke des Salzherings Entschuldige du, gelehrter Idiot …

Der Gehende (*Dreht sich um und wendet sich an sie.*)
Und wieder ihr, umherirrende, zerstreute Gedanken,
Fetzen von Fetzen, ohne Ziel, ohne Anfang und Ende …

Gedanke des Salzherings Aber warum beleidigen, der Arsch hat dir gut gedient …

Der Gehende Seht ihr denn nicht, wie bitterlich mir jetzt zumute ist.
Wie sehr ich auf den einen, reinen Gedanken warte.
Mein einstiges „Ich“, Kind, das ich gewesen bin, komm
und zieh mich empor vom Grund des Dunkels! …

Sie versuchen es erneut, während der Gehende sich die Ohren zuhält.

Gedanke des Arschs Ich sage …

Gedanke des Salzherings Ich will …

Vertuschter Gedanke Ich erinnere mich …

Diffuser Gedanke Wenn doch nur …

Sie geben auf und gehen beschämt ab.

II

Zwischen den Gedanken, die sich zerstreut haben, taucht der Gedanke des Kindes auf. Der Gehende ist zunächst überrascht, aber sobald er das Kind erkennt, lächelt er müde.

Der Gehende Du? Gingst du den ganzen Weg lang hinter mir her?

Gedanke des Kindes blickt ihn mit großen Augen an, ohne etwas zu sagen.

Aber was willst du? Ich kann
nichts für dich tun.
Versteh doch, auch für mich selbst fehlt mir die Kraft.
Ich kann an deinem Los nichts ändern.

Er geht weiter. Gedanke des Kindes ihm hinterher. Der Gehende rennt weg, Gedanke des Kindes rennt ihm hinterher.

Der Gehende bleibt stehen, packt plötzlich das Kind, schüttelt es.

DER GEHENDE Aber was? Was willst du mir sagen?
Was will aus diesem Loch herausbrechen, das dein Gesicht heißt?
Welche Worte verbergen sich dort?
Etwas Wichtiges? Eine Botschaft?
Hast du einen Zaubertrank erfunden, der uns alle retten wird,
und du kannst seine Formel nicht aussprechen?

Ich schaue dir in den Mund und möchte
ihn küssen, ihn mit meinen Lippen versiegeln
und sie nie wieder lösen.

Stößt den Gedanken des Kindes von sich weg. Gedanke des Kindes wendet sich zum Gehen. Der Gehende ruft ihm hinterher.

He! Mein einstiges „Ich"!

Gedanke des Kindes bleibt stehen.

Nur lass mich noch den flüchtigen Moment festhalten,
sieh, genau so, wenn du ein wenig deinen Kopf nach unten und zur Seite neigst
und die Verzweiflung, die das Herz zerreißt, sich plötzlich
in all ihrer Tiefe in dir zeigt, sieh, genau so.
Ich werde dich mit dieser Neigung des Kopfs in Erinnerung behalten.
Ich werde die Tiefe der Verzweiflung in Erinnerung behalten. Ich werde es in Erinnerung behalten.

Gedanke des Kindes geht ab.

III

Der Gehende kommt zu seinem Haus. Er bleibt stehen.

DER GEHENDE (*zu sich*) Und zum Schluss gibt es diese merkwürdige Sache, dass da ein Schritt ist,
und noch einer, und die Abstände zwischen den Beinen sind geschlossen,
zu Ende ist das Gehen dieser Nacht.

Ein Beobachter, der mich jetzt durchs Fenster sieht,
wird mich schon nicht mehr „der gehende Mann" nennen.

Er steht vor seinem Bett.

Da ist das Bett. Da ist die Matratze. Da werde ich mich hinsetzen.
Ich werde der sitzende Mann sein. Der bewegungslose Mann.
Der momentan existierende Mann. Der Mann …
Wie merkwürdig sind die Wörter.

Alle Gedanken, alle Sterbenden, alle Lebenden und alle Toten treten auf und versammeln sich um ihn.

DER ERZÄHLER (*zum Publikum*) Und da sind sie alle, all jene, die ihn heute Nacht begleitet haben.

VATER DES WARTENDEN (*röchelt*) Wie lange bleibt mir noch?

DER ERZÄHLER Nicht lange.

Der nebensächliche Mann und seine Mutter treten auf.

Schon wieder ihr! Man hat dir doch gesagt, dass du hier nebensächlich bist!

DER NEBENSÄCHLICHE Und was seid ihr, „nebensächlich“, „nebensächlich“ …
Am Ende hält man mich noch für einen
uninteressanten Menschen. Wann bin ich an der Reihe?

DER ERZÄHLER Morgen, morgen ist deine Geschichte dran. Komm morgen.

MUTTER DES NEBENSÄCHLICHEN Morgen? Sei es morgen. Eins wie das andere.

Der Nebensächliche und seine Mutter gehen ab.

IV

Der schüchterne Tote bricht in Tränen aus. Gott tritt auf, nimmt sein Gesicht in seine Hände und versucht ihn zu beruhigen.

GOTT Schhschhschh! … Genug … Genug! …

Der schüchterne Tote hört auf zu weinen.

Und nichtsdestotrotz habt ihr etwas an euch.
Und nichtsdestotrotz habe ich euch alle geliebt.
Als ihr geboren wurdet, wart ihr gut und eure Münder standen offen
vor endloser Verwunderung angesichts der Welt,
und ihr wart so lustig, und so
verletzlich. Ich habe euch in eurer Erniedrigung geliebt.

Und wenn ich nichts für euch tue,
dann ist das nur, weil …

Der Lärm eines vorbeifahrenden Zuges übertönt seine Worte, und geht vorüber.

… und zumindest werde ich euch in guter Erinnerung behalten.

Wendet sich zum Gehen.

SCHÜCHTERNER TOTER Und ich würde gerne sagen …

Gott bleibt stehen. Schüchterner Toter ist sehr verlegen.

Und ich würde gerne etwas sagen
über die Toten, die beim ersten Regen beerdigt werden.

Pause.

Sie werden gehörig durchnässt.

Pause.

Schlamm.

Pause.

Verzweiflung.

Pause. Er weiß nicht weiter.

Das ist alles.

Gott stellt seinen Koffer ab, setzt sich auf ihn, als wäre er sehr schwach.

BITTERE TOTE Gebt Gott Wasser. Gott fühlt sich nicht wohl.

DER ERZÄHLER Es ist kein Wasserhahn in der Nähe. Es ist Nacht, alles hat zu.

GOTT Es ist in Ordnung. Besser so.

Steht auf.

In guter Erinnerung werde ich, euch alle werde ich in guter Erinnerung behalten.
(*Zum Erzähler.*)
Und danke dir für die Mühe, die Geschichte zu erzählen.

DER ERZÄHLER Gerne, gerne, es ist wirklich eine Mühe.

Gott wendet sich erneut zum Gehen.

Und was ist es, Euer Ehren, das man in der linken Brust spürt …

GOTT (*Bleibt stehen, dreht sich auf den Fersen um.*)
„Schau mal“; ändere den Anlaut – „probier mal“.

DER ERZÄHLER „Mätzchen“ und „Plätzchen“.

GOTT Zwei Punkte!

DER ERZÄHLER Und in der Brust, auf der linken Seite, wenn man einatmet …

Doch Gott ist schon abgegangen. Der Erzähler, mit verlegenem Lächeln, winkt ihm mit der Hand zum Abschied und ruft ihm mit der Absicht zu gefallen hinterher.

Gerne, gerne, Euer Ehren! … Mätzchen und Plätzchen, ah? …
Mätzchen und Plätzchen! …
(*Zu sich, leise.*)
Mätzchen und Plätzchen und Spätzchen und Schätzchen – und am Ende werden wir sterben.

V

Der Erzähler geht zum Gehenden, der auf seinem Bett sitzt.

DER ERZÄHLER Nun gut, du bist müde geworden. Du stehst
vor deinem Bett. In deinem Kopf dichter Nebel.

DER GEHENDE Ja.

DER ERZÄHLER Und du weißt nicht, dass zwei Straßen entfernt von hier deine Mutter gestorben ist.

DER GEHENDE (*müde und traurig*) Nein.

DER ERZÄHLER Und während sie starb, bist du gegangen und hast gelacht …

DER GEHENDE Ich habe nicht gelacht.

DER ERZÄHLER Aber du hast geatmet. Gib zu, dass du tief geatmet hast,
während deine Mutter erstickt ist. Welchen Sinn hat es, zu gehen?
Und welchen Sinn hat der Versuch, Kantone aufzusuchen,
Geheimagenten, Gangster
und riesige Bordelle in Istanbul zu spielen?

Welchen Sinn hat das alles, wenn deine Mutter hinter deinem Rücken
stirbt und du hast nicht einmal davon gewusst?

DER GEHENDE (*flehentlich, mit Tränen in den Augen*) Was tun?

MUTTER DES GEHENDEN (*Nähert sich dem Gehenden.*)
So und so, geborene So und so,
gestorben am Tag So und so
im Ort So und so.

Und so und so ist die Lage,
und so wird sie weiter sein.

Und in den Mauern deines Schädels,
im Licht der Vorstellungskraft,
wird meine Gestalt noch ein wenig flackern,
sich entfernen, verschwimmen,
wie die Welt im Ganzen,
wenn der Tag sinkt.

Ich werde in dir sein,
bis ich enden werde
am Tag deines Todes.

Dann werden unsere Hände ineinandergreifen
Dann werde ich mit dir gehen
in den Tod nach dem Tod –
in das Vergessen.

Alle Lebenden, Toten, Sterbenden und Gedanken gehen ab. Der Gehende setzt sich auf sein Bett.

DER ERZÄHLER (*Wendet sich wieder zum Gehenden.*)
Aber, greifen wir nicht vor, einstweilen
weißt du noch nicht von ihrem Tod.
Einstweilen bist du noch
mit deinen kleinen Ratlosigkeiten beschäftigt.

Bald, im ersten Licht des Morgengrauens,
wird an deine Tür der Nachbar klopfen, um es dir mitzuteilen.

Heftiges Weinen wird aus dir herausbrechen,
die Schluchzer eines kleinen Kindes,
von deren Existenz du nichts wusstest.

Zu Ende und vollendet sind Jahre
der Vorbereitung auf den Tod deiner Mutter.

DER GEHENDE Nichts von geringer Bedeutung ist
der Tod meiner einzigen Mutter.
Wie töricht und lächerlich war alles
angesichts der einfachen, nackten Wahrheit:

Meine Mutter ist gestorben.

Weint plötzlich.

Mama, Mama! …

Fängt sich wieder.

Doch momentan weiß ich noch gar nichts.

DER ERZÄHLER (*zum Publikum*) Ja. Er sitzt, weiß nichts.

Die Morgendämmerung bricht an. Ein Klopfen an der Tür.

DER GEHENDE Er wird kommen!

Der Nachbar tritt auf. Der Gehende wendet sich ihm zögerlich zu, Panik beginnt in ihm aufzusteigen.

Was willst du um fünf Uhr morgens?

Der Nachbar öffnet den Mund, um zu sprechen, der Erzähler hebt die Hand und bedeutet ihm zu schweigen.

DER ERZÄHLER Doch das ist bereits etwas für eine andere Geschichte.

Unsere endet hier.

Der Gehende und der Nachbar erstarren in ihren Bewegungen einander gegenüber.

Ende

Biografien

Hanoch Levin (1943–1999) gilt als der wichtigste israelische Theaterautor des 20. Jahrhunderts, neben 62 Stücken schrieb er Lyrik, Kurzprosa, ein Hörspiel und zwei Drehbücher und inszenierte die Uraufführungen vieler seiner Stücke selbst. Er studierte von 1964–1967 Philosophie und Hebräische Literatur an der Universität Tel Aviv. Seine Theaterkarriere begann mit drei scharfen Satiren nach dem Sechstagekrieg 1967, die ihn zugleich bekannt und umstritten machten. Ab den 1970er Jahren etablierte er sich immer stärker im israelischen Theater, sowohl als Autor, ab *Hefetz* (חפץ, 1972), als auch als Regisseur seiner Texte, ab *Ya'akobi und Leidental* (יעקובי ולידנטל, 1972). Zugleich sorgten einige seiner Stücke aufgrund ihrer schonungslosen Analyse der Gewaltsamkeit zwischenmenschlicher und/oder politischer Verhältnisse immer wieder für Skandale und Auseinandersetzungen, so etwa *Hiobs Leiden* (יסורי איוב, 1981) oder die Satire *Der Patriot* (הפטריוט, 1982). Levin schrieb zunächst vor allem Komödien einfacher Leute und ihrer Sehnsüchte, Beziehungen und Aggressionen, die oft mit grotesken Elementen arbeiten. In den 1980er Jahren schuf er, etwa mit *Hinrichtung* (הוצאה להורג, 1979), in ihrer Illusionslosigkeit und gleichzeitig einer großen Zugewandtheit zu ihren Figuren beeindruckende Untersuchungen gesellschaftlicher Gewaltzusammenhänge. Wie auch in *Mord* (רצח, 1997) legt er Abgründe von Gewaltstrukturen frei, indem er jegliche Begründung und ideologische Rechtfertigung entfernt und den Blick auf die emotionalen, macht- und lustgetriebenen Dynamiken lenkt. Levins bekanntestes Stück ist *Das Kind träumt* (הילד חולם, 1993), das Gil Shohat 2010 als Oper vertonte. Levin erfuhr viel Anerkennung als Theaterautor und Regisseur in Israel, 1994 erhielt er den Bialik-Preis für Literatur. Viele seiner Stücke werden im israelischen Theater bis heute immer wieder inszeniert, und sein Einfluss auf das israelische Gegenwartstheater ist weiterhin groß. In Frankreich setzte seine Rezeption bereits in den 1990er Jahren ein, auch in Osteuropa, vor allem in Polen, werden seine Stücke häufig gespielt. Im deutschsprachigen Theater ist sein Werk in großen Teilen nun noch zu entdecken.

Matthias Naumann ist Autor, Übersetzer und Verleger. Er studierte Theater-, Film- und Medienwissenschaft in Frankfurt am Main, Tel Aviv und Paris, seitdem zahlreiche Theaterarbeiten, u. a. mit manche(r)art (seit 2002 mit Eva Holling) und Futur II Konjunktiv (seit 2014 mit Johannes Wenzel und Cristina Nyffeler). 2006–2008 mit Stefanie Plappert wissenschaftliche Leitung der Erstellung des Wollheim Memorials, Frankfurt am Main, dabei Umsetzung eines Interviewprojekts mit Überlebenden des KZ Buna / Monowitz. 2011 Gründung und seitdem Leitung des Neofelis Verlag, Berlin. Zu seinen Theatertexten gehören *Schwäne des Kapitalismus* (Autorentheatertage 2013), *Die Reise* (Heidelberger Stückemarkt 2014), *Ich lege meine Heimat nach Rojava* (2017) und darauf basierend das Hörspiel *Rojava – Freiwillig in den Krieg* (2020), *nicht von hier irgendwo* (2018), *Auf dem Paseo del Prado mittags Don Klaus* (2020), *Hate Hate But Different* (2021) und *Freitags vor der Zukunft* (2021). Daneben Arbeiten als freier Kurator und Dramaturg in Israel und Deutschland, insb. für die Fatzer Tage am Ringlokschuppen Ruhr 2013–2017. Er übersetzt Theatertexte aus dem Hebräischen u. a. von Hanoch Levin, Maya Arad-Yasur, Noa Lazar -Keinan, Yonatan Levy und Joshua Sobol. Für die deutsche Übersetzung von *Amsterdam* von Maya Arad-Yasur wurde er 2019 von Eurodram ausgezeichnet.

www.matthias-naumann.de

Uraufführungen der abgedruckten Stücke

Hanoch Levin: *Schitz* (orig. שיץ), UA: 12.01.1975, Städtisches Theater Haifa, Israel, Regie: Hanoch Levin.

Hiobs Leiden (orig. יסורי איוב), UA: 13.04.1981, Cameri-Theater, Tel Aviv, Israel, Regie: Hanoch Levin.

Die Kofferpacker (orig. אורזי מזוודות), UA: 10.03.1983, Cameri-Theater, Tel Aviv, Israel, Regie: Michael Alfreds.

Das Kind träumt (orig. הילד חולם), UA: 08.05.1993, Habima Nationaltheater, Tel Aviv, Israel, Regie: Hanoch Levin.

Mord (orig. רצח), UA: 02.08.1997, Cameri-Theater, Tel Aviv, Israel, Regie: Omri Nitzan.

Die im Dunkeln gehen (orig. ההולכים בחושך), UA: 09.05.1998, Habima Nationaltheater, Tel Aviv, Israel, Regie: Hanoch Levin.

Abbildungsverzeichnis

Copyrightnachweise

Drama Panorama – Neue internationale Theatertexte

Die offene Buchreihe von Drama Panorama: Forum für Übersetzung und Theater e. V.

Bd. 1 *Von Masochisten und Mamma-Guerillas. Neue tschechische Dramatik*
hrsg. von Barbora Schnelle
416 S., 20 €, ISBN: 978-3-95808-214-4

Bd. 2 *Afropäerinnen. Theatertexte aus Frankreich und Belgien von Laetitia Ajanohun, Rébecca Chaillon, Penda Diouf und Éva Doumbia*
hrsg. von Charlotte Bomy / Lisa Wegener
242 S., 16 €, ISBN: 978-3-95808-323-3

Bd. 3 **Roman Sikora:** *Frühstück mit Leviathan. Theaterstücke*
hrsg. von Barbora Schnelle
292 S., 16 €, ISBN: 978-3-95808-324-0

Bd. 4 *Surf durch undefiniertes Gelände. Internationale queere Dramatik*
hrsg. von Charlotte Bomy / Lisa Wegener
422 S., 20 €, ISBN: 978-3-95808-329-5

Bd. 5 *Mauern fliegen in die Luft. Theatertexte aus Argentinien, Chile, Kolumbien, Kuba, Mexiko, Spanien und Uruguay*
hrsg. von Franziska Muche / Carola Heinrich
436 S., 20 €, ISBN: 978-3-95808-342-4

Bd. 6 **Hanoch Levin:** *Die im Dunkeln gehen. Theaterstücke*
hrsg. von Matthias Naumann
334 S., 16 €, ISBN: 978-3-95808-353-0

Bd. 7 *Schattenschwimmer. Neue Theaterstücke aus Spanien*
hrsg. von Franziska Muche / Carola Heinrich
340 S., 20 €, ISBN: 978-3-95808-355-4

Außerdem im Neofelis Verlag erschienen

„Hoch die internationale Solidarität!" Theater & Theorie, Texte & Bilder

– Theatrale und wissenschaftliche Erkundungen von Formen der Solidarität & zwei Theatertexte zu Internationalist*innen in Rojava und solidarischer Ökonomie –

Matthias Naumann / Johannes Wenzel / Futur II Konjunktiv
ISBN: 978-3-95808-236-6
mit 124 Farbabbildungen & dem Kurzfilm *Fluß* (2018) auf DVD
270 S., 18 €

Geschichte aufführen Darstellungen der Vergangenheit im Gegenwartstheater

– Wie verändern sich Bilder der Shoah und der Französischen Revolution im theatralen Raum? –

von Freddie Rokem
aus dem Englischen von Matthias Naumann
und mit einem Vorwort von Erika Fischer-Lichte
ISBN: 978-3-943414-05-9
mit 22 S/W-Abbildungen
320 S., 22 €

Zwischen allen Bühnen Die Jeckes und das hebräische Theater 1933–1948

– Ein Kampf um Anerkennung: Der Werdegang von deutschsprachigen jüdischen Theaterschaffenden im britischen Mandatsgebiet Palästina –

von Thomas Lewy
aus dem Hebräischen von Sebastian Schirrmeister
Jüdische Kulturgeschichte in der Moderne, Bd. 10
ISBN: 978-3-95808-019-5
mit 15 Farb- u. 35 S/W-Abbildungen
352 S., 26 €

Leseproben zu all unseren Titeln unter: www.neofelis-verlag.de

Die Arbeit des Übersetzers an *Schitz*, *Die Kofferpacker* und *Die im Dunkeln gehen* wurde im Rahmen des Programms „Neustart Kultur“ aus Mitteln der Beauftragten der Bundesregierung für Kultur und Medien vom Deutschen Übersetzerfonds gefördert.

Deutscher Übersetzerfonds

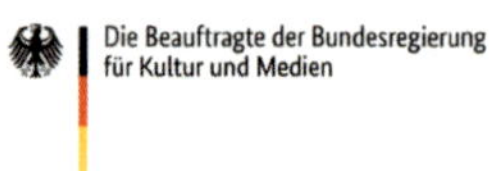

Veröffentlicht mit freundlicher Unterstützung

der Stiftung Irène Bollag-Herzheimer,

der Botschaft des Staates Israel in Deutschland

Botschaft des Staates Israel

sowie des Hanoch Levin Institute of Israeli Drama.

המכון למחזאות ישראלית
ע"ש חנוך לוין (ע"ר)
The Hanoch Levin Institute
of Israeli Drama (NPO)

Bibliografische Information der Deutschen Nationalbibliothek
Die Deutsche Nationalbibliothek verzeichnet diese Publikation in der Deutschen Nationalbibliografie; detaillierte bibliografische Daten sind im Internet über http://dnb.d-nb.de abrufbar.

Umschlaggestaltung: Marija Skara
Lektorat Theaterstücke: Henning Bochert
Lektorat Einleitung: Johannes Wenzel / Neofelis Verlag (co)
Satz: Hauptsatz, Susanne Lomer
Druck: PRESSEL Digitaler Produktionsdruck, Remshalden
Gedruckt auf FSC-zertifiziertem Papier.
ISBN (Print): 978-3-95808-353-0
ISBN (PDF): 978-3-95808-405-6